从 2005 年 5 月到 2021 年 8 月，
从第 1 期到第 200 期，
240 多万文字，
记载金田业绩，讴歌**金田团队，**
传播**金田文化**，盘点金田硕果，
《金田报》陪伴大家 **17** 个年头……

金田故事在温州

回眸《金田报》200 期

丁年庆　编著

西泠印社出版社

图书在版编目（ＣＩＰ）数据

金田故事在温州：回眸《金田报》200 期 / 丁年庆
编著. -- 杭州：西泠印社出版社，2022.10
ISBN 978-7-5508-3863-5

Ⅰ. ①金… Ⅱ. ①丁… Ⅲ. ①企业-报刊-新闻事业
史-温州-2005-2021 Ⅳ. ①G219.245.53

中国版本图书馆 CIP 数据核字(2022)第 184540 号

金田故事在温州 ：回眸《金田报》200 期

丁年庆 编著

出 品 人	江　吟
责任编辑	伍　佳
责任出版	李　兵
责任校对	吴乐文
装帧设计	王　蕾
出版发行	西泠印社出版社

（杭州市西湖文化广场 32 号 5 楼　邮政编码　310014）

经　　销	全国新华书店
制　　版	浙江方正印务有限公司
印　　刷	浙江方正印务有限公司
开　　本	787mm×1092mm　1/16
字　　数	229 千
印　　张	22.875
印　　数	5000
书　　号	ISBN 978-7-5508-3863-5
版　　次	2022 年 10 月第 1 版第 1 次印刷
定　　价	68.00 元

西泠印社出版社发行部联系方式：(0571)87243079

序

　　从 2005 年 5 月到 2021 年 8 月,从第 1 期到第 200 期,240 多万文字,记载金田业绩,讴歌金田团队,传播金田文化,盘点金田硕果,《金田报》陪伴大家 17 个年头。

　　如今,我们从这个窗口回望《金田报》的过往:2005 年 5 月 10 日,第 1 期,八开四版报,铜版纸印刷。2005 年 6 月 10 日,第 2 期,四开四版报,铜版纸印刷。2006 年 5 月 10 日,第 9 期,获"浙企准印字 C057 号"准印证。同期,报头字改为毛主席手迹。2007 年 4 月 18 日,总第 20 期,扩版为对开四版报,新闻纸印刷。

　　也许您不可能收藏 200 期《金田报》,但是,这部《金田故事在温州》,可以帮助您回忆既往经典,从中看到金田根植于"温州模式",30 多年创业的非凡足迹,看到金田家族三代传承、砥砺不息的奋斗精神,看到金田员工爱岗敬业、奉献才智的满腔热情,看到温州非公党建在习近平总书记的批示指引下,伴随金田 10 多年的缩影。

　　谨在建党 101 周年之际,以此 200 个故事串珠成链,庆祝党的二十大胜利召开!

《金田报》是温州民营企业界重视非公党建工作，推进企业创新发展的一个缩影。18年来，它贴近企业实际，宣传党和国家的路线方针政策，传播企业文化，鼓舞团结员工，助力企业实现高质量发展。200个故事，记录着金田发展的足迹。在建党101周年之际，我们一起回首这200个瞬间，就是回望金田来时的路，更好地牢记初心使命，继续开拓前进。

祝愿《金田报》越办越好！祝愿金田发展得更快、更好！

杨磊斌

二0二二年四月一日于北京

杭泰斌先生,在南京师范大学求学期间,加入中国共产党,并被江苏省委组织部确定为"选调生"。大学毕业后,经过一段时间基层工作的锻炼,随后进入中共江苏省委纪律检查委员会、中央组织部工作。曾任中组部组织局、办公厅、干部五局秘书、处长等职,现为中组部党建研究所二级巡视员。

　　10 多年来,杭泰斌先生一直是《金田报》的热心读者。他从每一期《金田报》中,了解金田,了解温州,了解非公经济和非公党建。2012 年 8 月,他曾为《青龙江潮》题词。2021 年 7 月 10 日,他专程到温州参加讲述温州非公党建故事的长篇小说《宏愿》的首发式,并撰写书评称赞:"这是迄今为止为数不多的用文学形式反映非公党建事业的作品。"

　　今年,他又欣然为《金田故事在温州》题词。

　　敬谢泰斌先生!

两百期《正泰报》，是正泰创业创业发展的真实记录；

两百个正泰故事，是温州模式发展壮大的历史见证！

林可夫

二零一二年二月日

林可夫先生，中国未来教育学会副会长，博士生导师。历任中共瑞安市委副书记、中共温州市委宣传部常务副部长、正泰集团党委书记、温州市两新组织党务工作者协会会长等职。

《金田故事在温州》一书，记录了金田集团发展历史上的点点滴滴，可谓是把金田人故事贯穿全文，信息量之大，真实性可鉴，足见编著者所付出的精力令人敬佩，敬业精神令人钦佩。

《金田故事在温州》一书，使得全体金田人及关心金田发展的人一读，即中既展示了金田人创业精神风貌，亦表述了金田人追求卓越的思想情怀。

方崇钿

二○二二年五月八日

方崇钿先生，改革开放以后温州第一代民营企业家，金田集团、《金田报》创始人。曾任龙港、苍南企业家协会会长、工商联主席，温州市企业家协会副会长、工商联副主席。

《人民日报》(海外版)、《人民画报》、《时代先锋》、《浙江日报》等新闻媒体曾多次报道方崇钿先生的创业经历。

2009 年 1 月 11 日,方崇钿向中共龙港镇委书记汤宝林介绍《金田报》

2020 年 9 月 17 日,中共中央党校教授张希贤(左)考察金田党建工作,评阅《金田报》

《金田报》获奖证书

浙江省企业传媒协会给《金田报》出刊 200 期的祝贺信

祝 贺 信

《金田报》编辑部：

在刚刚喜庆中国共产党建党百年之后，迎来了《金田报》出刊 200 期，这是金田公司重视企业文化建设，精心打造金田文化品牌的重要成果，可喜可贺！值此《金田报》出刊 200 期之际，浙江省企业传媒协会特向你们表示诚挚的祝贺！《金田报》自 2005 年 5 月创刊以来，坚持贴近企业实际，贯彻党的宗旨，弘扬金田文化，履行社会责任，图文并茂，栏目新颖，是浙江省企业传媒群体中一份令人赏心悦目的好报纸，被评选为"浙江省优秀企业报"。希望《金田报》全体编创人员以创刊 200 期为新起点，不忘初心，不负韶华，为实现共同富裕富民强国的中国梦、浙江梦、金田梦不懈努力，把《金田报》办成享誉全省企业界的文化精品！

浙江省企业传媒协会
2021 年 7 月 30 日

温州市地方报刊协会给《金田报》出刊 200 期的贺联

温州市地方报刊协会文件

祝贺《金田报》创刊 200 期贺联：

肩负金田使命传播金田文化助推金田创业行程十七载，

凝聚金田团队弘扬金田精神记录金田奋斗足迹两百期！

温州市地方报刊协会

2021. 7. 21

温州市地方报刊协会会长陈华荣先生
为《金田报》创刊一周年题词

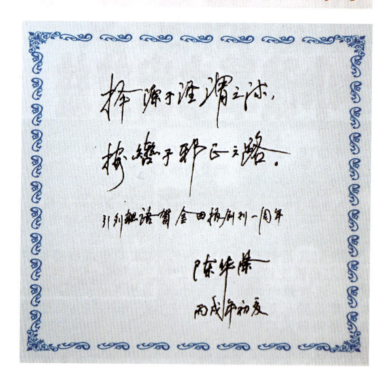

方崇钿先生为《金田报》创刊一周年题词

你我肩上
都担着整个金田

方崇钿
丙戌仲夏

方崇钿先生为《金田报》出刊 200 期题词、致辞

《金田报》——金田集团企业文化
的一颗灿烂耀眼的明珠

方崇钿
二〇二一年七月十九日

金田论坛

《金田报》是良师益友

■ 方崇钿

企业文化是一个企业的灵魂，《金田报》是我们企业文化的重头戏。每位员工都应期期必读，且深刻学习领会并付诸实践中去，唯有如此才能更好地融入金田，成为一名优秀的员工。

现在，《金田报》可谓越办越亮，越办越好。每一期都能够面向工作、生产一线的员工，报道他们中的先进人物事迹，同时报道金田各公司的重大活动和政、企互动信息。

《金田报》亮点纷呈，值得我们每一位员工视为良师益友。

我们永远的榜样

——感慨方崇钿主席的"勤学"精神

■ 丁年庆

四月的温州，春暖花开。

方崇钿主席在阅读四月十日出版的《金田报》以后，欣然写下的《〈金田报〉是良师益友》一文，宛如一缕温馨春风，吹遍了金田的每一个角落，吹进了每一个金田人的心田。

方崇钿主席一生创业不息，至今仍然坚信"企业文化是一个企业的灵魂"，同时高度肯定"《金田报》是我们企业文化的重头戏。"他要求"每位员工都应期期必读。"其实他不仅仅是要求别人，他自己就是以身作则，非常非常认真地阅读每一期《金田报》的。

方崇钿主席即将迈入八十

高龄，依然时时勤学不辍，堪称值得我们永远学习的榜样。试想我们还奋斗在工作岗位上的每一位同仁们，还有什么理由自满自足，或者以"忙"为借口拒绝学习呢？

学习不是为了做样子。方崇钿主席进一步指出要"深刻学习领会并付诸实践中去"，这才是学习的根本目的，这也正是明代哲学家王阳明先生毕生弘扬的"知行合一"精神。如果大家都能用《金田报》上的知识和先进人的经验，来改变和提升自己，肯定会大受其益。

受益什么？方崇钿主席具体指明了两点：

一是你"才能更好地融入金田"。试想你在金田岗位上，不能真正深入了解金田文化，不了解金田真正追求什么，崇尚什么，反对什么，你就不能称为名副其实的金田人。

二是"你才能成为一名优秀的员工"。因为"融入金田"还不是最终目的，成为"优秀员工"，才是价值所在。而每一期《金田报》上报道的优秀人物事迹，都是各部门各方面的标兵。按照"近朱者赤"的铁律，只要你认真学习他们，必然会成为金田团队优秀标杆！

方文彬先生为《金田报》创刊一周年题词

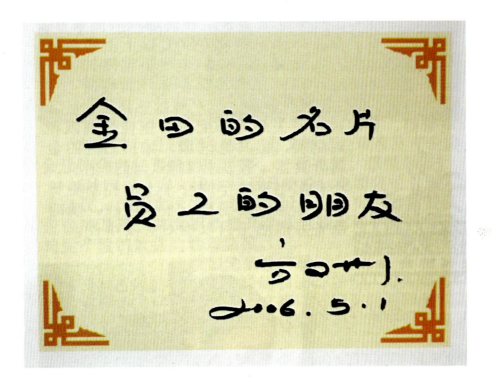

金田的名片
员工的朋友

方文彬.
2006.5.1

温州市新闻出版局内部资料审读中心审读意见

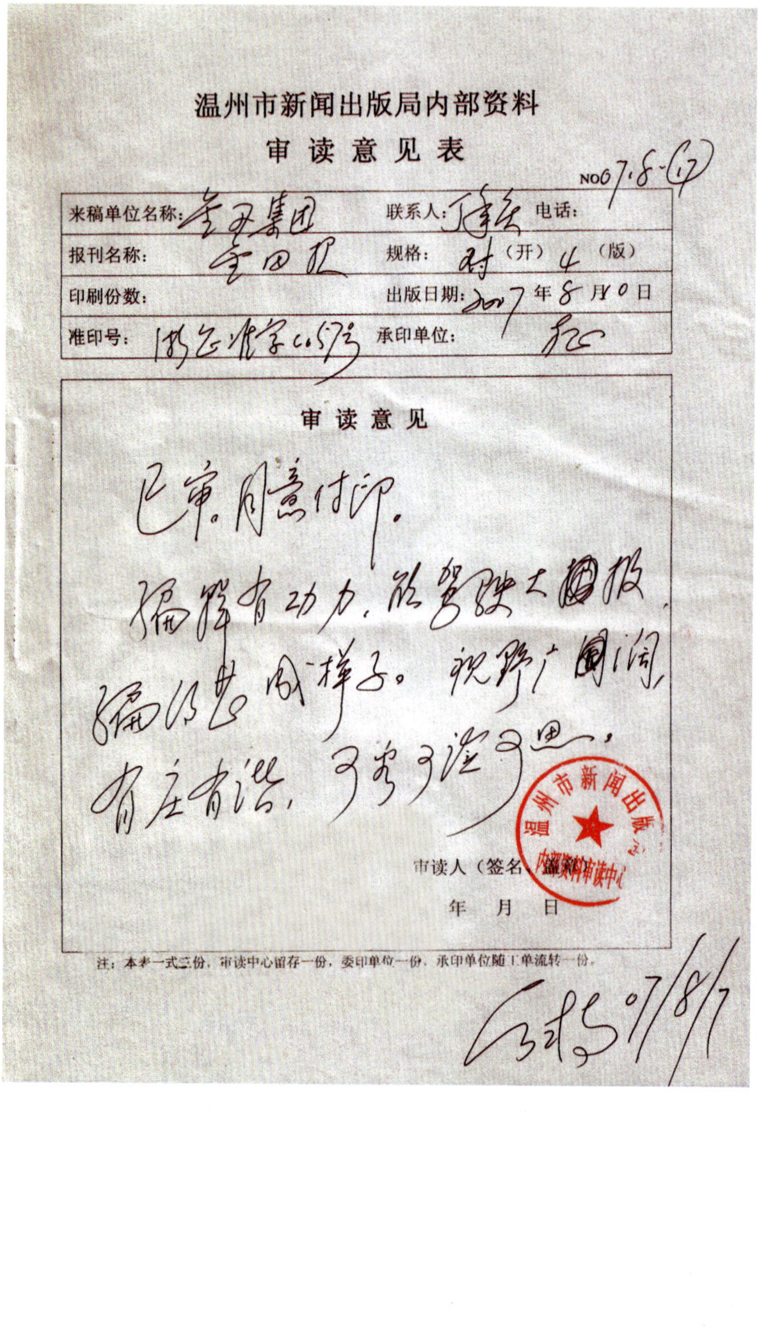

温州市新闻出版局内部资料

审读意见表

NO 07.8-(17)

来稿单位名称：金田集团	联系人：丁建东　电话：
报刊名称：金田报	规格：对（开）4（版）
印刷份数：	出版日期：2007年8月10日
准印号：浙总准字0057号	承印单位：

审读意见

已审。同意付印。

编辑有功力，能驾驭大报，编得出样子。视野广阔，有庄有谐，可喜可贺可迎。

审读人（签名、盖章）

年　月　日

注：本表一式三份，审读中心留存一份，委印单位一份，承印单位随工单流转一份。

07/8/7

目 录
CONTENTS

第一卷

第二卷

第四卷

第一卷

中国·金田
CHINA GETTEL
中国·金田集团 主办
2005 年 5 月 10 日
农历四月初三 星期二
第 1 期
网址：WWW.GETTEL.CN

金田故事 001

"像份报纸！"

2005 年 4 月，我有幸、有缘来到了温州龙港金田集团。

几天后，尊敬的方崇钿董事长非常亲切地对我说："我们龙港好多企业都有一份报纸，你能不能也给我们办一份金田的报纸看看？"

我一听也很有兴致，因为我过去虽然没有直接办过报，但是我从青年时期就喜欢看报纸。后来当过多年报社通讯员，接受过这类培训，编辑过机关简报，对新闻类文字、摄影等也有兴趣，就欣然接受了方董事长交给我的这一项任务。

我紧接着了解了金田周围企业办报的情况，当时龙港的新雅集团有《新雅报》，富康集团有《富康报》，鲜八里集团有《鲜八里报》，港发集团有《浙江·港发》。金田集团在企业规模上做到了苍南、龙港的老大，在彰显企业文化形象的企业报方面，也不应该缺席。

金田的第一份报纸，从哪里做起？怎样开头？经过与方崇钿董事长和方文彬总经理商量、研讨，我们暂时也不叫"报"。第一期"创刊号"，就像港发集团一样，以公司名称命名叫"中国·金田"，初定于 2005 年 5 月 10 日出版。以后每月一期，就把每月 10 日作为出版日。因为公司的生产、营销、财务等各类月报数字都要在下一个月的上旬才能出来，为了全面反映准确的情况，定在 10 日出版比较适宜。

接着，方文彬总经理主持召开了各部门主管会议，要求组织员工为第一份报纸写稿，主管们要带头写。

作为金田的第一份"喜报"，方董事长亲自题词："精心办好金田报，弘扬金田创业精神。"

方总也发表了热情洋溢的"创刊词"："《中国·金田》是金田人交流工作、沟通思想、互通情况、传递信息的载体之一,是推进金田精神文明建设,'创建学习型企业,争当知识型员工'的载体之一。

'在金色田野上耕耘,在金色田野上收获'是金田人的责任与追求。《中国·金田》是我们耕耘与收获的一块新园地,希望全体员工都能爱护它、关心它、支持它,把这个属于我们金田团队全体伙伴的报纸越办越好。"

这一期的头版还刊登了当年方董接待全国政协主席李瑞环视察金田的照片和方董创业事迹编入全国政协文献的新闻,发布了方总被表彰为"苍南县十大优秀青年"等时事消息。

第二版有《为了向巴基斯坦按期交货》等生产新闻;第三版有"庆五一、庆五四"等文化体育活动类新闻;第四版有金田品牌、学习文摘、工作研究等版块。

版块划好以后,我拿到龙港镇前路上的广告公司去排版。打出样稿后,请方董审阅。董事长把正面、反面翻看了几遍,在当时的行政部办公室兴奋地说:"像份报纸,像份报纸!"

于是,《金田报》的第一期,八开四版的"处女作"就这样诞生了。

▲2005年第1期《中国·金田》

金田报
GETTEL NEWS
2005年6月10日 农历五月初四 星期五
中国·金田集团主办 第2期

金田故事 002

叫响《金田报》

第一份金田小报出版后，得到方崇钿董事长和方文彬总经理的充分肯定。大家对办好金田集团、金田人的报纸，就更加有信心。

从2005年6月10日，第二份报纸起，就用"金田报"作为报名。

这时候的《金田报》报头字字体还是临时的，采用了电脑中的舒体字，看上去活泼又不失庄重。

从第2期开始，版面由八开四版扩大为四开四版，版面整体扩大了一倍。这一期共刊登了范呈格、黄圣寅等员工的29篇来稿。

头条新闻是"方崇钿董事长兼县企业家联合会会长，在苍南'企联二届二次年会'上做工作报告"。

头版第二条新闻是6月6日"塑业公司召开生产例会，方文彬总经理提出四点要求：一定要加强全体员工的责任意识；一定要提高产品质量意识；一定要增强办事效率意识；一定要增强遵章守纪意识"。

尤其值得我们回顾和铭记的是，方总在讲到"提高产品质量意识"的时候，特别提出："产品质量中的小问题，要当'大病'看，全体员工要高度珍惜和巩固我们一年多来坚持质量高标准的成果，不能坏了金田品牌的名声。"

时光似水，流水如年。如今，我们再回过头去重温方总2005年6月6日讲的这段话，心潮难平，感慨万千。

方文彬总裁重视金田产品品质品牌，金田人重视自己的产品品质品牌，绝不是一朝一夕，而是由来已久，根深蒂固！

▲电缆公司检测人员在检测出口电缆

7月8日，方文彬总经理(右一)会见巴基斯坦PTCL公司客人。 丁年庆 摄

金田报
GETTEL NEWS
2005年8月10日 农历七月初六 星期三
中国·金田集团主办 第3期

金田故事 003

"巴铁"客人赞金田

2005年7月22日，随着温州港内一声汽笛长鸣，装载金田集团电缆公司又一批出口电缆的万吨货轮，徐徐驶离港口，开始了漂洋过海之旅。

半个月前，巴基斯坦电信有限公司(PTCL)专家组一行4人，飞越喜马拉雅山，远涉千山万水，从上海国际机场中转后，来到中国金田集团电缆公司，专程检验他们订购的金田产品。

此行专家组由巴方代理塔可汗，助理康哇，电信专家阿民、奴欧组成。7月9日中午，克服时差反应的专家们，认真审阅了金田电缆生产的所有技术档案资料，冒着高温酷热，察看了电缆生产线和成品货场，考查了电缆公司为出口电缆专设的"渗水试验室"，随后抽取1151电缆缆头进行72小时渗水试验。

7月12日，塔可汗一行经现场检测，确认金田电缆各项物理指标及防渗指标合乎要求，同意发货。

7月19日，这批电缆全部装上集装箱发往温州港。

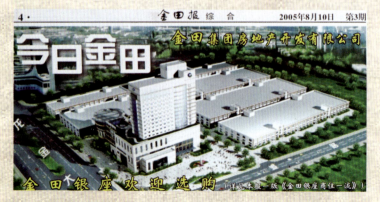

4· 金田报 综合 2005年8月10日 第3期

今日金田

金田集团房地产开发有限公司

金田银座欢迎选购 (详见味报一版《金田银座商住一流》)

▲《金田报》2005年第3期第4版"今日金田"版块

金田故事 004

首批手机发香港

金田响应温州市委、市政府全面启动"12345 工程"的号召,进一步推进产业优化升级,于 2005 年 7 月,与北京、深圳有关方面联营,组建了金田电子通讯技术有限公司。

金田集团历来具有特事特办的优良传统。这次在 7 月中旬与有关各方签订手机合作项目协议以后,立即组建工作班子,明确筹建分工,设计装修厂房,招聘新员工,建立驻香港口岸办事处,采购生产设备及原材料,实行倒计时挂图作战。在温州商检、海关的大力支持下,两个月内,以超越寻常的金田速度,完成了一切筹备工作。

9 月 14 日,第一条生产线顺利启动投产。

9 月 20 日,第一批签约的出口产品,经过严格检验后,办理出口报关手续,如期发往香港。

▲《金田报》2005 年第 4 期第 4 版"今日金田"版块

金 田 报
GETTEL NEWS
2005年12月10日 农历十一月初十 星期六
中国·金田集团主办 第 5 期

金田故事 005

方文彬邂逅柳传志

2005 年 11 月 27 日,"中国活力城市青年企业家高峰论坛"在温州市人民大会堂主会场举行,温州青年企业家与商界大伽对话。方文彬总经理率领苍南青年企业家团队听取联想集团董事局主席、控股总裁柳传志的精彩演讲。

联想集团素以注重自身产品开发的细节而著名。他们一贯坚持"精细设计、精致工艺、精巧造型、精心配置、精彩应用"。但是,在中国的 PC 市场对外开放以后,国产 PC 机举步维艰。联想的 PC 业绩,从市场占有率 27% 降到 24%,利润率从 50% 降到了 5%。市场的残酷性迫使联想走出国门,寻求更大的生存空间。这时,传来美国 IBM 要出售 PC 的信息,引起了他们的注意。柳传志首先全面分析了 IBM 出售的主要原因是他们的产品定位过宽,与如今的专业化无法适应。10 多年来IBM 一直致力于业务重组,终于决定舍弃大容量磁盘、机器组装、专用打印机等业务。

柳传志坦言:"并购之前,我们担忧最大的风险是市场动荡的风险,员工流失的风险和中美之间经营风格、文化磨合的风险。"由于联想集团事先准备充分,对风险胸中有数,分而治之,终于保证了并购成功。

▲方文彬(右)在论坛盛宴上

金田报
GETTEL NEWS
2006年1月5日 农历十二月初六 星期四
中国·金田集团主办 第1期（总第6期）
图为方崇钿董事长（右）与前来参加"金协"二届三次大会的县委副书记、常务副县长陈洲（中）、镇长涛宝环（左）亲切交谈。 阿庆 摄

金田故事 006

龙港企协盛会在金田

2005 年 12 月 16 日，金田集团里里外外洋溢着一派节日的气氛。

"热烈祝贺龙港企业家协会二届三次会议隆重召开"等上百幅大红标语，把金田集团办公大楼装扮成一座"红楼"。一串串五彩气球为金田广场上的"龙柱"披上了华贵的"外衣"，容光焕发的铜管乐手们列队演奏着《迎宾曲》。200 多名企业家协会会员和苍南县、龙港镇党政领导，县、镇各部、委、办、局负责人走过几十米红地毯，走进设在五楼的大会会场。

龙港商会会长倪法川主持了大会。金田集团董事长兼龙港企业家协会会长方崇钿向大会做工作报告。他首先总结回顾了 2005 年的协会工作，主要是协会和会员企业坚持改革创新，共谋发展。龙港 1 月至 10 月实现国内生产总值 10.5 亿元，同比增长 11.3%；实现工业总产值 91.1 亿元，同比增长 10.4%。其中，规模企业累计实现工业产值 37.8 亿元，同比增长 29%，占全县 52.8%。全县 14 家龙头企业，龙港有 8 家，全县"百强企业"，龙港有 40 家。

在回顾工作业绩时，方崇钿会长特别感谢县委、县政府，镇委、镇政府以及工商、税务、公安、检察、法院、文化、质监、环保、国土规划等部门为企业创造了较好的发展环境。

"打造企业特色文化，塑造龙港企业精神"，是此次会议的亮点之一。方崇钿会长列举了新雅集团"质量为生命，诚信作基石，服务为宗旨，文化作灵魂"的四大理念；百一集团"以人为本，以德为根，以和为贵，以店为家"的亲情化管理；金田集团创建学习型企业，创新内部细化管理，精心打造"平安金田，和谐金田，效能金田"等企业的特色文化。提出重视办好企业报刊,办好职工之家活动室,开展丰富多彩的文体活动,积极参加市、县文艺、体育比赛,设立"合理化建议专项奖励",鼓励职工参与决策、管理等措施都是打造龙港企业形象的根本大计。

▲金田广场

金 田 报

GETTEL NEWS

2006年2月15日 农历正月十八 星期三

中国·金田集团主办 第2期（总第7期）

章方璋县长新春到金田

本报讯 存意融融的2月9日上午,章方璋县长在汤宝林镇长等一行陪同下,来到金田集团,视察检查工作,给金田人带来了新春的问候与祝愿。

方崇钿董事长向章县长汇报了过去一年的企业发展情况和新一年跨越发展打算。章方璋县长在听取汇报后充分肯定了金田集团在全县工业经济中发挥的重要作用,热切希望金田在"十一·五"新一轮经济大潮中再创新高。

（摩香银）

金田庆功会

金田的年度总结表彰大会，是金田人非常期盼的大会。

2006年1月23日下午，金田集团全体员工在行政楼五楼大会议室欢聚一堂，隆重召开2005年度总结表彰大会。

大会由总经理助理陈先懂主持。塑业公司、电缆公司、房开公司、电子公司、典当公司负责人，分别向大会报告了2005年生产、经营情况。工程部电工毛显乐代表全体员工在大会上发言。

方文彬总经理对金田集团过去一年的工作进行了全面总结，并对2006年各公司的工作提出新的要求。

方崇钿董事长做总结讲话。他首先肯定了2005年各大公司全面贯彻董事会的经营决策所取得的成果。感谢大家在方文彬总经理直接领导下，群策群力，不懈努力，克服了行业竞争与市场多变造成的种种困难，完成了年初确定的各项目标任务。使金田集团在地方工业规模企业中继续保持领先水平。

方崇钿董事长联系实际深刻阐述了企业的振兴之道，指出："一个企业成功与否，首先靠决策正确；其次就靠各级管理者和全体员工的执行力。我们历来坚持以人为本的人性化管理，坚持以兴企报国的思想来凝聚人心，重视员工生活环境、福利待遇和精神文化建设。希望广大员工都能确立主人翁思想。"

在为"突出贡献者"颁奖时，方崇钿董事长与领奖者紧紧握手并充满深情地对领奖者说："感谢你们做出了突出贡献啊！"他高度赞扬员工队伍中"干一行，爱一行，钻一行"的敬业精神，勉励大家勤奋工作，勇于创新。

金田员工中评出的2005年度5名

"突出贡献者"、10名"十佳管理者"、10名"十佳员工"、65名"优秀员工"等各类

先进人物和先进集体，在大会上接受表彰及奖励。

▲金田集团2005年度总结表彰大会会场

金田报

GETTEL NEWS

2006年3月16日 农历二月十七 星期四

中国·金田集团主办 第3期(总第8期)

2月20日上午，县委书记余梅生(左)莅临金田检查指导工作。图为方崇钿董事长(右)与余梅生书记在会客厅亲切会谈。阿庆摄

金田故事 008

市长上任第一站

2006年3月9日下午，新到任的中共温州市委副书记、市长邵占维，第一站到苍南龙港，莅临金田集团视察指导工作。邵市长听取了方崇钿董事长关于金田集团各公司运行情况的汇报，深入BOPP、BOPA生产车间察看了从德国引进的世界一流生产线。

苍南县委书记余梅生、县长章方璋，龙港镇长汤宝林、副镇长朱诗良陪同邵占维市长视察。

▲邵占维(前排右)与方崇钿(前排左)亲切握手

金田故事 009

四喜临门贺"周岁"

　　一份属于金田人自己的报纸——《金田报》，从一年前的 5 月 10 日呱呱坠地，到今天已经走过一个年头。

　　一年，在浩瀚的历史长河中只是流星飞逝的瞬间。但是，对于我们金田人，却是应该铭记的一轮春夏秋冬，是金田团队拼搏进取的 300 多个日日夜夜。一年来，《金田报》在各级、各界领导的关怀指导下，在许多报业师长的激励鞭策下，在金田员工朋友们的鼎力支持下，为弘扬金田企业文化，宣传金田创业成果尽了一点微薄之力，得到了企业内外的认可。

　　与《金田报》周岁之喜同时降临的，还有三喜：一是我们加入了温州市地方报刊协会，二是获得了浙江省新闻出版局内刊准印证号"浙企准字：C057 号"，三是启用了毛泽东主席 1929 年题写的"金田"二字作为新报头。

　　四喜临门，成为《金田报》勇攀新高的动力之源。我们将牢记自己肩负的使命，戒骄戒躁，致力躬行。不负厚望，博采众长，把《金田报》办成一份让大家喜欢看也值得一看的报纸。

▲《金田报》2006 年第 4 期

金田报

GETTEL NEWS

2006年7月10日　农历六月十五　星期一　第5、6期（总第10、11期）

中国·金田集团主办　报头题字:毛泽东手迹　浙金准字:C057号　本期4版

5月26日，方学和董事长(右三)与县委副书记张洪国(右一)等领导出席龙港商会四届一次会议，开代表县、镇企故军协会讲话。　（阿庆摄）

金田故事 010

访泰归来话管理

2006年6月7日至14日，方文彬总经理兼县青企协会会长率队前往泰国访问考察。一路见闻，感慨颇多。

6月17日，方文彬总经理主持召开塑业、电缆公司管理人员会议，传达泰国之行的考察学习体会，探讨做精做强企业的真谛，共商不断提升企业管理水平，提高各公司生产营销效益的管理方法。

洁净如洗的生产线

泰国首都曼谷的蓝天绿地和清新空气，街头市民井然有序的文明交通，给方文彬一行留下了深刻印象。方文彬一行访问了泰国著名的印刷、包装企业，他们的管理方式让大家赞叹不已。在这里，绝大多数行政管理人员的办公桌就放在车间里，对生产线运行情况一目了然。员工有什么问题需要请示，当场就可以得到主管人员答复，无须打电话或者跑来跑去找领导。

车间里的原料纸张、油墨等，根据生产需要的先后顺序、需要量大小，放置得井井有条。特别不可思议的是，偌大一个工厂，那么多生产线，惊人的生产量，地面上居然洁净如洗，看不到一滴油墨，没有一点油斑。这与在国内的有些印刷厂到处是纸张，遍地见油污相比，简直天壤之别。

老设备照样出精品

这家企业的创始人、65岁的董事长陈志明先生语不惊人，却发人深省。他在带领访问团成员考察中讲了一段让人耳目一新的话："一流的设备不等于就能出一流的产品；同样，一流的产品不一定要有一流的设备才能生产出来。设备要靠人去掌握，再好的设备，没有高素质的员工，照样出次品。"这让我们联想到毛泽东的名言："世间一切事物中，人是第一个可宝贵的。"

让方文彬一行不可想象的是，这家企业生产线上有的机器（例如压痕机）已经用了40年！这在如今科学技术飞速发展，产品更新换代迅速的时代，简直是天方夜谭。然而，你细看那些设备，与新买的在外观上并无区别。这又显示出他们超强的设备保养功夫。陈老先生介绍说：

"有的设备厂家早已停产，我们觉得能用，就自己土法上马，再造部件，让它完好如新，用得顺手。"

由此，方总向金田设备的管理者们提出了一个目标："我们的设备要30年不变样！"

▲方文彬（左）与陈志明（右）

金田报
GETTEL NEWS
2006年7月10日 农历六月十五 星期一 第5、6期（总第10、11期）
中国·金田集团主办 报头题字：毛泽东手迹 浙企准字：C057号 本期4版

5月26日，方荣细董事长（右三）与县委副书记张洪国（右一）等领导出席龙港调会四届一次会议，并代表县、镇企业家协会讲语。 （阿庆摄）

金田故事 011

一朝牵手，一生为友

——答谢全国各地"金田广告语"应征者

华夏大地生辉，金田盛事盈门。

金田集团的广告语征集活动，从今年4月6日在金田新闻网上发布公告以后，截至5月31日，共计收到来自全国各地的应征稿件403份。

此次广告语征集活动，能够得到全国各地、各界人士如此高度关注，出乎意料，亦令我们由衷感动。

首先是应征范围广泛，可谓"名播四海"。全国除海南、青海、西藏三省和港澳台地区以外，有31个省、市、自治区的广告语爱好者寄来了应征作品。其中，来稿较多的省、市为：山东40件，江苏34件，广东29件，湖北29件，北京27件，安徽23件。边远省份有：新疆2件，内蒙古3件，广西8件，云南2件，贵州5件，黑龙江7件。

其次是参与此次应征的对象类型广泛，可谓"应者如云"。有党、政、警、检、文、工、农、商、学等各条战线关注金田事业的热心人。

再次是来稿内容题材多样，想象丰富，可谓见仁见智。从每一份应征稿的字里行间，我们都真切地感受到作者对金田集团既往成就的赞赏和金田未来前景的祝愿。

值此征集活动落下帷幕之际，我们真诚地感谢清华大学体育部周小菁先生以及北京的27位应征者；感谢上海师范大学高远先生以及上海的3位应征者；感谢天津南开区鞍山西道黄兵波先生以及天津的3位应征者；感谢重庆职业技术学院杜志强先生以及重庆的6位应征者；感谢黑龙江巴彦县工商局韩鸿云先生以及黑龙江的7位应征者；感谢辽宁沈阳市第119中学刘铁建先生以及辽宁的13位应征者；感谢吉林四平市铁西区冯建峰先生以及吉林的7位应征者；感谢河北南皮县第一中学曹洪新先生以及河北的 13 位应征者；感谢河南内黄县公安局张萌先生、滑县水务局董云国先生以及河南的 14 位应征者；感谢山东枣庄市委组织部张鹏翔先生、蒙阴县委宣传部宋西峰先生、兖州电视台周长军先生以及山东的 40 位应征者；感谢山西焦化集团新闻中心艾鹏飞先生以及山西的 11 位应征者；感谢江苏滨海县委组织部李森林先生、东台市第一中学殷国生先生以及江苏的 34 位应征者；感谢浙江东阳市教育局徐洪法先生以及浙江的 21 位应征者；感谢安徽铜陵市铜官山区人民检察院王国强先生、黄山市黄山区教育局张顺来先生以及安徽的 23 位应征者；感谢江西吉安市吉州区委宣传部欧阳跃亲先生以及江西的 7 位应征者；感谢湖北宜都市纪委傅一鸣先生、黄冈市人大研究室黄新国先生以及湖北的 29 位应征者；感谢湖南怀化市总工会吴为先生以及湖南的 20 位应征者；感谢四川成都纺织高等专科学校校报编辑俞亚山先生以及四川的 17 位应征者；感谢福建东山县国土局曾少东先生以及福建的 12 位应征者；感谢广东湛江师范学院卢青先生以及广东的 29 位应征者；感谢广西都安县广电局蓝富赢先生以及广西的 8 位应征者；感谢云南师范大学美术学院田芳女士等云南的 2 位应征者；感谢贵州大学严雨先生以及贵州的 5 位应征者；感谢陕西洛南县编制办公室李跃敏先生以及陕西的 6 位应征者；感谢宁夏石嘴市第 23 中学陶仲明先生等宁夏的 3 位应征者；感谢新疆石河子总场四分场付新员先生等新疆的 2 位应征者；感谢内蒙古鄂尔多斯鄂托克前旗人大常委会杨文英、包头市第二军工建筑设计院曹杰先生等内蒙古的 3 位应征者。

一朝牵手，一生为友。这是金田人的至高荣幸。尽管我们的征集结果并非十分完美，但是，我们真诚地感谢 400 多位素未谋面的朋友们如此钟爱金田，我们也真诚地祝愿各位热心结缘金田的朋友们事业成功，仕途顺畅！

让我们在祖国的同一片蓝天下永续佳话，共铸辉煌！

▲金田集团外景

金 田 报
GETTEL NEWS
2006年8月16日 农历七月二十三 星期三 第7、8期（总第12、13期）
中国·金田集团主办 报头题字:毛泽东手迹 浙企准字:C057号 本期4版

金田故事 012

"彩虹"为龙港添彩

2006年7月31日，龙港城龙翔路1190—1196号，新开张的彩虹大厦展示厅前，花团锦簇，鞭炮阵阵。

"热烈祝贺彩虹大厦展示厅隆重开业！""热烈祝贺彩虹大厦成为龙港城东标志性商住楼！""热烈祝贺彩虹大厦成为都市龙港的又一靓丽风景！"等10多条大红标语从展示厅楼顶悬挂下来。前来签约购楼的市民们络绎不绝，展示厅内外，一派火爆繁忙的景象。

这里是由金田集团房地产开发有限公司开发的彩虹大厦。彩虹大厦位于龙港城龙洲路与龙港新建的城东主干道彩虹大道交汇处。未来建造的鳌江三桥将从这里跨越鳌江，连接龙港、鳌江两城，营造"彩虹"脚下车水马龙的都市氛围。

彩虹小区由2排高层住宅和一组4层商业裙楼组成。小区内任何一幢住宅3层以上均可俯视鳌江全景。商业氛围加水岸生活，现代建筑与传统风味的完美结合，是彩虹大厦奉献给人们的全新生活意境。

彩虹展示厅开业之日，正是七夕。好楼盘，好日子，迎来许多成双成对的佳侣们选购"爱巢"。也有许多苦苦寻觅多年的新、老龙港人，冲着"彩虹"的理想价位，早早赶来选定自己的安居乐园。一家人扶老携幼赶来订房的比比皆是。展示厅内，人声鼎沸。服务总台前，一拨又一拨的人前来咨询。得到满意答复后又围着彩虹大厦模型选择意向楼层，签订"订位申请书"。

上午10点左右，展示厅内传来一阵争吵。原来是一位在金融部门工作的女士，前一天来预选了一套房子，由于售楼小姐操作失误，发现该房已经易主，她很不满。经过好一顿调解，总算和平解决。

到中午时分,"彩虹大厦销控图"上

的红旗已经插了一大片。大门口人头攒动,售楼热线也响个不停。

▲金田彩虹大厦展示厅外景

金田报
GETTEL NEWS
美国客商考察金田
2006年8月16日 农历七月二十三 星期三 第7、8期（总第12、13期）
中国·金田集团 主办 报头题字:毛泽东手迹 浙企准字:C057号 本期4版
方崇钿董事长（右）与亚历克斯先生（左）交接名片。

金田故事 013

美国客商访金田

2006年7月21日，美国霍尼韦尔公司软包装特殊材料部经理亚历克斯、技术总管吉弗先生一行4人到金田集团考察访问。方崇钿董事长、方文彬总经理会见美国客人，并与他们进行了会谈交流。

霍尼韦尔国际公司是一家在多元化技术和制造业方面占世界主导地位的跨国公司。在全球，他们的业务涉及航空产品和服务，住宅楼宇和工业控制技术，自动化产品，特种化学、纤维、塑料、电子和先进材料，以及交通、动力系统产品等领域。霍尼韦尔公司在全世界95个国家拥有10.8万名员工，总部设在美国新泽西州莫里斯镇。在纽约、伦敦和芝加哥太平洋证券市场的交易代码为HON，为道琼斯工业指数的30家构成公司之一，也是"标准普尔500指数"的组成部分。目前，霍尼韦尔公司已在中国建立了18家航空、自动化控制、特殊材料和交通动力系统的生产、维修服务及贸易公司。

亚历克斯专家组此行是应金田集团邀请，前来共同探讨BOPP、BOPA等高分子材料生产以及如何在现有设备、技术基础上寻求更好的运行效益。

方崇钿董事长在向远道而来的客人们表示欢迎和问候以后，简要地介绍了金田集团塑业公司的情况，提出了需要共同探讨的重点课题。他希望双方的合作从现在开始能够取得大家都能满意的成果。

金田报
GETTEL NEWS
2006年10月10日 农历八月十九 星期二 第9、10期（总第14、15期）
中国·金田集团主办 报头题字：毛泽东手迹 浙企准字：C057号 本期4版

方源细董事长被聘为县工商联名誉会长

本报讯 9月1日，苍南县工商业联合会（总商会）会长孙绍丁（左）一行来到金田集团，聘请方荣钿董事长（右）为该会新一届名誉会长。 阿庆摄

金田故事 014

深圳特区行

2006年8月26日至27日，金田集团总经理方文彬应邀到深圳，出席了中国企业家论坛深圳峰会。这是深圳企业界为庆祝特区成立26周年而举行的纪念活动之一。

深圳，是我国改革开放的先驱和前沿，是中国打开国门，走出"围城"，走向世界的"试验田"。26年来，深圳的新观念、新政策、新制度、新机制，引导了全中国的创新发展。

在深圳五洲宾馆举行的高峰会上，方文彬与联想控股有限公司总裁柳传志、TCL董事长兼总经理李东生、东软集团董事长刘积仁、招商银行行长马蔚华、奥康集团董事长王振滔等来自全国各地的经济界、企业界精英人士一起，围绕"什么改变了中国？"这一主题进行交流。

全国工商联主席黄孟复出席这次峰会开幕式并致辞，中国人民银行副行长

吴晓灵，全国工商联副主席谢伯阳、辜胜阻，深圳市委书记李鸿忠，市领导戴北方、张思平等出席会议。

黄孟复代表全国工商联对会议召开表示热烈的祝贺。他联系深圳20多年的发展历程指出，深圳的今天就是我们国家的明天，改变深圳的因素就是改变中国的因素。

面对当前经济运行实际，黄孟复认为，民间资本、民营经济是改变中国的一个重要因素。当前，中国民营经济的发展已经跨入新的历史阶段。人们对民营经济的认识正在发生根本性的变化，国家对民营经济的政策、法律制度也在发生根本性的变化。民间资本、民营经济将会继续大发展，成为改变中国、发展中国的主要力量。这一力量将与国有资本、外资资本一起相互促进、共同发展，推动中国社会走向全面小康、全面富裕，推动中国

走向世界经济强国。

深圳市委书记李鸿忠在高峰会上发表了热情洋溢的讲话。他全面回顾了深圳经济特区成立26年来,企业家们在改变深圳、改变中国的进程中做出的杰出贡献,也为深圳的未来发展前景描绘了鼓舞人心的蓝图。

▲2006年8月27日《深圳特区报》报道中国企业家论坛情况

金田报
GETTEL NEWS
2006年10月10日 农历八月十九 星期二 第9、10期（总第14、15期）
中国·金田集团主办 报头题字:毛泽东手迹 浙企准字:C057号 本期4版

金田故事 015

四十三载同学情

2006年10月，金风送爽。

8日上午，金田集团三楼会议室里，欢声笑语，其乐融融。由方崇钿董事长召集的"平阳县第一中学63届同学会"在这里举行。

四十三载念故交，一朝相聚喜眉梢。1963年的夏天，在平阳县一中读书的方崇钿及其同学共50多人毕业离校，各奔东西。此后，近半个世纪的风风雨雨，大家度过了人生的青春年华，在祖国各地留下了各自的足迹。在他们大多进入甲子之年时，经方崇钿先生提议，在金田集团举行一次老同学聚会。

参加这次聚会的同学，来自四川、山东、江苏、北京、上海等省市，浙江省内的有杭州、宁波、温州、平阳、苍南等市县。50多名同学中，有的在党政部门工作，有的在教育部门工作，有的在铁道部门工作，有的在港运部门工作，有的在电力部门工作，有的在企业工作。由于路途远近不等，这次到场参加聚会的是32人。

东道主方崇钿先生，首先对黄培民老师和各位学友来到金田集团参加43年来的第一次聚会表示热烈的欢迎。接着，他讲述了自己离开学校以后种地、当兵、养蜜蜂、当供销员、办厂，直至创立八大公司，组建中国·金田集团的情况。现场播放了记录金田集团创业历程的电视专题片。

黄培民老先生即席讲话，抒发了在那"一穷二白"的年代执教的感慨。

在随后的交流中，同学们畅所欲言，气氛轻松活泼。

离开学校后当兵22年，曾任上海警备区武装部长的章志淦风趣地说："如果不是召集这样的同学会，如果不是坐在这里互相介绍，我们这些人走在路上碰了面也认不得了。43 年啊，人生就这样一晃而过。这才是真正的光阴似箭。当年剃着小分头一脸稚气的小男孩已经成了鬓发斑白的老头子，当年梳着长辫子的小姑娘已经变成了老太婆。思今追昔，我们的同窗之情更加值得珍惜，值得回忆！"

有一位同学拿出了一张珍藏 40 多年的老照片，那是 1962 年，班上的苏中赏同学当兵入伍前在学校与十几个好友的合影。那是一张黑白照片，上面题有"入伍留念·高二(2)支部 62.7"字样。

▲方崇钿(中排左六)与同学们合影

金田故事 016

走进江苏宿迁

为了走出浙南看看外面的世界,考察外地招商引资政策,苍南县青年企业家协会会长方文彬率领苍南部分青年企业家,于 2006 年 10 月 20 日至 23 日到苏北宿迁进行考察调研。

方文彬一行在宿迁市委、市政府领导陪同下,实地考察了宿迁经济开发区管委会、宿迁通湖大道五岔口工业园区。听取了市领导对宿迁招商引资优惠政策的介绍。

方文彬一行也向宿迁方面汇报了考察团成员各自企业的情况及投资意向。

此后,经过双方继续沟通了解,宿迁成为金田走出温州,走出浙江,投资外省建立生产基地的第一站。

2007 年 4 月 8 日,金田在江苏宿迁投资建设的第一条塑业生产线隆重举行奠基仪式。

▲ 宿迁双塔公园

金田故事 017

除了国家的,其余我赞助!

2007 年 1 月 11 日下午,中共苍南县委常委、龙港镇委书记汤宝林带领县、镇企业家协会会长方崇钿与苍南县慈善总会负责人一行前往龙港仕家垟村、环河村等村(居)慰问陈先勇家、陈玉杰家、王维治家等因长期生重病造成的特困家庭,给他们送去龙港企业家们捐赠的慈善救助金。

在仕家垟村村民陈玉杰家门口,陈玉杰的妻子满怀感激地接待了汤宝林一行。她告诉登门慰问的各位领导:"陈玉杰因肝癌晚期住院手术,整个肝脏基本切除。为了治病,家里已经将龙港镇上的住房卖掉,住到了农村老家的旧房中。"现陈玉杰仍在杭州住院化疗,她万分感谢领导们今天登门来"救命钱"。

在文卫路上的一条僻静小巷里,汤宝林、方崇钿一行来到特困户王维治家。王维治因四肢瘫痪已经卧床 10 多年,吃饭、穿衣、大小便都无法自理,全靠妻子蔡凤凰"全日制"服侍。听说镇领导前来慰问,蔡凤凰感动得泣不成声。她把汤宝林等人领到三楼狭窄的小屋里,看望躺在病床上的王维治。她说:"我 10 多年来整天伴着话都不能讲的丈夫,现在家里负债累累。上有老,下有小,一个 15 岁的女儿在上初中,一个 13 岁的儿子在读小学。将来要是两个孩子要上大学,真不知道这日子怎么过?"在场的每一个人都因蔡凤凰的哭诉而动容,都同情她的艰难处境。当方崇钿代表慈善总会送给她 7000 元救助款时,蔡凤凰竟一下子跪倒在方崇钿脚下。方崇钿赶紧将她拉起,并当场表示:"我们很赞扬你这种几十年如一日,含辛茹苦侍奉重病丈夫、抚养子女的精神,你不要悲观失望,政府和社会都会帮助你这样的特困家庭。我今天表个态,你的两个孩子直到上完大学的费用,除了国家负担的以外，其余都由我赞助！请你转告孩子们，叫他们好好学习，将来报效国家。"

汤宝林书记高度赞赏方崇钿会长的慈善之心，在场的蔡凤凰的亲友和街邻们也都很感动。

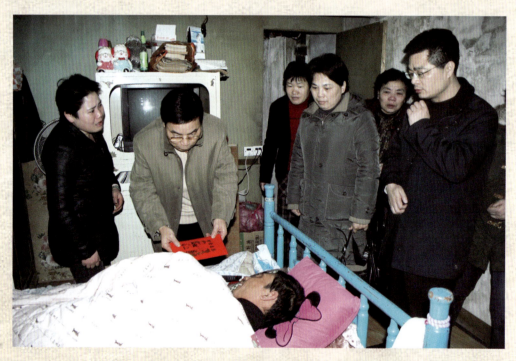

▲方崇钿(左二)与汤宝林(右一)慰问王维治

金田报
GETTEL NEWS
2007年2月28日 农历正月十一 星期三 第2期（总第18期）
中国·金田集团主办 报头题字：毛泽东手迹 浙金准字：C057号 本期4版

金田故事 018

党员"金点子"有奖

党员奉献金点子，公司年终奖"千金"。在金田集团召开的2006年度总结表彰大会上，5名为企业奉献"金点子"，日常在员工中发挥先锋模范作用成绩突出的优秀党员，每人获得1000元专项奖励。

金田集团董事会历来重视共建和谐企业。方文彬总经理被龙港镇委表彰为"支持非公企业党建工作的优秀民营企业主"。金田集团的党员们也乐于为企业奉献"金点子"。他们在各自岗位上开展"创三无"活动，力争党员身边无次品、党员身边无事故、党员身边无违纪。

在党员奉献"金点子"的活动中，共产党员范智勇于去年7月提议塑业公司实施节能改造项目，由公司工程部负责实施。4个月后，项目改造到位。每月可节约成本5万元。省有关部门也给予金田集团节能嘉奖。共产党员、财务出纳吴芙蓉从自身的财务管理实践出发，在奉献"金点子"时，提议公司对财务人员进行专业培训和从业道德教育，并正常开展内部稽查。公司采纳了她的意见，成立了"纪检监察组"，配备兼职稽查员，每月对管钱、管物的岗位进行一次稽查。发现问题及时纠正，减少了公司在资金和物资管理上的损失。

鉴于党员们在构建活力和谐企业方面做出的实际贡献，集团董事会对在年终民主评议中获得"优秀党员"称号的吴芙蓉、范智勇、尤信用、李秀锡、黄孔冲5位党员，每人奖励1000元，并希望全体党员在新的一年里再创佳绩。

▲2006年度金田集团总结表彰大会

2007年4月18日 农历三月初二 星期三 第3、4期(总第19、20期)

中国·金田集团主办 报头题字:毛泽东手迹 浙企准字:C057号 本期4版

金田故事 019

青龙江畔创业人

岁月沧桑轮回,浙南大地生辉。

席卷中华大地的改革开放之风,成就了多少勇于抓住机遇施展才华的志士能人?他们驾长风破千里惊涛,谱写出多少威武壮阔的感人诗篇?

中国·金田集团董事长方崇钿先生,便是浙南企业界千千万万弄潮儿中的崭露头角者。

20世纪60年代初,方崇钿先生高中毕业以后,满怀参军报国的赤子之心,从偏僻闭塞的家乡,来到国际都市上海某工程兵部队服役。在那里,他为保卫当时处于世界风云变幻中的大上海站岗放哨;他为艰苦的国防工程施工添砖加瓦。短暂的军营生活,使他开阔了眼界。从此知道了在生他养他的浙南海滨偏僻小渔村之外,还有无限精彩的世界。

1972年,在初出茅庐后,历经八载磨练的方崇钿先生确立了人生历程上新

的目标:办厂!

1989年,改革开放的又一轮春风吹绿了浙南大地。方崇钿抓住机遇,扩大投资,创办了"苍南县塑料三厂"。

1993年,方崇钿筹资2000多万元,创办"温州市金田电缆有限公司"。在6个月内完成了基建工程,上马了两条先进的通信电缆生产线,专业生产邮电通信电缆,使他的企业在产品技术含量和占领市场制高点上有了新的突破。

2002年,龙港获得"中国印刷城""中国礼品城"两张"国字号金名片"以后,方崇钿先生意识到印刷和礼品包装用的塑料薄膜原材料生产前景广阔。而这种塑膜过去都是由中间商从外地采购,既增加了成本,又不能完全满足要求。为了适应龙港经济发展需要,为龙港的区域品牌注入新的血液,不断开拓金田集团新的增长点,方崇钿瞄准软包装

行业原材料，继续开发新产品，转型 BOPP、BOPA 产业。

几十年艰辛创业，方崇钿先生连年被评为"中国优秀企业家""浙江省优秀企业经营者""温州市优秀创业企业家""温州市企业精英""温州市政治思想工作先进工作者""温州市优秀社会主义事业建设者""明星经理""明星董事长"，连续 13 年荣获温州市工业系统最高奖"金鹿奖"和"突出贡献奖"，他还连续多届被选举为温州市和苍南县两级人大代表。

▲方崇钿(右)在车间与员工们交流

GETTEL NEWS

2007年4月18日　农历三月初二　星期三　第3、4期（总第19、20期）

中国·金田集团主办　报头题字：毛泽东手迹　浙金准字：C057号　本期4版

金田故事 020

《金田报》又"长大"啦！

2007年4月之前，《金田报》都是四开四版，铜版纸印刷。方文彬总裁认为"四开的报纸，看起来总觉得有点小气；铜版纸印出来的报纸，总像是'小广告'，不像正经的报纸"。所以他提出："第一，要把《金田报》改成对开大报；第二，要用新闻纸印刷，不再用铜版纸印刷。"

当时，我们也很担心两点：第一，四开小报改成了对开大报，图片文字量扩大一倍，每一期能不能组织到那么多图文稿件？第二，作为彩色印刷的报纸，铜版纸印出来的照片颜色鲜艳一些，用新闻纸印会不会好看？无论如何，一旦改革方案确定，必须坚决执行。

于是，从2007年4月，编辑出版总第20期《金田报》开始，就改为对开四版大报。

从2007年5月总第21期开始，改为新闻纸印刷。

实践证明，这两大改变的效果非常不错。

▲浙江省企业报协会四届二次理事（扩大）会议会场

金田报
GETTEL NEWS
2007年5月15日 农历丁亥年三月二十九 星期二 第5期（总第21期）
中国·金田集团主办 报头题字：毛泽东手迹 浙企准字：C057号 本期4版

金田故事 021

金田"小奥运"

2007年5月13日，金田集团职工活动中心内，人声鼎沸，高潮迭起。上午8时18分，金田集团第二届职工运动会拉开帷幕，来自集团各公司、部门的运动员们，列队进场。

方文彬总经理致开幕词。他首先对龙港总工会、共青团苍南县委领导光临运动会表示欢迎和感谢，接着对召开本次运动会的有关背景做了说明，还对所有运动员、裁判员提出了殷切希望。

8时28分，方崇钿董事长宣布："中国·金田集团第二届职工运动会现在开幕了！"

礼炮声随之响起，装扮一新的职工活动中心内顿时呈现出五彩缤纷的瑰丽景象。全场运动员们报之以热烈的掌声。

这次运动会共设男子羽毛球单打、女子羽毛球单打、男子乒乓球单打、女子乒乓球单打、定向投篮、自行车慢骑、四人同步（踩板）、花样跳绳、拔河等7项10类比赛项目。

方文彬总经理与龙港镇工会主席方崇涨首先参加了羽毛球单打热身赛。他们的精彩球技赢得了一大批"球迷"。

根据运动会组织委员会的安排，来自金田集团各公司的140多名运动员，在各自选定的赛场上各显神通，一展身手。

赛场上，羽毛球、乒乓球运动员们动作敏捷，让人眼花缭乱。

自行车慢骑30米跑道，又让平时风风火火的"上班族"一反常态。越慢越好，真让人为难。不少人因为心急而败下阵来。最后，还是塑业工程部余上拥、钟锦育以3分17秒和3分8秒分获冠、亚军。

"四人同步"，是一个锻炼和考验团队精神的体育项目。要求4个人站在一块形同大拖鞋的木板上，齐步前进。这个项目的关键是总指挥必须发令准确，4 个人双脚的动作必须高度一致。在这个赛项中，塑业工程部以 18.48 秒速获得冠军，塑业销售部以 21.88 秒速屈居亚军。

其他诸如花样跳绳、定向投篮等比赛项目，也是对运动员们的体力与智力的双重测试。

拔河，一言以蔽之，"以力取胜"，但它又必须以韧劲与巧劲取胜。在 2005 年的第一届职工运动会上，行政部拔河队曾以毫厘之差输给了上料队。这次运动会中，行政部一举夺得冠军。

比赛结束后，共青团苍南县委办公室主任项秉簪，金田集团董事长方崇钿、总经理方文彬为获奖者颁发奖杯、奖牌、奖品。所有参加本届职工运动会的员工均获得了一份纪念品。

▲金田员工们在运动会上

金田故事 022

"六尺巷"精神到金田

2007年6月23日至25日，安徽省桐城市人民政府市长卓晓静，桐城经济开发区经济发展局局长周春生一行到金田集团访问考察。

说到安徽桐城，人们会自然联想起古时候在朝中为官的桐城人张英劝家人让地与邻的故事。

清朝康熙年间，文华殿大学士兼礼部尚书张英老家的邻居吴家，意欲强占与张家毗邻巷口三尺地皮建房。张英父母力阻无果，认为邻居欺人太甚，怒不可遏，急写家书着快马送往京城，要张英把吴家"摆平"。可是深明大义的张英并没有凭借手中的权力"弹压"百姓，而是写了一封回信给父母，附上一首短诗："一纸书来只为墙，让他三尺又何妨？长城万里今犹在，不见当年秦始皇。"张英的父母见到此信，深为儿子的"宰相肚量"所感动，当即不再争论，让开三尺。邻居吴家得知情由后，也感到很不好意思，也主动向后让了三尺。从此，桐城有了"六尺巷"，世人传为美谈。

此次，桐城卓晓静市长一行，满载桐城传统文化与现代魅力莅临金田，本着"让他三尺又何妨"的"桐城精神"，与金田集团董事长方崇钿、总经理方文彬就双方共同合作投资的问题进行了友好磋商，并基本达成一致意见。

▲桐城六尺巷

GETTEL NEWS
2007年8月10日 农历丁亥年六月廿八 星期五 第7、8期（总第23、24期）
中国·金田集团 主办 报头题字:毛泽东手迹 浙金准字:C057号 本期4版

金田故事 023

龙腾赋

2007 年，龙港企业家协会成立 10 周年。10 年大庆，龙港盛事。为了配合这次十年庆典，我突发奇想，用龙港当时数百家企业的名字"串"成一篇《龙腾赋》。在《龙港工商企业》杂志和《金田报》上刊出后，不少领导、朋友们都称奇：怎么老龙港人没有一个人想到这样作赋，却被他刚来的新龙港人想到了？

此赋全文可见于 2007 年的《龙港工商企业》杂志及 2007 年 6 月出版的《金田报》。现摘录其中一段：

农民城要兴，产业须超前。可敬龙港人，创业不畏险。

"金田"方崇钿，商海为人先；先办塑编厂，再做光电缆。

PP 生产线，世界数顶尖；利税是大户，排头在全县。

"胆大包天"者，王均瑶先生；长沙到温州，航线他经营。

温州到上海，均瑶有波音；"吉祥"展雄姿，蓝天任驰骋。

"方鑫"典当行，温州第一家；私营服务业，方便你我他。

"康尔"微晶器，实绩前三强；"金泰和"纸业，声名浙渝扬。

"中国印刷城"，"中国礼品城"；两张金名片，拉动百业昌。

印刷有"新雅"，包装有"富康"，超市有"百一"，礼品有"仪邦"。

"曙光"和"六桂"，上了"国"字榜，"新华"偕"华泰"，"跨跃"与"台港"。

"顺丰"连"丰华"，"宏达"是激光；"如意"工艺精，"宏田"织造广。

办公靠"富达"，设计在"金广"；一家引百家，百厂带千厂。

数千工贸业，汇聚在龙港；龙腾虎跃中，经济往上涨！

人民群众笑，党委政府奖；龙港城显富，"温州模式"响！

2007年8月10日 农历丁亥年六月廿八 星期五 第7、8期（总第23、24期）
中国·金田集团主办 报头题字:毛泽东手迹 浙企准字:C057号 本期4版

金田故事 024

专业人才有大奖

2007年7月20日，金田集团召开各公司总经理、各部门主管会议，举行为自学自考获得专业技术职称的尤信用等人颁奖的仪式，公布集团董事会新拟定的专业人才奖励办法。

金田集团把培养人才，吸引人才，留住人才，用好人才作为促进企业腾飞的重要环节来抓，取得了初步成效。从金田集团10多年不断发展壮大的实践中，集团董事会深刻认识到，企业要前进，人才要先行。任何工作，任何决策，都要靠人去落实。"世间一切事物中，人是第一个可宝贵的。"再宏伟的规划，再科学的路子，没有高素质的人付诸实施，结果只能是一纸空文。基于这一点，集团公司经过反复调研论证，参考其他企业的做法，制定了《金田集团关于奖励自学自考专业技术人才的试行办法》，大力倡导在本集团工作两年以上的管理人员积极通过自

学自考获得国家认可的对口的专业技术职称，以适应金田集团在"十一五"期间全面跨越发展的需要。

对照这个"试行办法"，集团财务部经理尤信用、电缆公司主办会计李少孩等同志符合奖励条件。方崇钿董事长为他们佩带红花，并当场发给通过自学获"高级注册会计师"的尤信用同志奖金10000元。对通过自学自考获得初级职称的同志给予全额报支学费和奖学金奖励。

颁奖以后，方崇钿董事长发表重要讲话。他首先充分肯定了金田集团的发展史就是人才培养史，高度评价了金田集团在几个重要转折点上，优秀管理人才做出的杰出贡献。他也深刻阐述了高度重视培养人才，就是重视金田的明天，重视金田的未来。

方崇钿董事长希望所有在金田集团

供职的管理人员，要大力发扬自强不息的勤学精神，从对自己负责和对集团负责的高度出发，孜孜不倦，刻苦钻研专业知识，争取获得国家认可的专业职称。

▲方崇钿(中)与专业人才获奖者

金田故事 025

获评"优秀企业报"

（本报记者）2007 年 8 月 11 日，浙江省企业报协会发来〔2007〕第 25 号文件，授予《金田报》"浙江省优秀企业报"称号。

文件中说："评委会严格按照评选标准，在逐个评议的基础上，经过三轮评选，产生了第三届浙江省优秀企业报。贵公司主办的《金田报》在众多的参评企业报中脱颖而出，荣获'浙江省优秀企业报'称号。对此，我们表示热烈的祝贺！"

8 月 27 日至 31 日，"浙江省企业报协会 2007 年年会"在杭州凯旋路 136 号四季青大酒店隆重举行。这是一次由省企业报协会主办的盛会，是对全省企业报的一次大检阅，是全省企业报主办者们在西子湖畔的"盛宴"。与会者每人都带着自己的报纸，互相观摩，博采众长。

《金田报》是第一次登上全省企业报展示的最高殿堂。在会议上展出的几十份企业报中，《金田报》以少有的对开四版大报气派和毛泽东手迹报头题字赢得好评。

28 日上午，原《浙江日报》总编辑、省企业报协会会长周祖赓宣布"关于表彰浙江省优秀企业报的决定"。

根据大会安排，《金田报》总编辑丁年庆做了专题发言。他首先感谢省企业报协会给了《金田报》登上全省企业报讲坛的机会，感谢评委们给予"报龄"最短的《金田报》"浙江省优秀企业报"荣誉。接着，丁年庆向全体与会代表介绍了金田集团的创业历程和未来蓝图，介绍了金田集团董事会重视企业文化建设，决策创办《金田报》的过程及主要做法、体会，并真诚地期望省企业报协会和全省企业报界同仁，一如既往地关心、扶助《金田报》不断成长。

▲浙江省企业报协会 2007 年年会现场

金田报

GETTEL NEWS 浙江省优秀企业报

2007年10月10日 农历丁亥年八月三十 星期三 第10期（总第26期）

中国·金田集团 主办　报头题字毛泽东手迹 浙企准字：C057号 本期4版

江苏宿迁中行客人访问金田

金田故事 026

大别山麓"结新亲"

2005年以来，桐城市委、市政府领导和招商部门多次亲临金田集团宣传招商引资政策，邀请金田集团前往考察投资。精诚所至，金石为开，合作意向终于生成正果。

2007年9月18日，"中国金田集团（桐城）塑业有限公司奠基暨金田工业园签约仪式"正式举行。中共安庆市委副书记薛泽洲、安庆市副市长刘苹、安庆市招商局局长周东明等参加了庆典活动。

安庆市副市长、桐城市委书记汪莹纯首先致辞。他代表桐城市委、市政府向奠基庆典表示热烈的祝贺，向莅临现场的各级领导和来宾们表示热烈的欢迎，向关心支持桐城经济社会发展的各界朋友们表示衷心的感谢。接着，他向大家介绍了中国·金田集团的基本情况和这次投资概况。他还郑重承诺，将把服务金田集团项目建设作为当前全市经济工作的

一项重要任务，努力为金田集团营造"信誉最好，服务最优，效率最高"的投资环境。

金田集团董事局主席方崇钿讲话。他代表中国·金田集团董事局全体成员，向为了这个项目如期开工给予大力支持的桐城市委、市政府等四套班子领导，向桐城市招商局、桐城市经济开发区的各位领导，桐城市发改委，工商、金融等部门，桐城市各界人民表示衷心感谢。

方崇钿主席由衷赞叹："我们在与桐城市各级、各界领导的短暂接触中，已经真实感受到桐城人的坦诚与可信，看到了桐城人的办事效率，看到了桐城人的友好精神。这是我们能够精诚合作的坚实基础。我们对在桐城早日做好塑业项目充满信心！"

在方崇钿主席讲话之后，薛泽洲副

书记也代表安庆市委、市政府向奠基仪式表示祝贺。

上午9时28分,安庆、桐城市领导和金田集团董事局成员一起,挥锹为金田集团(桐城)塑业有限公司奠基石奠基培土。全场鼓乐齐鸣,欢声雷动。这昭示着金田集团与桐城人民的经济合作掀开了崭新的一页!

2007年11月8日 农历丁亥年九月廿九 星期四 第11期（总第27期）
中国·金田集团 主办 报头题字：毛泽东手迹 浙企准字：C057号 本期4版

金田故事 027

乒乓球赛在金田

金田集团的职工活动中心，不仅是员工健身场所，也是一些体育运动会的赛场。

2007年10月12日上午，在党的十七大召开前夕，"金田杯"浙江省第二届体育强镇(乡)乒乓球比赛在金田集团隆重开幕，来自全省的18个体育强镇代表队的97名参赛运动员，在为期两天的竞赛中，以球会友，通过体育竞技增进体育强镇、经济强镇之间的友好交往。

出席球赛开幕式的领导和嘉宾有浙江省体育局群众体育处副处长虞超英、浙江省体育局总会副秘书长陈剑影、温州市体育局群众体育处处长金家炳、市体育局总会常务副主席钱登瑞等领导。

此次"金田杯"乒乓球比赛由浙江省体育局主办，苍南县体育局和龙港镇人民政府承办，中国·金田集团为本次赛事总冠名单位。

金田集团的职工活动中心，是目前苍南企业界唯一能够举办体育赛事的场所。为了保证这次乒乓球赛成功举行，金田集团做了大量的前期准备工作。

在这次比赛中，获得混合团体第一名的是温岭市滨海镇代表队；第二名是瑞安市飞云镇代表队；第三名是永康市古山镇代表队；第四名是宁波市北仑区代表队；第五名是苍南县金乡镇代表队；第六名是江山市双塔镇代表队；第七名是东阳市巍山镇代表队；第八名是温岭市温峤镇代表队；第九名是遂昌县云峰街道代表队；第十名是苍南县龙港一队；第十一名是义乌市苏溪镇代表队；第十二名是余杭市崇贤街道代表队。

金田集团董事局主席方崇钿出席了乒乓球比赛的开幕式，金田董事局总裁兼总经理、乒乓球大赛筹委会会员方文彬出席了大赛闭幕式。

▲方文彬(前排右二)在"金田杯"浙江省第二届体育强镇(乡)运动会闭幕式现场

金田报
GETTEL NEWS
浙江省优秀企业报
2007年12月1日 农历丁亥年十月廿二 星期六 第12期（总第28期）
中国·金田集团 主办 报头题字：毛泽东手迹 浙金准字：C057号 本期4版
图为11月23日方文明（左五）代表温州市青年企业家参加《湖州宣言》宣誓。

金田故事 028

费翔高歌"归来吧"

"天边飘过故乡的云，它不停地向我召唤，当身边的微风轻轻吹起，有个声音在对我呼唤……"

1987年的春节联欢晚会上，一首《故乡的云》，以它动情的歌词，动人的旋律，动听的演唱，让我们认识了台湾著名歌星费翔。

2007年11月17日晚上，费翔真的来了。他穿着一身"费翔式"的深色服装，一头"李咏式"的乌发，像是一朵云，又像是一阵风，轻轻地飘到了温州龙港。

费翔的歌，我们耳熟能详。可是，费翔的人，我们却是第一次见。

17日上午10时15分，费翔从温州永强机场走下飞机，经过一个小时的车程，先在金田集团稍作停留，然后入住龙华大酒店。为了保证演出效果，下午4时，费翔便带着他的灯光师、伴舞等"全套人马"到龙港影剧院彩排。

舞台上的费翔，是那样富有感召力。他一口气唱完了4首歌。不只是唱歌，他还走下舞台，走到观众中，与"粉丝"们热情地握手相拥。当他发现影剧院里的通道实在拥挤，便重新回到台上，从剧场左侧再一次走近台下的观众。一股席卷全场的"费翔热"顿时轰动了整个影剧院。

不时有小朋友们上台献花。唱到动情处，费翔俯下身来亲吻他们，抱起他们尽情放歌。

面对热情友好的龙港观众，费翔深情地表白："我从1982年走上歌坛，1987年到大陆演出，已经整整20年了。今天，我带着几首华语歌曲来到龙港。听说龙港的企业家们和老乡们都生活得很好，我感到十分满足，也非常欣慰。我祝愿龙港的企业家们事业兴旺，龙港人民幸福安康！"

费翔的祝福与他的歌声一起，久久

地回荡在龙港影剧院内：

"踏着沉重的脚步，

归乡路是那么漫长，

当身边的微风轻轻吹起，

吹来故乡泥土的芳香……"

▲费翔在"龙港企业家之夜"演唱会上

金田故事 029

金田首届职代会

职工代表大会，是龙港民营企业的一个新鲜名词，在金田首先叫响。2007年12月29日上午，金田集团第一次职工代表大会隆重召开。

方崇钿主席出席大会开幕式，祝贺第一次代表大会如期召开，并希望本次代表大会取得圆满成功。

集团党组织书记发表讲话。他首先向光荣当选的第一届职工代表表示真诚祝贺。他指出："职工代表大会制度，是在新世纪改革开放新形势下创建活力和谐企业，鼓励职工参与企业管理，维护员工合法权益，保障企业又好又快发展的一项重要的民主管理制度。早在去年集团召开的年终总结表彰大会上，方崇钿主席就提出要召开职工代表大会。方文彬总裁也多次提出要定期召开员工恳谈会，及时听取来自一线员工对集团管理和发展有益的意见，畅通言路，培养广大

员工的主人翁精神。我们经过较长时间的酝酿准备，终于使'职代会'制度理想成为现实。在座的代表们能够成为金田集团第一届职工代表，也是一件值得自豪的大喜事。大家应该珍惜这样的荣誉。"

他希望大家要当好称职的职工代表。他说："荣誉也是责任。首先，我们要比过去更加谦虚谨慎，更加努力地当好优秀员工，处处为人表率。其次，要真正代表员工利益。要注意倾听身边员工的意见，关心他们的工作情况、思想情绪和切身利益，及时向公司和集团领导层反馈，帮助改进工作，帮助员工与主管、员工与业主、员工与员工之间建立和谐融洽的关系，上下一心，共同为实现企业生产目标而奋斗。"

集团工会主席范智勇首先回顾了金田集团从20世纪80年代末创建以来，

职工民主生活的建立和发展情况。他说："我们金田集团历来重视发挥广大员工参与企业管理的积极作用，集团领导层非常希望听到来自生产第一线的呼声和意见。今后，希望所有代表们能够称职尽责，各尽所能，推进金田的跨越发展。"

代表们在大会上畅所欲言，就生产管理、员工计件工资发放的透明度等大家共同关心的问题提出了各自的意见。

▲金田集团第一届职工代表大会会场

▲方崇钿(右)为优秀职工颁奖

金田故事 030

《时代先锋》赞方老

2008年2月18日，金田集团董事局方崇钿主席收到从北京发来的《时代先锋》。

该书由中国红色先锋文化传媒中心《时代先锋》编辑委员会编辑出版，是以方崇钿等100多位创业者为题材的长篇报告文学。此书对方崇钿主席的创业历程给予了高度评价。除了刊登方崇钿主席的彩色照片以外，该书《序言》中先后7次提到方崇钿主席的创业历程。

▲2008年1月15日，方崇钿(前排右)接待中央政策研究室副主任方立(前排左)考察金田

金田报

GETTEL NEWS

中国·金田集团主办
报头题字:毛泽东手迹
浙金准字:C057号

浙江省优秀企业报

2008年3月18日
农历戊子年二月十一
星期二
第3期(总第31期)
本期4版

金田故事 031

创始人的贤内助

当我们为龙港改革开放 20 多年取得的卓越成就而欢欣鼓舞的时候,当我们为龙港的排头企业——金田集团的创新跨越发展而敬佩不已的时候,当龙、鳌大地许许多多胸怀大志的创业者追随金田方氏家族企业的创业足迹,书写自己的辉煌人生之路时,人们不能忘记,在金田集团这面鲜艳的大旗后面,在金田集团董事会的领导成员之外,还站着一位伟大的女性——

她,就是方崇钿董事长的贤内助黄杨芬。

黄杨芬,1944 年 8 月出生于浙南海滨。1964 年,她在宜山邮电局工作时,与年轻有为的方崇钿结为伉俪。

方崇钿是那个特定时代里特别"不安分"的人,他不安于做"老实庄户",一年打几百斤谷子;他不满足于当民办教师,一天三毛钱工资。他的目光在天南地北,他的志向在四面八方。

而黄杨芬则是一位贤妻良母,夫唱妇随,她用自己的聪颖与贤惠谱写着"你耕田来我织布,你挑水来我浇园"。

20 世纪 60 年代中后期,方崇钿听说养蜜蜂能赚钱,就拉起一支 10 多人的队伍,远离家乡,到苏北农村去放蜂。1966 年春节,黄杨芬看到回家过年的丈夫在外风餐露宿,看在眼里,疼在心里。春节过后,她毅然辞去了邮电局的"铁饭碗",带上孩子跟着丈夫北上闯荡江湖。

想赚钱的人舍不得随便花钱,处处精打细算的黄杨芬便是如此。黄杨芬一路上带着菜籽。蜂箱放到哪里,就在那里的河边地头撒上一把菜籽。几天后,他们就有了"自产自销"的蔬菜,无须到集市上去买,既省功夫又省钱。那时候,他们省吃俭用,一年能赚一万多元,在当年的鳌江之畔,称得上是"首富"之家了。

塑编厂里的"发货员"

20世纪80年代,方崇钿结束了四海为家的奔波生活,回到家乡龙港办工厂。他投资的第一个项目是编织化肥包装袋。

在这个家庭作坊式的工厂里,人们从早到晚都可以看到一位年轻的女性在里里外外地忙碌着。她一边要收进千家万户交来的半成品,安排后期加工,一边要按照订单向全国各地的客户发货。她就是黄杨芬,一个家庭企业的"内当家"。当时,方崇钿要走南闯北拿订单,签合同,黄杨芬就挑起了内务管理的重担。

商店、酒店显身手

20世纪90年代,随着家庭作坊式工厂的逐渐发展壮大,对流动资金的需求量也越来越大。方崇钿谋划开发商店、酒店等第三产业,用三产的盈利来补充二产资金的不足。谁来掌管方氏家族的第三产业呢?

黄杨芬主动请缨。于是,她又成了方氏商店的"女掌柜"。在商店经营中,她掌管店内的进、销、存大账。

在金田大酒店开创之初,方崇钿舍不得雇佣更多的员工,黄杨芬便带着女儿、儿子、媳妇们跑堂的跑堂,掌厨的掌厨,端菜的端菜,大家拧成一股绳,打造出苍南、平阳两地酒店业的"金田"品牌。

"员工好,公司才好"

进入21世纪以后,黄杨芬年近花甲,到了安享晚年的时候。虽然她不再在"一线"拼搏,但是她仍然时刻惦记着当好丈夫的参谋助手,观前照后,帮助做一些拾遗补缺的"小事"。

有一次,她听说电缆公司有两个管理人员之间有些小矛盾,她就几次到厂里找双方交谈沟通,化解了两人的误会。厂里的员工都对她十分尊重,她的话总是让大家口服心服。所以,她竟成了一个不在职的"业余指导员"。

在如何看待公司与员工两者关系的问题上,她有一句口头禅:"员工好,公司才好!"不得不佩服她的远见卓识。

黄杨芬已十余次荣获"苍南十佳贤内助"称号,登上领奖台,披红戴花。

▲方崇钿（中）和夫人黄杨芬（右）在全甲员工大会上

金田故事 032

县镇奖励 14 项

　　2008 年 3 月 31 日,苍南县委、县政府召开了 2007 年度先进集体、先进个人的表彰大会。县委书记章方璋、县长黄寿龙出席会议并分别讲话。

　　金田集团喜获 14 项奖励。

先进集体奖项：

苍南县活力和谐企业(奖金 10 万元)

苍南县模范工业企业(奖金 8 万元)

中国驰名商标奖(奖金 5 万元)

温州市名牌产品奖(奖金 2 万元)

浙江省清洁生产试点企业 (奖金 2 万元)

龙港镇规模效益企业(奖金 3 万元)

中共龙港先进党组织

苍南县大企业培育对象

苍南县纳税大户

苍南县品牌创建先进单位

苍南县共建新农村先进单位

苍南县劳动保障诚信 A 级单位

龙港镇平安建设工作先进集体

先进个人奖项：

方崇钿：苍南明星企业家

方文彬：温州市优秀企业家、龙港优秀企业家

丁年庆：优秀党组织书记、宣传统战工作优秀教员

▲方文彬(右)在领奖台上

金田报

GETTEL NEWS

中国·金田集团 主办

报头题字：毛泽东手迹

浙企准字：CO57号

浙江省优秀企业报

2008年5月10日

农历戊子年四月初六

星期六

第5期（总第33期）

本期4版

金田故事 033

尤信用论"成本"

为了进一步提高员工素质，提高工作效率，集团人力资源部根据董事局要求，拟定了 2008 年度员工外部培训和内部培训计划。各个部门主管都必须结合工作实际，给全体管理人员讲解提升管理水平的专项知识，以便让大家共同掌握执行要领，使各项工作更加制度化、规范化。

集团副总经理兼财务部经理尤信用讲解的课题是"处处精打细算，控制管理成本"。他说："降低成本不要技巧，只要有决心和大家共同用心。"他提出降低成本的首要前提：一是不要怕因控制成本而得罪人；二是要尽量做到资源共享；三是要设计好科学的考核流程，保证成本与效益成正比。

关于控制成本的具体要求，尤信用提出四点：一、成本管理不仅要重视看得见的方面，更要重视看不见的方面。比如提高设备利用率，提高劳动生产率。二、提倡自主控制成本，每一个员工都要负起责任。要把自上而下的要求，变成自下而上的行动。三、不能被动地把控制成本当作任务来应对，而要作为生产效率、效益的检验标准。四、重视细节控制。除了重视大的方面，如采购、供应等，也要重视小的方面，如电灯、电话、电器的使用，做到"零浪费"。

▲《金田报》2008 年第 5 期

中国·金田集团主办
报头题字:毛泽东手迹
浙企准字:C057号
2008年6月10日
农历戊子年五月初七
星期二
第6期(总第34期)
浙江省优秀企业报
本期4版

金田故事 034

情牵四川地震灾民

2008年5月12日下午,汶川地震灾害发生后,金田集团员工易军、郭兴林、牛代林等人的心都提到了嗓子眼。他们六神无主,坐立不安。因为他们的家乡就在离地震中心汶川不到100公里的绵竹山区。整个下午,老家的电话和手机都无人应答,他们为数千里外的亲人们牵肠挂肚。

他们怀着一颗忐忑不安的心找到集团总裁方文彬,倾诉自己的担忧。方文彬总裁安慰他们不要过分焦急,大家共同关注灾情发展。待电话通了先尽量了解家中情况,只要成都机场恢复通航,公司立即买飞机票送他们回家。

在此期间,集团党组织、工会和车间领导一天三次到宿舍看望他们,告知他们灾区的最新动态。他们在通信网络恢复后,也了解到家人都已"死里逃生",但房屋全部倒塌,震后风雨交加,只能靠稻草遮身。

集团领导一边安慰他们,一边议定救助计划。

5月14日上午,听说成都机场已经恢复通航,都江堰到绵竹的道路也能通行以后,方文彬总裁立即为易军等人订购了15日上午8时从温州往成都的机票,并给每人5000元让他们带回家。

14日下午,金田集团开展了为汶川灾区人民捐款献爱心的活动。

▲方文彬(左一)与金田集团员工为汶川捐款

金田故事 035

捐赠 10 万修村道

2008 年 6 月 11 日，根据集团总裁方文彬的安排，陈先懂、吴芙蓉一行赶到赤溪镇，向该镇双联村送去资助他们修通"康庄工程'断头路'2.3 公里"的现金 5 万元。至此，原定为这段路资助 10 万元的资助款已经全部到位。

双联村是金田集团"村企结对"共建新农村的挂钩单位。双联村是省级贫困村，村里的"康庄工程"道路建设因由村负担的 10 万元资金无法落实，还有 2 公里多"断头路"无法接通，村民们出山或进山都要绕道 10 多公里，从别的村"借道"。方文彬总裁听到这一情况，当即表示愿意资助 10 万元，帮助双联村完成"康庄工程"，为双联村的老百姓做一件好事，并商定在工程开工时捐助 5 万元，在工程竣工时，捐助 5 万元。

6 月上旬，集团接到赤溪镇党委电话，得知这段"断头路"在 2007 年克服种种困难，完成路基工程以后，在县交通部门支持下，2008 年继续推进混凝土路面工程施工，到 6 月上旬已经完成近半工程量。集团董事局当即决定拨出剩余款项。

▲金田集团向赤溪镇双联村捐款 10 万元

中国·金田集团 主办
报头题字：毛泽东手迹
浙金准字：C057号

GETTEL NEWS
浙江省优秀企业报

2008年8月8日
农历戊子年七月初八
星期五
第 8 期（总第 36 期）
本期4版

金田故事 036

梁保华的鼓励

盛夏的苏北新城宿迁，飘来一阵阵宜人的清凉。

2008 年 7 月 14 日上午，金田集团宿迁工业园内上百面彩旗迎风飘扬，正在施工中的塑业公司园区内打扫得整洁一新。金田集团董事局主席方崇钿专程从温州飞抵宿迁，迎接尊贵的客人——中共江苏省委书记梁保华莅临金田园区视察指导工作。

上午 9 时 15 分，梁保华书记乘面包车来到金田宿迁公司。下车后，他首先与方崇钿主席握手，互致问候。接着，梁保华书记走进金田宿迁塑业公司高大宽敞的新厂房，在公司的简介展板前听取方文洁助理对公司筹建过程和发展规模的介绍。接着他们兴致勃勃地参观了正在安装进口设备的车间。当梁保华书记听说这是一个投资 5 亿元、年产 3 万吨的可降解塑业项目，这些设备都是从德国进口的一流设备时，连声称赞："这个项目好！"

在车间设备安装流水线上，梁书记碰到正在现场工作的德国专家、中国宿迁项目经理阿里克斯先生，便驻足与他攀谈起来，从德国公司的起源、发展历程到现在的生产现状、设备主要性能、开发前景等，通过翻译人员的现场沟通，双方都不时欢笑。

参观完 200 多米长的生产车间，梁保华书记依然兴趣不减。他在主厂房的大门前与方崇钿主席娓娓长谈。他询问温州民营企业的发展情况，询问金田集团在宿迁的投资环境，他真诚地对方崇钿主席说："感谢你到宿迁来投资。宿迁是我们江苏的经济建设新区，发展潜力很大。你有什么难处，有什么意见尽管讲。"

方崇钿主席说："我很感谢宿迁市

良好的投资环境,感谢宿迁市委、市政府对我们浙商、温商的热情关怀和大力支持。宿迁这个地方,我还是比较熟悉的。这里民风淳朴,政风清廉,关注客商,关注经济发展的气氛浓厚。上上下下,一心一意抓发展,我们在这里投资感到顺心、放心、贴心。"

梁保华书记说:"钱塘江跨海大桥和苏通长江大桥都通车了,这对于加强江苏、浙江两省的友好往来都是有好处的。"

他还说,江苏和浙江,历来是一衣带水,互为依存,互为后盾的友好省份。两地的资源整合与经济合作由来已久。他鼓励方崇钿主席作为在浙南独树一帜的家族式现代企业,充分利用苏北、宿迁的综合资源,为建设新苏北、新宿迁做出贡献。

方崇钿主席代表金田集团董事局和全体员工,向梁保华书记的关心与厚爱表示衷心的感谢。

中国·金田集团 主办
报头题字：毛泽东手迹
浙企准字：C057号

GETTEL NEWS 浙江省优秀企业报

2008年9月10日
农历戊子年八月十一
星期 三
第 9 期（总第 37 期）
本期 4 版

金田故事 037

"彩虹"结顶

位于龙港彩虹大道与龙洲路交会处的彩虹大厦土建工程，于 2008 年 8 月 28 日顺利结顶。

彩虹小区由两组高层住宅和一组 4 层商业裙楼组成。小区内所有 3 层以上住宅均可俯视鳌江全景。商业氛围加水岸生活，现代建筑与传统风格的完美结合，是彩虹大厦营造的全新生活意境。

▲金田彩虹大厦结顶仪式现场

金田故事 038

让老外惊讶的第一次

金田人翘首以待的宿迁金田塑业生产线，于 2008 年 9 月 23 日下午投料试产成功，顺利产出第一批 BOPP 薄膜。

经过自 2007 年 4 月以来一年多的基建工程，2008 年 5 月中旬以来的设备安装调试，在中外全体专家技术人员和员工们的共同努力下，宿迁金田塑业生产线定于 9 月 23 日正式投产。

9 月 22 日下午，首批 40 吨原料粒子充入料罐。

9 月 23 日上午，德国专家们对所有设备进行了最后一次调试检测。

中午 12 时，生产线正式启动，所有设备按照规定指标升温提速运行，一个多小时后各部分反应正常。当班员工聚集在挤出机口，大家怀着异常激动的心情共同等待金田"新宠"的诞生。

14 时 28 分，一块晶莹剔透、色如白玉的聚丙烯厚片从挤出机口飘挂下来。

全场立刻响起一片欢呼声："塑片出来了！塑片出来了！"

虽然，塑片还不是塑料薄膜，但是，它是薄膜的母体。塑片顺利挤出，预示着整个生产线的心脏部位——挤出机工作正常。

接着，塑料厚片徐徐经过纵拉阶段，进入横向拉伸机内，很快拉出了 8 米多宽的标准薄膜，进入收卷部位。

15 时 28 分，收卷机正常工作。从挤出机"模头"挤出厚片到收卷机正常工作，在历次调试中至少要花 4 个小时，可是当天金田人只用了一个小时。

在场的德国专家们感慨地说："像这样一次就投料成功，我们在布鲁克纳公司工作这么多年也是第一次见到！这是金田的好运，大家的好运！"

人们不会忘记，一年多以前，这里还是一片荒芜。金田人凭借自己的实力和勇气,在这里矗立起一座崭新的现代化工厂。

人们不会忘记,4 个月前,一批批来自连云港、江阴港、上海洋浦港等港口的大型设备刚刚运抵宿迁金田工业园的时候,大家是多么希望早一天投产,早一天出膜!

在此后的 100 多个日日夜夜里,金田集团董事局对这项工程倾注了极大的精力。

在此后的 100 多个日日夜夜里,来自德国、意大利、保加利亚、印度等国的专家们为了争取以最快的速度,最好的质量完成安装、调试工作,努力争取早日正式投产,他们付出了许多努力。

在此后的 100 多个日日夜夜里,宿迁金田公司的管理人员、技术人员和全体员工克服了种种困难,保证了安装、调试工作的顺利进行。

大家的汗水之"花"终于结成了丰硕的产品之果,这是一件值得金田人庆贺的大喜事。

▲德国专家们在投产现场

金田故事 039

有幸成为金田一员

金田的生产线设备来自德国布鲁克纳公司,他们派到金田现场安装、调试设备的专家都是"全球通",走遍世界各地。他们对金田和金田的员工团队格外敬佩。

2008 年第 11 期《金田报》上刊登了德国专家迈尔赫夫先生的感言——"我荣幸成为金田一员":

在我第一次到达金田公司后,金田公司的现场管理给我留下了很深的印象。

员工们总是能尽力地协助我们按时完成工作,我们总是能信赖他们灵活和耐心的协助。对于布鲁克纳和金田的及时和有效的合作我表示感谢,我们很成功地完成了我们的工作。我为我是金田项目的一员而感到荣幸。

在此,我代表布鲁克纳,希望能

▲布鲁克纳机械有限公司专家伊拉斯毛斯·迈尔赫夫

见证生产线如我们期望的成功运行。

再次真挚地感谢你们的支持。

GETTEL
中国·金田集团主办
报头题字:毛泽东手迹
浙企准字:C057号
GETTEL NEWS
浙江省优秀企业报
2008年12月10日
农历戊子年十一月十三
星期三
第12期(总第40期)
本期4版

金田故事 040

方文彬对话“500 强”

2008 年 12 月 8 日至 9 日,“2008·民营企业对话世界 500 强”活动在温州市人民大会堂国际会议厅举行。方文彬总裁出席这次活动。

这次“对话 500 强”由商务部投资促进事务局、中国外商投资企业协会、温州市人民政府主办,得到了商务部、国务院台湾事务办公室、全国工商联、浙江省人民政府、世界投资促进机构协会、国际金融公司的支持。这是中国民营企业与世界 500 强企业继 2005 年首次聚首后的第四次年度对话。

8 日上午,商务部投资促进事务局局长刘亚军主持活动开幕式。浙江省人大常委会副主任徐宏俊、商务部投资管理司副司长孙鹏、温州市委书记邵占维分别致辞。

博鳌亚洲论坛秘书长、复旦大学国际关系与公共事务学院院长龙永图,国家外国专家局原局长、世界创新研究院院长马俊如,IBM 大中华区副总裁吴宝淳,美国宾夕法尼亚州立大学国际关系学终身教授丹尼斯·西蒙,奥康集团董事长王振滔,围绕当前民营企业界最关心的热点问题进行了精彩演讲。

这次对话还吸引了可口可乐、贝尔阿尔卡特、麦肯锡、摩根士丹利、李尔等众多世界 500 强和跨国公司、世界知名企业参加。

龙永图是在中国加入世贸组织七周年纪念日来临前两天抽身来到温州的。他在演讲开头就说:“我在加入世贸组织谈判结束时说过,我们为加入世贸组织谈了十几年,为了解决两个问题:一个是市场经济,一个是开放市场。这两个问题,恰好是温州模式创造出的宝贵经验,这是我研究的重要课题,所以我与温州是有缘的。”他在演讲中多次提及,要帮助中小企业实现产业转型升级软着陆。他说西方国家的政府一般就抓两件大事，一是国民就业，二是税收。中小企业，特别是劳动力密集型企业，安排的就业岗位最多。他说："我要向千千万万的民营企业老板表示感谢，正是有了你们的实践，才有了改革开放30年的辉煌。"他还应《温州日报》记者邀请欣然题词："祝温州的创业者为成千上万个普通百姓创造更多的就业机会，从而让更多的人分享改革开放的成果。"

以研究世界创新理念著称的马俊如教授在演讲中说："自主创新、建设创新型国家战略让全世界都为之一震。先是美国政府提出'以创新引领世界'，日本也提出'面向创新的日本'，欧洲提出'建设一个以创新为基础的欧洲'。"在回答"金融海啸会不会影响全球经济进程"时，他充满信心地说："雨过天晴火更旺！"

他列举了许多创新发展的事例。现在全球有跨国公司6万多个，分支机构70多万个，它们的产值占世界总产值的30%，世界贸易总产值的80%。他建议所有中小企业都要坚持以市场为导向，注重创新发展。

他说："芬兰是一个靠近北极的小国家，人口只有600万。但是，他们却生产出诺基亚，在全世界创新竞争力排名第一。"

韩国人口4700万，国土9万多平方千米，但他们生产出"三星"手机，人均GDP2万美元。

以色列战火不断，人口500多万，国土面积只有1.49万平方千米。50%是沙漠，可是以色列的农产品却闻名世界。这就是善于创新的成果。

"反过来说，人们都认为做电脑最赚钱。现在世界上最大的电脑生产基地在江苏昆山，可是因为没有知识产权，卖出一台电脑只赚一个苹果的钱。这就是创新增值与做手工劳动的差距。"

温州的民营企业家们和来自世界各地的民营企业家一起，就当前世界经济热点问题与专家们进行了现场交流。

▲"2008·民营企业对话世界500强"会场

金 田 报
GETTEL NEWS
中国·金田集团主办
报头题字：毛泽东手迹
浙金准字：C057号
浙江省优秀企业报
2009年1月5日
农历戊子年十二月初十
星 期 一
第 1 期（总第 41 期）
本期 4 版

金田故事 041

总裁心系新员工

2008年12月19日，虽然"冬至"将临，可是金田集团三楼会议室里却暖意融融。

当天，方文彬总裁邀请了来自安徽桐城的18名新员工在这里促膝恳谈。这些新员工都是年轻的小伙子、小姑娘。从家乡来到浙南，工作上、学习上、生活上是否都能适应？对金田大家庭的印象如何？对未来发展有什么期望？现在有什么需要公司直接关心的事情？这是方文彬总裁一直牵挂的问题。

方文彬首先对大家远道来到金田工作表示感谢，对大家在总部生产线工作的敬业精神表示赞赏。他告诉大家："我们在桐城投资的生产线，已经进入安装阶段。但是，我们与外商签订的工程合同是'交钥匙工程'，在此期间的主要工作都由外国专家承担，我们的员工只能在旁边协助，做些助手和打扫卫生之类的工作。你们先在这里实习锻炼，将来就是桐城塑业生产的骨干。"他希望大家在恳谈会上畅所欲言，开心交流。

青年员工们面对总裁的恳切言辞，深受鼓舞。李江首先发言，他说："到金田工作两个多月，感到设备先进、环境优美、同事温暖。将来是留总部还是回桐城公司，听从安排。"

机械工方迎春说："我对这套从德国进口的生产线不太熟悉，为了便于将来的工作，我想回桐城参加设备安装，可以学习更多的知识。"

拉伸车间胡先云说："我们很希望能够尽快掌握现场操作技能，希望能够有更加实用的学习环境。"

分切车间刘成才认为，公司开展的"师傅带徒弟"活动很好，希望能坚持下去，这样对员工队伍技术素质培养有好处。

恳谈会在热烈友好的气氛中进行。大家都说出心里话以后，方文彬总裁做了简要小结。他说："总裁、总经理与员工座谈，是公司的一贯传统。我们非常注重与每一个员工直接沟通。会议交流只是其中一种方式，今后我们还可以采取多种方式进行交流，大家有什么意见和建议，都可以随时向公司管理层反映。我们将根据大多数人的意愿，不断改进管理模式和机制，使之更加贴近生产、营销实际。我们各个部门都有严格的管理制度，但是我们也很重视人性化管理。我们特别注重在上下和谐的环境中谋求发展。我们认为公司和员工的理想、目标都是一致的，通过双方的共同努力，一定会获得双赢。"

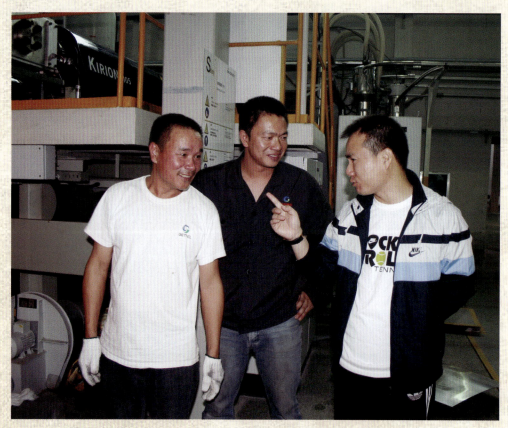

▲方文彬（右）在车间与员工们交流

金 田 报
GETTEL NEWS　浙江省优秀企业报
2009年2月10日　农历己丑年正月十六　星期二　第2期（总第42期）
中国·金田集团主办　报头题字：毛泽东手迹　浙企准字：C057号　本期4版

金田故事 042

章书记首庆超十亿

2009年2月1日，农历正月初七，春节后上班的第一天。温州市领导驱车50多千米，来到金田集团慰问节日期间不休假坚持生产的员工。

前来慰问的有郭登明、钱成良、姜嘉峰等温州市领导和苍南县委书记章方璋，县人大主任苏庆明，县委常委、龙港镇委书记汤宝林，龙港镇长李道骥等。

金田董事局主席方崇钿、执行主席方文翔接待市、县领导。

郭登明等领导深入车间一线，慰问了节日期间坚持"三班倒"生产的BOPP生产线员工。他们代表市委、市政府、市人大、市政协对金田集团2008年克服金融危机影响，坚持"高投入，促增长；精管理，保增长"，首次实现工业产值超10亿元，纳税超2000万元表示热烈祝贺。"希望金田集团在新的一年里，再接再厉，继续努力，为进一步加快科学发展进程，推进地方经济再攀新高，做出新的贡献。"

▲金田集团2008年度总结表彰大会上，方崇钿（左三）为劳动模范颁奖

金田故事 043

突出贡献集体功

温州市委、市政府于 2009 年 3 月 6 日下午召开"全市经贸大会",贯彻全省经贸工作会议和市十届五次全会、市"两会"精神,回顾总结 2008 年工业经贸工作,表彰 2008 年全市工业战线先进集体、先进个人,分析当前形势,部署 2009 年工作任务。

市长赵一德做重要讲话,副市长孟建新做大会报告。

大会表彰方文彬总裁为"温州市优秀企业家",表彰金田集团为"2008 年度突出贡献单位",市政府还为金田集团领导班子颁发"2008 年度集体功领导班子"奖牌。

赵一德市长在大会上指出:"温州改革开放 30 年所走过的道路,就是一条应对危机、捕捉商机、争取先机的发展之路。只要我们充分抓住当前经济危机带来的倒逼机遇,加快产业转型升级,我们的企业家充分发挥善抓机遇、敢于创新、攻坚克难的精神,把危机造成的损失降到最低,把危机当中转化出来的机会效应放大到最高,就能够从困境中率先突围。"

孟建新副市长深入分析了当前经济发展走势,他认为从大环境看,全市工业经济将呈低位增长的调整趋势,企业的困难和压力仍然较大,工业经济化危为机具备可能,工业经济的积极因素正在逐步积累。主要表现在:一是危机导致宏观调控变动,形成政策性发展的机遇。二是危机引发新一轮市场洗牌,形成企业重组整合的机遇。三是危机带来要素供给变化,形成低成本扩张的机遇。四是危机增大企业和区域竞争压力,形成工业转型升级的机遇。

▲2009 年,温州市经贸大会会场

金田故事 044

销售精英聚榕城

春天的福州,满城竞开紫荆花。在大红的紫荆花丛中,还有黄色的芒果花,洁白的羊蹄甲花交相辉映。金田集团的销售精英们肩负董事局使命,汇聚在福州阳光大酒店,共商营销大计。

会议由集团销售中心经理葛淑丽主持。她通报了第一季度销售实绩,公布了第二季度销售任务指标。参加会议的全体人员对进一步做好四条生产线的产品销售工作进行了广泛讨论交流,提出了许多有益的建议和意见。

方文彬总裁在会议上做了总结讲话。

他首先感谢大家在这次会议中各抒己见,从实际出发提出了符合金田销售情况的设想和建议,对下一步更好地完成董事局交给的销售任务,具有重要的意义。

他简要总结了第一季度的销售业绩

主要是实现了"三大突破":

一是销售总量的突破。做到了无库存。在原材料吃紧的情况下,外贸部在原材料进口做出了显著的成绩,大大缓解了供应部的压力,使大家在销售数量上得到了充分保障。

二是销售价格突破。在市场飘忽不定的状况下,金田集团成立了市场部,优化了工作流程,做到了资源共享,减少了感情支配,更客观冷静地对待市场起伏,准确地把握了市场行情的主动权,出现了连续15天价格上扬,BOPP每吨单价增幅2500元的大好形势。

三是销售效益突破。在没有增加销售人员和额外成本的情况下,很好地完成了销售量。在不影响生产和产品质量的前提下寻求和创新降本减耗的方法,使加工成本不断降低,使企业效益不断翻新。

他对第二季度的销售工作提出了新的要求："第一，抓住机遇，全力拓展BOPP市场。当前困扰全球的金融危机，警报仍然没有解除。我们新上的桐城1516线在本月即将投产。对于这样的形势，我们一定要有清醒的头脑，要有高度的认识，要有应对的措施。因此，全力拓展塑业销售市场，仍然是我们不能松懈的艰巨任务。我们不能在已有的成绩面前沾沾自喜，骄傲自满，停滞不前。而是要敢于化危为机，巧抓机遇，始终牢牢掌握塑业市场的主动权。第二，顾全大局，加强团结，共同抢占市场制高点。第三，有舍有得，以退为进，灵活多变占领市场。第四，坚定信心。任何时候都要坚信我们的产品、我们的信誉、我们的品牌。要坚信金融危机的影响不会太长久，我们有这么多年搏击市场的经验和资源，一定能够做得更好，越来越好。"

参加会议的全体同志在会议结束之后，游览了闽东三都澳。

▲方文彬（前排右五）与金田员工在福建闽东"三都澳"

金 田 报

GETTEL NEWS 浙江省优秀企业报

2009年5月10日 农历己丑年四月十六 星期日 第5期(总第45期)

中国·金田集团 主办 报头题字:毛泽东手迹 浙企准字:C057号 本期4版

邱华萍副县长视察金田

金田故事 045

桐城市委贺金田

2009年4月28日是一个值得金田人和桐城人庆贺的日子。上午9时18分,金田集团桐城塑业公司从德国引进的1516生产线正式投产。

这是金田人在一个年度内连续上马三条进口生产线的圆满句号。

24小时后,1516线质检部的检测结果显示,开机第一个昼夜总产量达到68吨,除最初的两卷膜1.7吨自然降级外,其余都是优级品。1516线创造了金田塑业6年来4条生产线开机首批产品的质量之最。

喜讯传来,桐城市委、市政府在第一时间给金田桐城塑业公司发来祝贺信。

金田集团董事局也给为此付出汗水的外国专家和全体员工发来慰问信。

广东、深圳……许多同行、客户和朋

▲德国专家在金田生产车间

友们,纷纷致电询问和证实这一振奋人心的喜讯。

许多原来担心金田桐城项目没有两年不能投产的热心者们,不得不对金田人的效率和速度投以敬佩的目光。

金田人在从浙南东海之滨进军中、西部的征途上又一次获得了新的成功!

金田报
GETTEL NEWS
浙江省优秀企业报
方崇钿方文彬会见德国客人
2009年6月10日 农历己丑年五月十八 星期三 第6期(总第46期)
中国·金田集团主办 报头题字：毛泽东手迹 浙企准字：C057号 本期4版

金田故事 046

海峡两岸论"PP"

当前塑业生产发展的主攻方向是什么？在世界金融危机中如何开创塑业生产新局面？

2009年5月21日，金田集团董事局执行主席方文翔与台湾塑胶工业股份有限公司经理、台塑聚丙烯宁波有限公司总经理林汉福，台塑公司营业部经理许铭德一行进行了友好磋商和战略探讨。

随着2009年4月下旬金田集团桐城1516塑业生产线正式投产，金田集团已经在世界金融危机中逆势而上，4条生产线满负荷生产。年总产量名列国内同行之首。之后，金田又与德国公司签订引进两条生产线的订货合同。届时，金田集团的塑业生产规模将可称雄亚洲。

由于业务上的联系，金田集团与"台塑大王"的交往由来已久。"台塑"的许多经营理念成为金田的学习范本。

▲ 方文翔(右)与林汉福(左)友好交流

金田故事 047

瞻仰井冈山

在中国共产党成立 88 周年之际，金田集团的党员们迎来了企业党建工作 10 年庆典和县委批准金田建立金田党委两件喜事，集团董事局大力支持党员们到江西井冈山、庐山学习革命先烈们英勇奋战、视死如归的大无畏精神。

在风景秀丽的庐山上，金田党员们瞻仰了党中央召开三次"庐山会议"的旧址。1959 年，中共八届八中全会在这里召开；1961 年，中共中央工作会议在这里召开；1970 年，中共九届二中全会在这里召开。这三次会议，都在我们党、我们国家的历史上产生了极其深远的影响。

在"革命摇篮"井冈山，金田党员们登上当年四次"反围剿"的战略高地"黄洋界"，瞻仰黄洋界保卫战胜利纪念碑，在高高耸立的纪念碑前重温入党誓词，

感受"早已森严壁垒，更加众志成城。黄洋界上炮声隆，报道敌军宵遁"的浓浓火药味。远眺远山近野，似乎看到了当年红军与白军血战黄洋界的悲壮场景，听到了厮杀之声。

在大井，他们瞻仰了毛泽东、朱德和红军战士们居住的四合小院，与毛泽东铜像合影。

在规模宏伟的井冈山纪念馆里，他们走过一个又一个展厅，聆听讲解员讲述革命先烈用热血和生命保卫井冈山的悲壮故事。

在井冈山革命烈士陵园里，他们瞻仰 15000 多位烈士的英名，瞻仰了镌刻着革命前辈和各级领导题词的碑林，瞻仰了革命历史人物雕塑群像。

走遍井冈山，处处看到的是红色伟人像，听到的是"红色歌曲"，脚下走过的是红色的土地。短暂而又充实的井冈山

之行，让金田党员们表示一定要不忘昨天，珍惜今天，放眼明天，在金田的岗位上再接再厉，刻苦奉献，齐心协力，共同实现金田集团新一轮跨越式发展。

▲金田党员们在井冈山

金田报
GETTEL NEWS
浙江省优秀企业报
2009年8月12日 农历己丑年六月廿二 星期三 第8期(总第48期)
中国·金田集团主办 报头题字:毛泽东手迹 浙金准字:C057号 本期4版

重庆云阳客人访问金田

金田故事 048

历尽艰辛是艳阳

《金田报》2009年第8期(总第48期)头条发表了方崇钿主席纪念金田创业20周年文章《历尽艰辛是艳阳》,再一次回顾了他的创业历史。

这篇文章的论点之一:勤俭和诚信是白手起家的两把钥匙。他引用了唐代名士李商隐《咏史》中的名句"历览前贤国与家,成由勤俭败由奢"来论证办企业注重"勤"与"俭"的重要性。诚信,也是立身、立企之本,不讲诚信,就不可能有"回头客"。

这篇文章的论点之二:慎重决策是心想事成的重要基石。民营企业是用自己的血汗投资办企业,必须时刻做到头脑冷静、决策慎重,才能成就百年基业。

文章特别说道:"后继有人,是上苍赐予的最大宽慰。金田志在打造百年老店,现在,第二代、第三代都不负厚望,成为金田企业的领军统帅。"

▲方崇钿(中)、方文翔(左)、方文彬(右)在公司大厅

中国·金田集团主办
报头题字:毛泽东手迹
浙金准字:C057号

2009年9月10日
农历己丑年七月廿二
星期 四
第 9 期(总第 49 期)
本期4版

浙江省优秀企业报

金田故事 049

金田,"金库"

在金色的田园里耕耘,金田人引以为荣。

走进金田,就感觉打开了"金库"的大门,里面一派金光灿烂。

这座"金库"里,储藏着金子般的创业精神。金田从创办"塑料三厂"起步,在同期创办的几十家塑编企业中脱颖而出,靠着勤勉、诚信奠基,一步一个脚印,走进"中国民营企业 500 强"。

这座"金库"里,储藏着金子般的创业团队。人生几多二十年?如今,二十年的金田已经凝聚起诸多钟情于斯的员工,他们矢志不渝地追随金田,书写自己的人生。金田是个大家庭,也溶进了许多小家庭:哥哥在金田,弟弟也来了;姐姐在金田,妹妹也来了;爸妈在金田,子女也来了;爷爷在金田,孙女也来了!这样的团队,这样的"磁场",不能不说弥足珍贵。

这座"金库"里,储藏着金子般的企业文化。该花的钱不吝啬,不该花的钱不浪费,这是理财持家文化;应该展示的不少一件,不该展示的不多一样,这是企业环境文化;室内窗明几净,室外清洁如洗,这是企业形象文化;务实严谨有为者上,浮躁松弛无为者下,这是企业人才文化。

丢开金田的产利税收效益规模由人评说,我曾经亲聆三位不速之客说金田。其一是 2006 年底,宜山棉纺企业的一位老总顺车带我从温州回金田。在办公楼前下车后,他第一句话就是:"方总办的厂才叫厂呀!"其二是 2008 年 5 月,温州市地方报刊协会在金田召开理事会,与会的吴式南老师在厂区小转一圈后无限感慨:"从内外环境看出你们老板管理精明,百亩的厂区,看不到一件多余的东西。"其三是温州市检察院李先生等到金田走访院友，席间抒发感言："我们院里的食堂、后勤可算优秀，但是，比卫生、整洁，不如金田。"

这座"金库"里，还蕴藏着金子般闪光的思想。在纪念金田集团创业二十周年之际，为了鼓励新老工友共同参与回顾金田足迹，《金田报》开辟了《我与金田》专栏，邀请所有金田人敞开心扉，寄情笔下，回首昨天，展望明天。

20多篇征文的作者，有跟随金田10多年乃至20年的老员工，也有来到金田几个月的新秀，他们从不同的角度，回顾金田，记录金田，评说金田，感慨金田。现在，《我与金田》也成了金田文化金库中的一份财富，值得每一个来过金田，还在金田，或者没有来过金田但是想了解金田，或者离开金田还在牵挂金田的人开卷细品。

▲左起：汤宝林、方崇钿、黄寿龙、方文彬

金田报 GETTEL NEWS 浙江省优秀企业报

方崇钿视察重庆云阳公司

2009年10月10日 农历己丑年八月廿二 星期六 第10期（总第50期）

中国·金田集团主办 报头题字:毛泽东手迹 浙企准字:C057号 本期4版

金田故事 050

二十周年庆

2009年10月1日，是中华人民共和国成立60周年，也是金田集团创业20周年纪念日。在观看了庆祝中华人民共和国成立60周年的阅兵式和群众游行电视实况转播以后，金田集团全体员工欢聚在集团总部五楼多功能会议厅召开庆祝大会。

轻松欢快的音乐响彻全场，担任颁奖嘉宾的领导和获奖的先进模范都佩带上鲜艳的胸花。身着统一运动服的员工们一个个精神焕发，洋溢着节日庆典的喜气。

回眸往昔，从1989年10月到2009年10月，从苍南县塑料三厂到中国金田集团，从当初位于鳌江边占地不到4亩，到现在公司遍及浙、苏、皖、渝，金田人亲历了一场天翻地覆的巨变。

庆祝大会上，集团董事局主席方崇钿做了题为"不忘艰苦创业传统，共同开创金田未来"的重要讲话。他回顾了金田集团20年来艰苦创业的历史，提出了今后5年的奋斗目标，对全体员工特别是各级管理人员明确了5点要求。他对20年来关心、支持金田发展的各级党政领导、主管部门、各界人士和携手创业的全体员工朋友们表示了感谢。

方文彬总经理在大会上做了题为"同心同创铸金田，继往开来谱新篇"的报告，他展望了金田集团的发展前景，热忱期望各级、各界领导继续关心支持金田发展，期望广大员工共同携手，打造百年金田。

集团董事局执行主席方文翔宣读了4个表彰文件。

大会向在金田工作20年的7名老员工颁发了金质奖章，向在金田工作15年以上的15名老员工颁发了银质奖章，向在金田工作10年以上的22名老员工颁发了铜质奖章。

▲金田集团创业二十周年庆祝大会会场

第二卷

金田报
GETTEL NEWS
浙江省优秀企业报
2009年11月10日
农历己丑年九月廿四
星期二
第 11 期（总第 51 期）
本期 4 版

金田故事 051

抢救病危员工

　　2009 年 9 月 13 日傍晚，一个平常的星期天傍晚。晚 6 时 30 分，金田党委书记的手机突然响了。按下接听键，里面传来一个女孩子万分焦急的声音："我是田甜，现在我在龙港龙城中医院。今天下午来就诊的实习员工张宝东病情严重，医生诊断为急性肾衰竭，必须立即转到平阳县人民医院进行血液透析，有效抢救时间只剩下几小时，否则将可能出现肾坏死，随时有生命危险！医生说现在至少需要先交 5000 元进行第一次血透。"

　　金田党委书记挂断电话后，首先联系公司车队队长徐登西，请他立即安排一辆车、一名驾驶员待命，并在 10 分钟内筹集到了 5000 元。

　　到龙城中医院后，他们把仍然在输液的张宝东搀扶上车，安排到后座一个可斜倚的位置上。田甜担当起"临时护士"，车子向平阳县人民医院方向疾驰。

　　张宝东，1986 年 3 月 28 日出生于重庆云阳双江镇。2006 年至 2008 年夏在部队服役。2009 年 7 月 11 日在金田集团重庆云阳公司应聘，7 月 25 日来到金田龙港总部，是金田塑业质检部实习员工。

　　9 月 11 日下午，张宝东报名参加公司的男子 1000 米业余长跑预赛。他只跑了 300 多米就因体力不支退出赛场。第二天上午，张宝东感觉自己背部酸痛，身体疲惫。在几位同事的陪同下，张宝东到龙港龙城中医院就诊。医生建议他住院观察，但张宝东认为问题不大，没有同意住院，在进行一般治疗后就离开医院回到了公司。

　　13 日下午，张宝东感觉症状加重，在同事陪同下再次到龙城中医院就诊。

　　经过一系列检查化验，医生发现他的 Scr 达到 440μmol/L。这是一个异常危险的信号，因为正常成年人的 Scr 在 $100\mu mol/L$ 以内，这说明他的急性肾功能衰竭已经到了非常严重的地步。这类急症的有效抢救时间一般只有 30 多个小时。离 12 日下午第一次就诊，已经过去了 20 多个小时，情况十分危急。

金田党委书记向方文彬总裁汇报了情况，方总立即回复："完全同意你们的意见，务必全力抢救！"

40 分钟后，平阳县人民医院急诊部拿出了张宝东的血液化验报告。他的 Scr 为 $674\mu mol/L$，这一个多小时，他的 Scr 就增加了 200 多。而按照平阳医院现在的血透手术安排，张宝东 10 小时内都做不了血液透析。

安全起见，平阳县人民医院组织内科、肾脏专科医生经过紧急会诊后，决定动员张宝东转往抢救条件较好的温州医院。

晚上 10 点 30 分，金田护送车停在了温州医学院附属医院一院急诊部门口。

晚 11 时许，新的血液化验报告出来了。此时张宝东的 Scr 为 $712\mu mol/L$，比一个小时前平阳医院的化验结果又有上升，大家都感到了一种无形的压力。

按照规定，血透需要本人或家属签字。

14 日清晨，沉默、犹豫许久的小张终于接过医生手上的笔，签下了自己的名字。

14 日上午 8 时多，血液透析正式开始。经过 8 个多小时的第一轮透析，张宝东的病情开始稳定。

14 日中午，在浙北嘉兴经商的张宝东的舅舅闻讯赶到了"温附一院"。

14 日晚上，张宝东的父母亲先后赶到"温附一院"。他们共同守候在重症监护室外。

至此，公司的陪护人员才稍有喘息。

此后，连续进行了四次血液透析，接着又是连续 10 多天的抢救治疗。

直到 9 月 29 日，医生的病历记录上终于出现了可喜的转化："测尿渗透 $371mmol/kg$，肌酐（酶法）$82\mu mol/L$。现患者无不适。"

一场惊心动魄的生死大抢救最终因金田人与张宝东家人的共同努力而圆满告捷。

10 月 5 日，张宝东经医生全面检查后出院。

10 月 7 日，尽管张宝东还不是金田集团的正式员工，但是集团总裁方文彬做了 3 个决定：1. 张宝东的全部抢救费用由金田集团支付。2. 另外资助张宝东 20000 元作为康复治疗、营养费。3. 由金田集团购买了 3 张温州到重庆万州机场的飞机票，送他们一家三口回家乡。

10 月 8 日，张宝东父母亲在龙港镇上专门制作了一面锦旗，送到金田集团。

锦旗上用金黄色的丝线绣着两行大字："全力救助病危员工，倾情打造和谐企业。"

张宝东一家满怀感激之情，走进方文彬总裁的办公室，感谢金田集团在危难时刻伸出援助之手，感谢方文彬总裁的救命之恩。

▲张宝东(中)和他的父亲、母亲

GEL NEWS　浙江省优秀企业报

2009年12月10日 历己五年十月廿四 星期四 第12期（总第52期）

中国·金田报　报头题字：毛泽东手迹　浙金准字：C057号　本期4版

金田故事 052

走进迪拜

　　一个曾以风光旖旎和财富闻名于世的中东"富豪"——迪拜，因为迪拜政府控股宣称"迪拜世界"债务偿还延迟6个月，一夜之间陷入经济危机之中。迪拜的危机对世界经济的影响到底有多大？迪拜经济今后何去何从？方文彬总裁于2009年11月下旬随团访问了这个处于世人瞩目中的中东小国。

　　方文彬一行在迪拜参观了由阿拉伯城堡改建的"历史文化博物馆"、朱美拉清真寺、朱美拉海滨天然浴场、世界上最大的人工岛——朱美拉棕榈岛、中东最大的扎伊德大清真寺、酋长皇宫七星级帆船酒店，也接触了一些在迪拜投资的温州商人。

　　在迪拜的15万华人中，浙江商人就有20000多人，其中多数是温州人。他们曾在这里的沙漠中迷上了"击鼓传花"的地产游戏，在100%的暴利疯狂中将惊人的泡沫引向爆破。

　　如今，神话破灭了，但他们当中很多人并无退意。

　　在迪拜做服装生意已经8年的温州商人陈文迪认为："现在的迪拜，大街上空荡荡的。尽管萧条，但我不打算离开。"

　　温商似乎重新想起他们最初来这里的目的——利用这个中东最大的贸易自由港，将中国制造分销全球。这是泡沫破碎后能让他们重新找回安全感的一片实土。

　　许多淘金者，对这里仍然寄予希望。

▲方文彬（中）一行在迪拜

金田报 GETTEL NEWS 浙江省优秀企业报

2010年1月10日 农历己丑年十一月廿六 星期日 第1期(总第53期)

中国·金田集团主办 报头题字：毛泽东手迹 浙金准字：C057号 本期4版

2009年，金田集团实现工业产值13.2亿元，比2008年的10.8亿元增长31%；纳税2445万元，比2008年的2035万元增长20%。

金田故事 053

苍南"地王"落金田

2009年12月22日，金田集团将号称"苍南地王"的C-7龙港商业中心国有建设用地使用权出让金3.2亿元一次性缴纳到苍南县财政局。

"苍南地王"位于龙港镇西城路以北，为商业和住宅用地，总面积10000多平方米，其中出让面积8000多平方米，道路面积近2000平方米。

苍南县国土资源管理局、苍南县公共资源交易中心于2009年10月22日举行拍卖会，金田集团董事局执行主席方文翔出席。此次拍卖从1.2705亿元起价，最终金田集团以3.2亿元拍下。

▲龙港新地标

金田故事 054

歌舞庆新年

辞旧迎新喜盈门，牛去虎来气象新。金田集团 2009 年年度总结表彰大会于 2010 年 2 月 6 日下午，在集团五楼多功能会议厅召开。

集团总裁、总经理方文彬在总结过去一年工作时指出："金田塑业生产超越同行独树一帜取得了优异成绩，房地产开发好戏连台后来居上彰显特色，我们的总体效益越来越好，登上新的台阶，员工团队素质越来越强，成为金田无形资产，各级新闻媒体关注金田，我们的知名度越来越高。"他说，"2009 年我们取得的优异成就，是各公司员工用辛勤一年的心血和汗水换来的，是传承和弘扬金田 20 年创业精神的新的结晶。我代表集团董事局、集团公司向全体员工表示衷心的感谢，并致以崇高的敬意！"

方文彬总裁对新一年金田的宏伟蓝图做了全面展望，也给大家讲述了新一年的经济发展目标，员工福利目标，新一年的工作要求。他希望全体员工在新的一年里，要爱岗敬业、忠于职守，踏踏实实做好每一项工作；要认真学习、不断进步，努力提高自身技术业务素质；要团结和谐、互相帮助，顾全公司大局；要注意安全生产，确保不出意外事故。

集团董事局执行主席方文翔宣布了"关于表彰 2009 年度先进集体、先进个人的决定"。

在大会颁奖仪式结束后，集团董事局主席方崇钿做了总结讲话。他对过去一年集团各线生产、销售业绩给予了高度评价，对企业管理中存在的薄弱环节进行了中肯剖析，对近三年特别是新一年的工作进行了总体阐述。他希望金田团队继续发扬多年来形成的优良传统，顾全大局，不怕困难，勇于创新，为金田集团新一轮经济发展做出新的贡献。

　　大会以后，全体员工欢聚新开张的龙港名豪大酒店，举行联欢晚会。金田员工自编自演十多个文艺节目，举杯辞旧岁,欢歌迎新年。

▲金田集团 2009 年年度总结表彰大会现场

金 田 报
GETTEL NEWS

中国·金田集团主办
报头题字:毛泽东手迹
浙金准字:C057号
浙江省优秀企业报

2010年3月10日
农历庚寅年正月二十五
星 期 三
第3期(总第55期)
本期4版

金田故事 055

云阳客人在金田

2010年2月26日至27日,重庆市云阳县委书记李洪义、县长滕英明率队莅临温州龙港,访问金田集团。

云阳位于重庆市东北部,长江三峡工程库区心腹地带。东与奉节县相连,西与万州区相接,南与湖北省利川市相邻,北与开州区、巫溪县为界。

云阳县处于长江经济带重要节点位置,是长江三峡国际黄金旅游带旅游目的地。山清水秀,城美业兴,有"万里长江,天生云阳"之美誉。

李洪义全面介绍了云阳的历史、地理、人文情况,也介绍了云阳县委、县政府的招商引资优惠政策,与金田初步达成合作意向。

▲方崇钿(中)会见云阳客人

金田故事 056

"车间卫生自查"好!

温州金田塑业公司 1508 线拉伸车间主任杨礼快同志，根据生产需要和公司一贯要求，勤于思考，敢于创新，发明了"车间卫生自查法"。

杨礼快同志根据车间日常设备卫生工作量和人员班次，设计了"车间卫生检查公示表"，分白班、中班、夜班，明确了清洁卫生工作的具体任务。如白班的收卷机地面卫生、铁丝护栏、索引操作侧设备、牵膜走道等 15 个项目；中班的 TDO 驱动侧冷却设备表面、MDO 驱动侧地坑等 6 个项目；夜班的急冷辊平台、护栏、主挤出机周边等 15 个项目。

他还规定了具体的检查办法，车间自查每周两次，检查结果分为三级，用 A、B、C 表示。A 为整齐、干净；B 为局部不行，需要返工；C 为完全不合格，必须重新打扫。每次检查都有记录存档，月底评选当月最优秀班组，给予一定的奖励。

他们不光把这些写在纸上，而是真正落实在行动上。正常生产时，拉伸车间的所有员工都是手拿抹布，分段擦拭设备。这不是在作秀，而是用实际行动创建清洁型生产企业。

过去，时常听到车间里有人讲"车间生产时不可能搞清洁卫生""生产中车间里有一点灰尘是正常的""生产忙，没有空搞卫生"等，杨礼快同志的做法，为至今还存在以上想法的同志们上了一课。事在人为！

▲金田机械员工维修设备

金田故事 057

创始人称赞《金田报》

2010年5月6日,金田集团方崇钿主席在审阅《金田报》第5期(总第57期)排版稿后,亲笔写给我一封信,高度赞扬:"虽说是一个小小的企业报,却不亚于一般的地方机关报,每期到我手中审阅时,真是爱不释手……"

细细阅读这封信,让我无比感动。方崇钿主席不只是温州第一代创业人,也是一位文化人。是他,在我来到金田后几天,就提出"龙港一般的企业都有一份自己的报纸,我们也要办一份金田报"。在我欣然领命以后,他对每一期《金田报》排版稿都认真审阅。

这一次,他竟然还亲笔写下了这封情真意切、感人肺腑的信。特别令我敬佩的是,他十几年如一日,是《金田报》的忠实读者。他还呼吁"每一个员工都要认真阅读《金田报》"。

▲《金田报》2010年第5期

金田故事 058

不出国门逛世界

作为金田集团员工 2010 年的一项重要旅游观光活动，从 5 月 16 日开始，集团公司分批组织管理人员前往上海，参观首次在中国举办的"世界博览会"。

第 41 届世界博览会主题是"城市，让生活更美好"，有 246 个国家、地区和国际组织参展。

世博会场地位于上海市南浦大桥和卢浦大桥之间，沿黄浦江两岸布局，用地 5.28 平方千米，围栏区域（收取门票）3.28 平方千米。会场建有世博轴、中国馆、主题馆、世博中心等 100 多个场馆，其中外国自建馆 40 个、企业馆 17 个、租赁馆 40 个，还有国内各省（市、区）的展区，展馆建筑面积达 74 万平方米，总建筑面积 230 万平方米，均刷新世博会历史记录。

金田集团各公司的员工代表们，在丰富多彩的世博园内参观了两天。雄伟庄重的中国馆，风格迥异的各省、市、区馆，姿态万千的各国展览馆，处处留下了金田人的足迹，留下了金田员工们的欢声笑语。

▲金田集团员工代表在上海世博会中国馆前留影

浙江省高新技术企业
GETTEL

中国·金田集团 主办
报头题字：毛泽东手迹
浙企准字：C057号

金田报
GETTEL NEWS
浙江省优秀企业报

2010年7月10日
农历庚寅年五月廿九
星期六
第 7 期（总第 59 期）
本期 4 版

金田故事 059

祭先父，承遗训

2010 年 7 月 1 日，方崇钿主席的父亲仙逝。《金田报》第 7 期刊登悼词致哀：

先父建清，因年迈于 2010 年 7 月 1 日（农历五月二十日）1 时 30 分无疾而终，与世长辞，享年 93 岁。

先父一生勤劳俭朴，诚恳待人，结缘乡里，严整家训。受父亲"诚实为人，勤奋为事"思想训教，我自幼勤学苦钻，少年创业，游历天下，走遍全国，寻求实业报国富民之路。

余五十多年，含辛茹苦；半个世纪，商海竞舟。承列祖列宗荫德，得各界领导关顾，蒙宗亲挚友提携。从军从教，经商兴企；从小到大，步步登高。塑料编织，创"浙南大王"；光缆、电缆，出口远销；BOPP，走出浙江；中西部布点，东三省立脚，十一

条线在握，享誉世界同侪。

尤有幸，和谐门庭，举家温馨，四世同堂，五福盈门。子孙聪慧，腹有经纶。合力打造百年老店，承前启后接力有人。事业昌盛梦想成真，可慰先父在天之灵。

先父跨鹤西去，唁者频频光临。承蒙省内外、市、县、镇、村等各地各级各界领导、宗亲、挚友并德国友人真情追思，专赴灵堂拜祭。在此一并叩致谢忱！

冥冥之中，愿先父一路平安前行；

放心吧，子孙们将永远铭记您的遗训；

安息吧，敬爱的父亲！

金田报 GETTEL NEWS 浙江省优秀企业报

方崇钿赴香港洽谈海外

2010年8月10日 农历庚寅年七月初一 星期二 第8期（总第60期）
中国·金田集团 主办 报头题字：毛泽东手迹 新金准字：C057号 本期4版

金田故事 060

金田 10 万救洪灾

　　2010年入夏以后，安徽省境内持续强降雨，致使淮河全流域发生了自1954年以来的最大洪水。尤其是进入7月份以后，桐城市连续遭受特大暴雨侵袭，周边乡镇普遍受灾，其中受灾最严重的要数双港镇和新渡镇。

　　灾情在不断加剧。7月10日至11日，桐城市境内继续普降大到暴雨，境内大沙河水位猛涨。

　　11日上午，大沙河青草段大堤出现严重崩塌险情，情况十分危急。解放军武警总队安庆市支队紧急出动，赶往救灾第一线。中共安庆市委、市政府领导亲临指挥。

　　7月13日，中共安徽省委书记张宝顺在桐城市抗洪一线视察指导抗灾，慰问受灾村民。

　　7月13日中午，金田集团总裁方文彬在桐城金田塑业公司检查工作期间，听到桐城遭遇特大洪灾，不少灾民生活困难的消息，深表同情和关切。当即指示桐城公司拨款10万元，购买生活用品送往灾区，解灾区人民的燃眉之急。

　　7月16日，根据方文彬总裁指示，金田桐城塑业公司总经理周春生与桐城市政府和民政部门取得联系，最终决定购买6万斤大米送往受灾最严重的新渡、双港两个镇。

▲安徽金田公司买米救灾

浙江省高新技术企业
GETTEL
中国·金田集团 主办
报头题字:毛泽东手迹
浙企准字:C057号

2010年9月10日
农历庚寅年八月初三
星 期 五
第 9 期 (总第 61 期)
本期 4 版

浙江省优秀企业报

金田故事 061

桐城恋

● 秋 燕

胭脂井边,小乔发丝轻挽,

龙山脚下,孔雀东南竞飞。

天城书院里,谁家少年书声琅琅打动少

女心。

三道岩的故乡风情,

孔城老街的古朴静谧,

蜿蜒曲折的龙眠河。

饱含哲理的六尺巷,

这就是我的故乡——桐城。

最爱桐城如梦如幻的细雨,

在这松山的怀抱中,甚至无需撑伞,

走得久了,才能感觉到衣衫沾满了雨滴。

宛如情人的泪珠,温暖、轻柔。

我喜欢站在这样的雨中,静静的,静静的,

听一曲黄梅剧,赏一枝映山红。

故乡松山的美,不在山,不在石,

她将满山的葱茏绿给你看,

绿到天边,映入心田,

不美九天仙娥女,不美比翼双双飞,

只愿做这松山上一支映山红,

长伴这皖山桐水。

桐城的山如此妖娆,水也万分妩媚。

天上细雨绵绵,小桥流水人家。

一湖清水,万千雨丝,

不怕雨的少女们手持棒槌在青石板上搓衣,

不怕雨的少男们在岸边喊喊低语此起彼伏。

这便是雨中的嬉子湖。

金田故事 062

志辉的智慧

2010年9月7日晚，江苏宿迁突降特大暴雨，市区大面积漫水。宿迁金田塑业公司也不例外。

当晚8时，宿迁金田公司工程部经理刘志辉与电气主任发现2号开关站因屋面漏雨造成屋顶塌陷、高压电跳闸、配电房屋面漏雨等严重问题。

情况紧急，刘志辉与公司副总经理刘正训立即召集员工从分切车间拿来废膜，将开关柜全部盖住，防止开关柜进水。这时又传来报告，上料房旋转阀门离地面70厘米高，因为雨越下越大，还差4厘米左右旋转阀门就要浸在水里。刘志辉马上带领两人奔赴上料房，紧急拆卸电机传感器，以免电机进水后损坏。片刻之后，雨水就淹没了电机传感器的位置，由于他们的及时"抢救"，没有造成设备损失。

顾不上休息，他们兵分两路，刘正训副总经理带一路人马去1502线现场拆除激冷辊循环水泵、MDO冷却交换器，刘志辉与工程部人员去1568线车间保护未安装的设备。移动激冷辊，防止电机浸水，并用沙袋堵漏，防止雨水流进未安装的地下基础里。经过6小时连续抢救，终于化险为夷，所有设备未受损失。

刘志辉是一个有主见、有智慧的人，他的智慧还表现在为筹建中的云阳金田公司电力设施精打细算上。

2010年4月，云阳金田塑业公司从德国布鲁克纳公司进口的第一批设备即将进场，但是云阳公司还没有最终确定供电线路走向。集团总部于4月11日委派刘志辉从宿迁公司赶到云阳公司，负责解决供电线路及签订用电合同的问题。

刚到云阳，人地生疏，刘志辉感到压力很大。云阳公司所处的"人和变电所"到厂区距离有 3 千米,沿途经过"冠军化工"及居民住宅。刘志辉每天来来回回地与云阳电力公司有关人员磋商电力线路方案,第一个方案经云阳工业园区签字确定后,送到分管的谭副主任那里,他觉得这个方案花钱太多,总共需 200 多万元,必须重新规划设计。于是,刘志辉又同供电公司、工业园区在周末休息日重新勘察确定走向。新的线路缩短了距离,既节约成本,又减少电损。总共

▲刘志辉在检测车间配电柜电流

只需 74.6606 万元,其中由工业园区支付 63.4336 万元,金田公司支付 11.2270 万元,直接把电力线路接到厂区变电房。

方文彬总裁莅临云阳公司视察工作时,听了以上情况后说:"金田集团为什么能够实现近年来的跨越式发展,就是有许多像刘志辉同志那样兢兢业业的管理者,他们肯动脑筋、肯想办法,肯钻研学习,为金田事业竭尽全力。我们要在《金田报》上表扬这些在一线工作的好员工。"

金田故事 063

《人民画报》说金田

《人民画报》2010 年第 11 期以"一家企业 两代传奇"为题,报道了金田集团方崇钿、方文翔、方文彬两代人在浙南企业界打拼 20 余年,把金田集团推向世界 BOPP 生产前列的创业历程。

这一期《人民画报》,78—81 页,四个版面,刊登了金田集团《一家企业 两代传奇》,分"创业——百折不回""转型——瞄准商机""拓展——全球领先"三个章节介绍了金田集团董事局方崇钿父子的创富人生。

▲《人民画报》2010 年第 11 期封面

一家企业 两代传奇
金田集团董事长方崇钿父子的创富人生

本刊记者 陈 飚 报道

丁年庆 摄影

　　"我们每一次上新项目，都曾撞上国家宏观调控的门槛。"金田集团总裁方文彬回忆起自家的创业史时这样说道，"1989年，我们投资塑料编织厂时，遇上了1989年至1990年的宏观调控，开工之初便步履维艰。1993年，我们新上电缆、光缆项目时，又紧缩银根。2003年，投资4亿元的BOPP、BOPA生产线上马后，又逢政府调整宏观政策。这三次'巧合'磨练了我们经受商场风雨、百折不回的信念和气概。"

　　如今，由金田集团董事局主席方崇钿创办的家族式企业——金田集团有限公司，已成为全球最大的BOPP生产企业。"我们每一步走下来，考虑的不仅仅是今天，还有明天。"方崇钿说。

方崇钿（中）、方文彬（左）、方文煜父子三人
有着不同于常人的创富豪情。

80

▲《人民画报》2010年第11期内页

金田报

GETTEL NEWS

浙江省优秀企业报

董事局会议最新决定

龙港新上三条 BOPP 生产线

本报讯 集团董事局于11月29日召开董事会议，讨论"十二五"发展规划大纲。决定在龙港新增三条 BOPP 生产线，将致力开发特种膜、合成纸等新产品，以最快的速度，最优的设备，推进到位，确保金田集团 BOPP 生产在全国乃至全球领先地位。

（燕菲）

2010年12月10日 农历庚寅年十一月初五 星期五 第12期（总第64期）
中国·金田集团 主办 报头题字：毛泽东手迹 新企准字：C057号 本期4版

金田故事 064

协办中国塑协论坛

中国塑协"2010BOPP、BOPA 薄膜产业链市场与技术发展论坛"于2010年11月17日至19日在江苏省宿迁市宿豫城区会展中心举行。

这次论坛由中国塑料加工工业协会双向拉伸聚丙烯薄膜专委会主办，宿迁市人民政府承办，金田塑业等6家企业协办，德国布鲁克纳机械股份有限公司、德国格贝尔分切及复卷系统有限公司等8家企业赞助。

中国塑料加工工业协会会长廖正品在论坛开幕式上致辞。

宿迁市市长在论坛开幕式上讲话。他代表宿迁市委、市政府和宿迁人民，欢迎国内外专家、企业界精英莅临宿迁参加塑业盛会，表示将全力扶持宿迁特色产业——BOPP、BOPA 产业链发展。

金田集团总裁方文彬出席了论坛开幕式。

在本次论坛期间，金田集团参加会议的全体人员利用活动间隙与来自国内外的行家们进行了广泛交流，收获颇丰。

▲宿迁人民广场

金田故事 065

心中有员工

● 方文彬

将心比心，以心换心，这是中国的俗语，也是我们关爱员工的根本之法。

随着公司不断发展壮大，我们的员工队伍也越来越庞大。对各级主管如何带好员工，帮助员工实现自己的理想，从而最大限度地调动员工的积极性，共同成就打造百年金田的宏伟目标，共同为广大员工谋利造福，提出了更高更严的要求。

相信员工，尊重员工，体贴员工，关爱员工，是我们金田企业文化的基本准则，是我们多年来的一贯理念。我们心中一定要时刻想到员工。当他们感到工作任务繁重时，当他们感到环境陌生时，当他们感到技术生疏难以入门时，当他们身体不适需要休息时，当他们的家庭碰到困难情绪低落时，当他们受了委屈心情苦闷时，当他们屡受挫折自信不足时，当他们被人误解求诉无门时，我们的主管都必须毫不迟疑地伸出援助之手，让员工们感受到我们的主管是最贴心的人，最热情的人，最可亲可敬的人。

……

我们一定要时刻做到：当员工勤于思考，为企业献计献策时，我们要大力支持；当员工以企为家，勤奋工作时，我们要热情鼓励；当员工忘我劳动成就突出时，我们要及时嘉奖；当员工才能出众时，我们要提拔重用，为他们创造新的平台。

我希望我们的所有主管，必须发自内心地思考如何成就你的员工，这样的主管才能得到员工们的爱戴。

我希望所有的主管，必须经常回顾"我这段时间带出了几名优秀员工？他们比过去进步了多少？"

……

我更希望我们的主管，对偶尔犯错误的员工，少批评，多引导。

我们要切记不要做"有情绪"的主管，因为谁也不愿意跟在"情绪化"的主管后面"忍气吞声"。

虽然员工不是"顾客"，但是我们要把员工视同"顾客"，像尊重"上帝"一样尊重他们。所以，我们也要公司的市场部对待顾客一样对待自己部门的"顾客"们。

总而言之，只要你心中真正有了员工，员工心中也就一定有了你。上下一心，还愁何事不成！

▲公司行政部人员给车间员工送"工间茶"

金田报 GETTEL NEWS 浙江省优秀企业报 2011年2月10日 农历辛卯年正月初八 星期四 第2期(总第66期) 中国·金田集团主办 报头题字:毛泽东手迹 浙企准字:C057号 本期4版

金田故事 066

难舍老员工

《金田报》2011年第2期(总第66期)报眉上刊登了金田董事局方主席夫人黄杨芬女士与即将退休的老员工胡启汉热情话别的照片。

胡启汉同志时年75岁,家住龙港镇江浦南路,在金田工作了16年。退休前是金田塑业公司五金仓库保管员,曾获金田老员工最高荣誉奖——金牛奖。在欢送胡启汉的晚会上,黄杨芬女士向他致谢惜别。

临别前胡老启汉满怀深情地跟我说:"我虽然退休回家了,但是我永远不能忘记金田集团这个我工作了16年的'家'。我的心还在金田,我拜托你一件事,我特别希望回家后还能看到每一期《金田报》,让我随时了解公司的近况。"

我当即承诺:"谢谢您对公司的一片深情,我们一定满足您的这个心愿。"此

▲丁年庆(左)给退休在家的老员工胡启汉(右)送《金田报》

后的第一份《金田报》,是我专门送到江浦南路他家里的。后来,由胡老的一位亲戚负责把每期《金田报》带给他。

金田故事 067

做人十要点

2011年2月25日下午，金田董事局召开二届七次董事会议。

方崇钿主席总结了十点做人、做事的原则。

首先要学会做人。做人是做事的重要基础，是能把事情做好的重要基础。回顾历史，苍南、平阳两县改革开放以来的第一批民营企业如今仅剩下金田，为什么？就是因为我们把握了做人的基本准则。我们所做的一切，经得起时间的检验、历史的检验。

其次是做人要有责任心。要时时想到对岗位、对社会、对家人、对朋友负责。承诺了的事，就一定要兑现。哪怕是答应人家回一个电话，都不能失信。

第三，做人必须有团队精神。任何事情都不是一两个人能做成

的，必须依靠团队。各位董事都是金田团队的中坚力量。我们必须爱惜团队，有了成绩，不能以为是一个人的。一定不能洋洋得意，目空一切，夜郎自大。

第四，做人要学会赞美别人。当面赞扬别人，有时会视为吹捧，背后赞扬别人，让人格外感动。我们一定要注意多找别人的长处，多找自己的短处，才能不断进步。

第五，做人要学会感恩。为人常受帮助，总有感恩之处。不会感恩，不懂得感恩的人，往往会钻牛角尖，容易走进死胡同。

第六，做人不要这山望着那山高。要在一处爱一处，对自己的付出与所得，既要横比，又要纵比。用辩证的方法区别优劣，才不会误导自己。

第七，做人要谦虚。任何时候不把成绩都记在自己身上，把问题都记在别人身上。

第八，做人要光明磊落。不损人利己、损公利己。任何时候都要对得起公司，对得起家庭，对得起国家。

第九，做人要与人为善。多做对别人有利，对社会有利的事，不能与人为善的人，自己也会活得很累。

第十，做人要坦荡。为人正直，不做见不得人的事。"君子坦荡荡，小人长戚戚。"要敢于面对自己的失败。公司越来越大，经营管理越来越繁杂，有时说错了，做错了，要勇于面对，开诚布公。

▲方崇钿与公司管理者们谈"做人要点"

中国·金田集团主办
报头题字:毛泽东手迹
浙企准字:C057号

金田报
GETTEL NEWS
浙江省优秀企业报

2011年4月10日
农历辛卯年三月初八
星期日
第4期(总第68期)
本期4版

金田故事 068

方崇钿拜会陈政高

2011年3月28日,金田集团方崇钿主席在温州万和豪生大酒店与中共辽宁省委副书记、辽宁省省长陈政高见面。

方崇钿主席介绍了金田集团在辽宁盘锦市的投资项目进展情况。陈政高省长关切地询问有没有什么困难需要省政府帮助,方崇钿主席对盘锦市、盘山县及所属经济开发区对金田投资项目的关照表示感谢,同时表示将不遗余力加快推进金田盘锦项目进程,力争早日投产,早日达效,向辽宁省、盘锦市领导和人民交上一份满意的答卷。

盘锦市市长蹇彪、盘山县县长杨斌等参加了晤谈。

金田集团与辽宁交往由来已久。早在20世纪60年代,方崇钿的足迹就踏遍东三省。谈起辽宁境内,更是如数家珍。近年来,沈阳市沈北新区、盘锦市政府等地多次盛情邀请金田集团前往考察访问,洽谈投资意向。

2010年春节过后,中共盘锦市委领导率队到温州,拜访了金田集团。他们对金田集团的创业精神和企业规模留下了深刻印象,并表示由衷赞赏。双方一拍即合,决定在盘锦新上两条BOPP生产线。2011年,金田盘锦项目土建工程已经上马,从德国布鲁克纳机械制造有限公司选定的生产设备已经落实。

▲温州科技广场

金 田 报

GETTEL NEWS 浙江省优秀企业报

2011年5月1日 农历辛卯年三月廿九 星期日 第5期(总第69期)
中国·金田集团主办 报头题字:毛泽东手迹 浙金准字:C057号 本期4版

方文彬"五一"在车间

金田故事 069

纳税彰显诚信

(本报记者) 金田董事局执行主席方文翔，于 2011 年 4 月 27 日出席了在苍南影城召开的苍南县国家税收纳税人权益维护协会一届二次会员大会。

协会会长孙绍丁做了题为"创新维权思路，促进征纳和谐，全力提升协会整体工作效能"的工作报告；协会副会长林增标做"2010 年财务收支情况"报告。大会公布了 "苍南县 2010 年纳税大户名单"，公布了"2010 年'慈善事业'先进单位名单"。

关于新一年的工作，孙绍丁提出要贯彻落实以科学发展观为主线，推动会员企业科学发展；以三个"活动年"为载体，推动协会工作创新；以实施四大计划为重点，推动协会服务品质提升。

大会表彰金田集团为 "苍南县纳税大户"，表彰金田集团丁年庆为《苍南纳税人》优秀通讯员。

▲方文翔(右二)接待龙港镇税务部门领导视察金田

金田故事 070

南国客商赞金田

阳春四月，金田的一位销售经理南下走访客户。

他一路上担心金田的 BOPP 如今在福建市场到底如何。福建晋江一带在金田只有一条生产线的时候，是个大市场，而这两年福建地区的 BOPP 生产线也在不断增加。BOPP 市场基本是"圈地五百里"的销售方式，利润空间只能在运费上节省。由于地理原因，金田在福建地区的业务量也在慢慢减小。

亲临其境，他却发现人们对金田的产品赞誉有加。在晋江鸿利公司，施老板说："金田公司啥都好，服务好，产品我们也喜欢。就是到福建的运费太贵了，产品报价比我们福建本地的要高。现在我只有做高端的产品才敢拿金田的货。"在晋江佳豪公司，柯总说："金田公司的膜是我们开业以来用过的稳定性最好的，从来没有出过质量问题。"在福建省内，品牌商品包装处处都有"金田"的身影。利朗男装、七匹狼、富贵鸟、安踏、特步、九牧王……

可能很多人不知道，无论是吃饭时用的"心相印"纸巾盒，还是购物时存放鞋服的手提袋；无论是达利园面包片，还是咖啡、铁观音；无论是列车上的康师傅泡面，还是孩子手上的娃哈哈 AD 钙奶……你能想到、见到的生活必需品的包装上，都有金田 BOPP 的身影。

金田产品点缀了现代生活，让我们的生活更加亮丽。

▲ 出厂产品

浙江省高新科技企业
GETTEL
中国驰名商标

中国·金田集团 主办

报头题字：毛泽东手迹

浙金准字：C057号

金田报

GETTEL NEWS 浙江省优秀企业报

2011年7月5日
农历辛卯年六月初五
星期二
第 7 期(总第71期)
本期4版

金田故事 071

学习周恩来精神

作为金田集团党委纪念建党 90 周年系列活动之一,2011 年 7 月 2 日至 3 日,金田集团部分党员前往绍兴瞻仰周恩来祖居及纪念馆,学习周总理精神。

党员们在周恩来纪念馆瞻仰了周总理生平,特别是各国政要对他的高度评价,使大家看感受到了总理博大的胸怀、崇高的精神。

展览馆里,有周总理生前自勉的警句:"活到老,学到老,改造到老。"

美国总统尼克松赞扬:"他是重冰覆盖下的一座火山。"

金田党员们决心学习周恩来精神,为打造百年金田鞠躬尽瘁,奋斗不止。

▲金田集团党员在周恩来纪念馆

金田报
GETTEL NEWS 浙江省优秀企业报
2011年8月10日 农历辛卯年七月十一 星期三 第8期(总第72期)
中国·金田集团主办 报头题字：毛泽东手迹 浙金准字：C057号 本期4版

金田故事 072

澳洲客人访金田

金田集团塑业生产的发展业绩，吸引了世界顶级同行的目光。2011年7月26日，总部在迪拜的澳大利亚缇艾包装工业集团首席执行官、CEO特勒夫·舒曼，澳大利亚分公司总裁埃利·杰罗斯，中国执行销售处主管钟红光一行来到金田集团，共同研讨交流全球BOPP行业信息。

缇艾集团是全球三大BOPP生产商之一，其最早的BOPP生产线创建于1982年，从事BOPP薄膜生产已有28年历史。2006年组建的缇艾集团，在澳大利亚、阿联酋、埃及、意大利等国家拥有6家企业16条BOPP生产线，在中国上海设有办事处。

金田集团董事局主席方崇钿，集团公司总裁方文彬等接待澳大利亚客人。

澳大利亚客人们介绍了缇艾包装工业集团的发展史，分析了中国BOPP市场状况及未来发展趋势。双方还对BOPP新产品研发等方面的问题进行了交流探讨。

澳大利亚客人预测两年以后，全球BOPP年产量将达到9000万吨，中国产量可达全球产量的三分之一。产能大于实际需求，金田集团必须开拓出口外销之路。

双方共同分析了在未来BOPP薄膜生产中，国际食品公司要求薄膜具有阻隔性能，同时要求采用两层为共聚热封的包装结构而非三层价格更昂贵的复合包装结构。中国高端软包装印刷商向北美以及欧洲出口的产品使用的是进口共聚阻隔薄膜。而时下薯片及爆米花销售量的增加，对阻隔膜保质期及保鲜效果有更高的要求，需要采用可热封的阻隔材料代替镀铝PET。加上零售商要求"跨国式包装结构"、高性能薄膜全球供货不断改良的零售供给链，这

种趋势将对薄膜生产提出更新更高的
要求。

双方通过交流，对携手合作共创
BOPP 未来市场充满信心。

▲方文彬(右一)与澳洲客人交流

金 田 报
GETTEL NEWS 浙江省优秀企业报
2011年9月10日 农历辛卯年八月十三 星期六 第9期(总第73期)
中国·金田集团主办 报头题字:毛泽东手迹 浙金准字:C057号 本期4版

方崇钿倪法川会见上海奉贤区客人

金田故事 073

一天省水 30 吨

温州金田塑业公司共产党员、1508线工程部机械主任陈传坤,是一名老员工。在日常工作中,他任劳任怨,勤勉踏实,人称"老黄牛"。他于2011年6月向集团党委递交的"金点子"——改进冷却水运行系统,经集团技术中心审定实施后,每天为1508线节省30吨自来水。

温州的夏季,气温有点高。特别是

▲陈传坤实施节水技改

在生产线实行了冷冻冷却水系统合并后,由于不开冷冻机,使得挤出系统在生产厚膜时,激冷辊水浴槽的温度偏高,不利于正常生产。同时,冷却塔的蒸发量也增大。如何能更加有效地降低水温呢?陈传坤经过仔细观察琢磨,发现由于冷却水池的蒸发量较大,每天需要补水约30吨,何不将这蒸发掉的补水量先补给水浴槽降低水浴槽的冷却水温度,再回收送到大水池呢?他的想法得到了公司技术中心领导的肯定。

领导的支持,对他是极大的鼓励。炎炎七月,陈传坤冒着酷暑在车间里动手改造。他从废品仓库里找来废旧钢管,花两天时间制作了新的输水管道,随即投入使用,效果明显。既保证了在高温季节生产厚膜时的水温需求,又节省了每天30多吨的补给水,为节能降本和绿色生产立了一功。

金田报 GETTEL NEWS 浙江省优秀企业报 2011年10月10日 农历辛卯年九月十四 星期一 第10期(总第74期) 中国·金田集团主办 报头题字:毛泽东手迹 浙金准字:C057号 本期4版

方崇钿会见张家港农商银行客人

金田故事 074

飞向土耳其

▲ 杨晓红(左二)与土耳其客商

2011 年 9 月 15 日，金田集团国际贸易部经理杨晓红受公司委派，从温州出发，途经迪拜，经过 14 个小时的飞行，到达了伊斯坦布尔，出席在那里举办的 2011"国际包装展览会"。

土耳其是一个跨越亚欧两洲，位于地中海和黑海之间的国家。全国总面积 78.36 万平方千米，其中 97% 位于亚洲的小亚细亚半岛，3% 位于欧洲的巴尔干半岛。这次在土耳其举办的世界包装展会，共有来自 40 多个国家的 1270 多个企业参加。金田集团作为亚洲最大的 BOPP 生产厂家，到 18 日展会结束，现场成交 150 多吨，土耳其当地最大的企业 OZER 也与金田集团签订了 30 多吨的订单。

金田故事 075

金秋十月访日本

金秋十月，应日本曹达株式会社的邀请，金田集团总裁方文彬带领金田塑业各公司总经理、副总经理、进出口部负责人等一行七人赴日本东京进行商务考察。

在日本曹达株式会社，公司高层热烈欢迎金田集团高管人员来访，他们详细介绍了日本的 BOPP 薄膜生产公司情况，介绍了他们在产品开发、生产技术、质量保证、生产过程控制等方面的做法。尤其对生产过程中的质量控制，日方提出了具体要求，希望金田集团能够完全按照日本的食品等级标准去生产。同时，日方的技术总监森下先生，也向金田客人介绍了全自动投料装置，并推荐了一

家可作典范的质量控制生产企业。考察团成员对此很感兴趣，表示会进一步与其加强联系并探讨彼此合作的可能性。

方文彬总裁一行从东京机场一下飞机，就看到日本的城市非常干净。处处一尘不染，连厕所也干净整洁。穿着酒店的拖鞋，在街上逛了一圈回来，鞋底居然还是白色的，真是不可思议。

在日本的餐厅和机场，甚至是出租车上，大家见到不少年老的工作人员。在日本，有很多年老的人依然在工作，依然在奉献。看到这些白发老人开心微笑、用心工作的场景，感受到他们认真工作的态度，我们应该向他们学习。

▲方文彬(左四)一行出访日本

金田故事 076

拉尔夫，金田人的朋友！

　　这是 2011 年公司翻译员刘光新讲述的故事：

　　拉尔夫，来自德国布鲁克纳机械设备公司，是盘锦金田塑业项目的现场经理，负责带领德方专家为 1609 线现场安装和调试。作为一位来自德国且在中国待过好些年的机械工程师，他不仅具有德国人的严谨品质，而且学会了中华文化精髓之中的谦虚以及变通。

　　在设备安装期间，现场比较脏乱，地上杂物多，各种各样的事情也多，所以擦碰伤对于现场的工作人员来说是家常便饭。普通的擦碰伤工作人员根本不当回事，但这对于拉尔夫来说就马虎不得。有一回生产主管小褚带着一位小腿擦伤的员工来向拉尔夫借创可贴，拉尔夫并不只是借出创口贴，而是根据受伤员工的情况，先用消毒液处理了伤口，然后将"创可贴"剪出一个贴合伤口的形状，再仔细贴上去，同时嘱咐晚上必须换药。

　　说到谦虚与变通，可能很多人对于在现场进行安装指导的机械工程师的印象，都是他们自以为是、高高在上。但拉尔夫不是，他曾经在一次和金田项目经理郑国桅的交流中明确表示，每个人每个公司身上都有值得别人或其他公司学习的地方，金田作为布鲁克纳最大的客户之一，对于布鲁克纳机器有着自己深刻的认识，他本人在这次生产线安装的过程中也学到了很多东西。当拉尔夫遇到一些与他们的标准或者原则相悖的事情，比如螺栓润滑系统的定位、辅挤配料的定位等，他都会与郑国桅商量讨论。

　　拉尔夫是一位融合了德国人严谨以

及中国人灵活的布鲁克纳工程师，在他的现场操作、掌控、指导下，1609线正在朝着最快安装、调试、开机速度的历史记录进发！

▲拉尔夫(左)与金田项目经理郑国桅在车间

金田故事 077

老友重相见

2011年12月27日至29日，方崇钿主席接待了一位25年前的老朋友——浙江省社会科学院历史研究所教授罗以民先生。

1986年，罗以民教授到中国第一农民城——龙港采访时，曾经专访方崇钿先生，撰写了《了不起的龙港人——访浙江温州龙港酒家主人方崇钿》，发表在《人民日报》（海外版）上，插图是方崇钿先生在当年龙港第一楼——龙翔路七层楼前的照片。

老友相逢，百感交集。25年后，方崇钿先生已经从那时的酒店老板发展为拥有固定资产20多个亿的民营企业掌门人，罗以民也从当年的新闻记者成为浙江省社会科学院研究员、教授。

▲《人民日报》（海外版）的报道

和谐奋进没有句号

——2012 年新春茶话会上的讲话

● 方崇钿

亲爱的金田团队的各位员工、各位朋友、各位战友们：

大家好！

龙年新年伊始，我们欢聚在一起召开新春茶话会，我感到无比欣慰。金田集团能发展到今天的规模，能有如此特别能战斗的团队，今年春节分布在全国各地的七条生产线全部开足马力生产，这是你们视金田企业为自己事业的无私奉献的结果。

我出身于一个穷苦的农民家庭，自幼好学，苦下决心，要做一个对社会负责，对家庭负责，对国家负责的顶天立地的男子汉。经过几十年的打拼，创造了金田企业，缔造了亚洲最大的 BOPP 企业。这是我赶上了改革开放的好时代。在金田的旗帜下，汇聚了这么多优秀的

员工与战友。为此，我始终怀着一颗感恩的心，我应该感谢大家。

过去的 2011 年，对金田来说是一个不寻常的年头。其不寻常之处有四：一是我们在"温州市百强企业"的排名三年内前移 22 位，列第 20 位；二是一条新生产线投产，并落实 2012 年新上三条新生产线；三是年工业产值首超 28 亿；四是遭遇了三波风浪。金田人稳健地走过了 2011 年，而今迈步从头越，金田人迎来了崭新的一年。在龙年里，我们金田人要发扬龙马精神，实现跨越发展，牢固树立"质量立企，品牌兴企"的企业发展理念，在实现自我跨越的同时，更要追求卓越。

2012 年是金田的品牌成长年，又是大发展之年，新上三条生产线，年 BOPP 产量将达到 30 万吨，产值将达到 40 亿

元，利税将达到 4 亿元，这幅宏图将由我们金田人去描绘、去完成。

我在这里特别要强调的是：我们每一个员工的心理追求，将构成企业的源动力；每一个员工的内在动力，将构成企业的整体力量。源动力工程就是要把每位员工所思所想，转化为企业发展的推动力。

因此，我们要通过多种形式的培训、学习，使我们员工工作有目标；我们要通过规范薪酬制度的制订，使我们员工生活有保障；我们要通过完善各种福利、文化娱乐设施建设，让我们员工每天脸上有笑容，真正感受到"我爱金田，我幸福"。

企业发展了，我们决不能忘了为企业谋划出力的员工战友，决不能忘了回报社会。2012 年要继续完善发挥"金田爱心基金会"的作用，解决我们员工的后顾之忧，并对社会的弱势群体给予爱心与关注，把构建和谐企业与和谐社会作为企业和我本人的责任。

时代在不断发展，社会在不断进步，企业在不断壮大，员工队伍在不断扩大。员工结构多元化、价值多元化、需求多元化的特征日渐明显。我们将根据这些变化特点不断探索，努力做到物质与精神并重，生存与发展并举，工作与生活兼顾。

发展求和谐，和谐促发展，只要企业存在一天，这一追求目标就没有句号。亲爱的员工战友们，为这一目标能在金田得到完美实现，我们一起努力吧。金田的明天将会更辉煌！

▲2012 年金田集团新春联欢晚会现场

金田故事 079

我们出国啦

2012 年 3 月 1 日，金田员工第一批 24 人分别从温州、重庆、宿迁、桐城、盘锦前往上海浦东机场会合，乘坐 MU539 航班飞往马来西亚吉隆坡国际机场。参加马来西亚、新加坡六日游。

在马来西亚，他们游览了太子城、水上清真寺、首相府、国家皇宫、世界最高楼——石油双塔，参观了国家独立广场、皇家雪兰峨锡器加工厂，乘坐马来西亚最长的索道缆车，登上海拔 1800 多米的云顶世界·第一大酒店。他们还前往马六甲市，参观了圣保罗教堂、葡萄牙古城门、荷兰红屋、三保庙、三保井、三保山。

在新加坡，他们首先前往圣淘沙，然后观赏了新加坡的地标鱼尾狮，浏览了新加坡开拓功臣莱佛士登岸遗址、新加坡文化经济金融商业中心、国会大厦、政府大厦、伊丽莎白公园，之后乘车前往花芭山，眺望海景。

马来西亚、新加坡之旅，让金田员工们大开了眼界。他们中的绝大多数人都是第一次走出国门，大家感到兴奋无比，一生难忘。

▲金田员工在马来西亚首相府前留影

金田故事 080

回首这五年

回首这五年（2007—2012），数字看金田。

1.引进投产塑业生产线——2007年1条；2012年9条。（2011年已有7条）

2.BOPP年总产量——2007年3.5万吨；2011年24.5万吨；2012年31.5万吨。

3.员工总人数——2007年210人；2012年1500人。

4.员工私人购车——2007年2辆；2011年61辆。

5.员工乘飞机出差旅游培训学习——2007年2人次；2011年669人次。

6.发放员工工资、奖金——2007年300万元；2012年4000万元。

7.全国品牌企业使用金田产品——2007年0家；2012年40家。

鞋、衣包装：晋江知名企业七匹狼、九牧王、柒牌、劲霸、贵人鸟使用金田桐城公司的消光膜；温州知名鞋企奥康、康奈、红蜻蜓使用金田龙港公司生产的盖光膜；浪莎袜业、梦娜袜业、芬莉袜业、浙江袜业的包装袋都是金田龙港公司生产的产品。

食品包装：食品企业娃哈哈、蒙牛、伊利、康师傅（顶正）、旺旺、达利园、金锣、香八里等，乳制品企业伊利、蒙牛及中粮（旗下品牌"长城"葡萄酒、"福临门"食用油、"金帝"巧克力、"黄中皇"绍兴酒）、益海集团（旗下有品牌"金龙鱼""口福""胡姬花"）、五得利面粉厂等都用金田产品。中国盐业公司的盐袋子用的也是金田的BOPP。可以毫不夸张地说，超市里能见到的有BOPP的食品包装袋都与金田有关。

日用品包装：雕牌、立白、奇强等品牌的洗衣粉包装，中国知名药企双鸽集团的包装。

▲2012 年，金田集团员工运动会入场式

浙江省高新科技企业
GETTEL
中国驰名商标

金田报
GETTEL NEWS
浙江省优秀企业报

中国·金田集团主办
报头题字：毛泽东手迹
浙金准字：C057号

2012年5月10日
农历壬辰年四月二十
星期四
第 5 期(总第81期)
本期4版

金田故事 081

旅澳见闻

2012年3月底，公司组织销售部员工前往澳大利亚旅游。

首站是布里斯班。一出机场，大家就兴奋异常。抬眼望去，如梦境般的蓝天，零星地点缀着几朵白云。次日，大家前往距布里斯班约一个小时车程的黄金海岸。在那里租了一架小飞机，花了两个多小时，到达大堡礁。大堡礁是世界最大最长的珊瑚礁群，绵延2000多公里，于1981年被列入世界自然遗产名录。

最后一站是澳大利亚最大的城市——悉尼。在悉尼的几天，正值复活节假期。基督徒组成的游行方阵绵延近千米，前后有警车开道。驻足观看、拍照的人不计其数。之后，大家还参观了悉尼海港大桥和悉尼歌剧院。尽管是阴雨天气，这两处景点还是人头攒动。

在澳大利亚的这段时间，印象最深刻的是当地居民对生命尊重的态度。导游说，大堡礁周边不允许捕鱼，还千叮万嘱大家不要踩到珊瑚。澳大利亚政府还专门立法保护当地的动植物。由于人们对自然的保护，澳大利亚处处反映着人与自然和谐共处的美好。

▲澳大利亚风光

金田报
GETTEL NEWS 浙江省优秀企业报
2012年6月10日 农历壬辰年闰四月廿一 星期日 第 6 期（总第82期）
中国·金田集团主办 报头题字：毛泽东手迹 浙企准字：C057号 本期4版

金田故事 082

"劳动主任"难不倒

1508 线分切车间主任韦震,凭他多年的实践经验,忙里偷闲巧安排,生产与卫生两不误。

2012 年 5 月 28 日,分切车间在做厚度 12 微米的薄膜,同时有一批成品的出口膜要盖胶合板带托盘包装,正等着发货,临时人手从哪里来? 当时,作为一个坚守生产一线的车间主任,韦震清楚做厚度 12 微米的薄膜,一个包装组抽一名员工对生产没有影响。于是他带着两名包装工细心认真地打好托盘包装,使出口膜的发货如期完成。

29 日,车间仍在做厚度 12 微米的薄膜,韦震带领两名员工,把分切车间的窗户擦得干干净净,并将纱窗一一卸下来彻底清洗,对包装车间平时不方便打扫卫生的死角也进行了细致的整理、清洁,为生产和包装优质薄膜提供了良好的卫生环境。

▲韦震(中)与同事交流车间管理感想

金田故事 083

有朋自印度来

▲方文彬(右一)、杨晓红(右二)与印度客商

2012 年 6 月 25 日至 28 日，印度 COSMO 公司总裁潘卡基先生一行到金田集团进行商务性访问。COSMO 公司技术团队副总裁帕萨克、研发部经理塔帕斯、工程部经理瓦尼随同访问。

早在 5 月，印度 COSMO 公司就曾派其董事及国际事业部经理对金田集团进行首次访问，此次是 COSMO 总裁潘卡基先生率队再次来访。

印度 COSMO 公司是印度最大的 BOPP 薄膜生产厂家之一，也是全球最早从事 BOPP 薄膜制造的厂家，该公司在印度、美国、韩国、荷兰等国家和地区都有生产基地。是一家富有技术实力和市场实力的企业。

印度客人参观了金田的 BOPP 生产线，他们对金田拉伸、分切生产车间的设备维护、卫生环境以及节能降耗措施等方面表示高度赞赏。

双方进行了两天的技术交流。通过此次技术交流，加深了双方的相互了解，为进一步合作奠定了良好的基础，为金田企业的国际化发展开启了新的篇章。

潘卡基先生向方文彬总裁发出诚挚邀请，希望金田集团近期能组团去印度对他的公司进行友好访问，他希望 COSMO 也能为金田提供一点借鉴，他相信双方的合作和交往会给双方带来值得庆贺的成果。

浙江省高新科技企业
GETTEL
中国驰名商标
中国·金田集团主办
报头题字：毛泽东手迹
浙企准字：C057号

金田报
GETTEL NEWS
浙江省优秀企业报

2012年8月10日
农历壬辰年六月廿三
星期五
第 8 期(总第84期)
本期4版

企业党建与文化

2012 年 7 月 24 日，金田集团五楼多功能厅座无虚席。

正泰集团党委书记、副总裁，温州市两新组织党务工作者协会会长林可夫教授应邀到金田集团做专题演讲。全县 32 家企业 274 名管理人员到场听课。

林可夫教授是全国优秀党务工作者，浙江省两新组织党建功勋人物，中央教科所兼职研究员教授、硕士研究生导师。他在企业党建、企业文化建设方面有丰富的理论造诣和实践经验，经常受邀到全国各地讲课。

林可夫指出，企业文化是企业的核心竞争力。企业之间的竞争就是文化力、创新力的竞争。文化是创新的源泉、支柱，企业文化就是生产力，就是利润所在。世界上长寿的企业有 300 多年历史，但是温州企业的平均寿命只有 3.2 年。其中的差距就是缺乏文化底蕴。没有文化实力来支撑，没有一种可以为整体团队所崇拜、所信仰、所奉行的核心的东西，没有凝聚力、向心力，更谈不上长远的员工与业主彼此认同的战略目标。

企业要有文化，还要让文化转变为员工的行为。一个企业要发展，离不开公司领导力的发展，员工凝聚力的发展，资金实力的发展，管理团队、技术团队的发展。

绩效管理也是企业文化的内涵。怎样通过加强绩效管理来调动广大员工的积极性，来实现企业的目标，怎样回馈有贡献的员工？一般企业管员工的现在，优秀企业管员工的未来。管未来才能让员工看到自己的希望，进而与企业同舟共济、荣辱与共。

企业文化的核心是以人为本、以人为尊，人的生存、安全、社交、价值都是企业文化必须包含的内容。我们用这样的企业文化规范员工行为，用这样的文化来塑造大家的良好习惯，让整个员工团队形成共同的价值观、人生观。

以人为本，包括注重员工的创造激情，同时允许失败、宽容失误。充分激发员工的工作热情、积极性，让员工高兴做事、愉快做事，做正确的事。管理者要为员工搭建平台帮助他们走向成功。作为上司，不能一管就"死"，一问就乱。不能让被"管"的人感到难受。

▲林可夫（中）与方文彬（右）、丁年庆（左）

▲演讲会场

金田故事 085

滨江首府开市大吉

2012年8月19日，重庆云阳高端法式住宅小区——金田·滨江首府终于迎来了开盘之日。

金田·滨江首府项目于2011年1月成功竞标，9月19日项目销售展示厅建成并正式对外开放。2012年3月20日，项目一期基础部分工程通过验收，7月中旬达到预售许可，8月中旬一期住宅正式开盘销售。8月19日，项目一期的1号、6号、7号楼共计334套住房，在云阳山峡大酒店开售。

开售不到一小时，就有60多名购房者签署了认购书。截至下午6点封盘，总成交206套，创下云阳房地产历史上开盘当日成交量最高的纪录。

▲滨江首府展示厅

金田创业、党建展览馆开馆

金田集团创业、党建展览馆开馆仪式于2012年9月28日在集团行政楼五楼举行。

中共苍南县委常委、组织部部长何宗静，苍南县两新工委副书记黄振国，两新科科长黄钦放，龙港镇委副书记周碧素，龙港镇两新工委副书记、组织委员金

珍敏，苍南县两新组织党务工作者协会会长陈如奏，苍南县青年企业家协会会长、金田集团有限公司总裁方文彬在展览馆开馆仪式上剪彩。

出席苍南县首届两新组织党务工作者协会与青年企业家协会"党企共建"论坛的全体人员参加了开馆仪式。

▲金田集团创业、党建展览馆开馆剪彩仪式

金 田 报

GETTEL NEWS 浙江省优秀企业报

2012年11月8日 农历壬辰年九月廿五 星期四 第 **11** 期(总第87期)

中国·金田集团 主办 报头题字:毛泽东手迹 浙金准字:C057号 本期4版

浙江丽水松阳县长王峻访问金田

本报讯 10月25日,浙江丽水松阳县长王峻(中)一行访问金田集团,集团董事局主席、金锅公司董事长方焜田(右)、集团总裁方文彬(左)、集团总经理王毅参观福田彩钢铝公司。(向燕英)

金田故事 087

德国专家赞金田

2012 年 10 月 12 日下午,辽宁盘锦金田塑业公司传来喜讯:盘锦公司新上的 1610 塑业生产线顺利投产,一次试机成功!

盘锦金田塑业公司是金田集团走出浙江以后开辟的第四个生产基地。他们的第一条生产线于 2011 年 12 月投产。在短短的 10 个月时间中,连续建成两条生产线,而且实现多项创新,在金田集团 BOPP 产业发展史上也是首屈一指的。

针对东北地区冬季冻土时间长,厂房基建工程可施工时间相对较短的特殊情况,土建工程施工人员抢在 2011 年低温封冻前,打好厂房基础,完成了大量的土下工程。2012 年 4 月,天气回暖后,立即抢时间,争进度,从而保证了从德国布鲁克纳公司引进的生产设备顺利进场。

6 月 15 日,德国专家到达盘锦金田塑业公司,开始进行 1610 线的设备安装工作。在此期间,金田方面的现场经理郑国桅,盘锦塑业公司副总经理刘正训及主管、员工们,紧密配合德国专家,全力以赴,支持设备安装过程中的每一项具体工作,确保每一天的工作计划圆满完成,不拖拉,不含糊,不"欠账",终于在 8 月底全面完成设备安装任务。

10 月 12 日早晨,生产线设备开始启动、升温运行,下午 2 时开始挤出第一批原料,2 时 45 分,1610 线拉出的第一卷大膜开始收卷。

特别值得骄傲的是,这次投产过程中挤出的废料只有 500 多千克,而以往新线投产挤出的废料都在 3 吨左右。

从 1610 线投产之时起,连续 72 小时没有破过膜,也是金田 BOPP 投产史上没有过的。

德国专家们称赞盘锦金田塑业公司

又一次让他们看到了充满活力的"金田精神"。

▲方文彬与德国专家

浙江省优秀企业报

GETTEL NEWS

2012年12月10日 农历壬辰年十月廿七 星期一 第12期(总第88期)

中国·金田集团主办 报头题字：毛泽东手迹 浙金准字：C057号 本期4版

我们的人民热爱生活,期盼有更好的教育、更稳定的工作、更满意的收入、更可靠的社会保障、更高水平的医疗卫生服务、更舒适的居住条件、更优美的环境,期盼着孩子们能成长得更好、工作得更好、生活得更好。人民对美好生活的向往,就是我们的奋斗目标。
——习近平

金田故事 088

赵晓奔处长视察金田

2012 年 11 月 27 日,温州市委组织部"两新处"在金田集团召开产业链党建工作调研座谈会。"两新处"处长赵晓奔、副处长朱启发出席座谈会并视察金田的塑业生产线和企业党建工作。

27 日上午,赵晓奔、朱启发一行走进金田塑业 1345 线生产车间,参观从德国引进的全自动化生产线运行情况,了解车间员工工作环境和思想动态,称赞金田集团的生产设备先进,车间生产环境良好,员工们的敬业精神可嘉。

随后,赵晓奔处长、朱启发副处长与参加调研的全体人员参观了金田集团创业、党建展览馆,从展馆图文中了解金田集团的创业历史、创业精神、创业成果。金田集团从 20 世纪 80 年代的塑料编织,到通讯光缆、电缆,又到 21 世纪初的 BOPP 高分子材料,不断地跟随市场形势的变化而转型升级,每一次转型都比

较成功。赵处长对金田党建工作的多项特色给予高度评价。他认为,金田党建工作从"党员示范岗""党员责任区"到"党员金点子""党员包、保、带",这些形式和载体,都比较切合民营企业党建使命的实际情况,真正发挥了党建工作在企业管理、企业发展中凝聚人心、鼓劲助力的实质作用,赞扬金田集团的企业发展和党建工作都有独特之处。

赵处长建议大家学习党的十八大文件,再接再厉,进一步抓好两新组织党建标准化建设;进一步抓好两新党建的品牌建设、载体建设;进一步推进产业链党建工作,实行属地管理,共建共享;进一步加强企业主、党组织书记、党员、党建指导员四支队伍建设,做到有才、有为、有位;进一步加强服务型党组织建设,真正与企业共命运,为党旗添光彩。

▲方文彬(前排左二)陪同赵晓奔(前排右二)参观金田厂区

▲丁年庆(右)向赵晓奔(中)、朱启发(左)介绍金田创业史

浙江省优秀企业报
2013年1月10日 农历壬辰年十一月廿九 星期四 第1期(总第89期)

金田故事089

考察上海

2012年12月13日至14日，金田集团总裁方文彬随温州市青年企业家协会"上海行考察团"前往上海，考察了正泰集团上海公司、美特斯邦威集团公司、均瑶集团公司等协会会员企业。

此次考察活动由温州市政协副主席、市青年企业家协会会长、奥康集团有限公司董事长王振滔带队，共青团温州市委书记王忠宝、副书记李群随行指导，方文彬等10多位青企协副会长参加。

考察团一行首先考察了位于上海市西南门户——松江新城的正泰电气股份有限公司。这里毗邻虹桥机场、浦东机场和洋山深水港、沪杭铁路、沪杭高速绕园区而过，海陆空交通非常便捷，地理位置十分优越。正泰在这里投资35亿元，初步建成占地1350亩的公园式工业园，是世界上规模最大的输配电设备生产基地，被列为上海市20家产业升级项目之一。

他们还参观考察了位于上海市浦东新区康桥东路800号的美特斯邦威集团公司、位于上海肇嘉浜路789号的均瑶集团公司。

▲温州市青年企业家协会"上海行考察团"全体成员

浙江省高新科技企业
GETTEL
中国驰名商标
中国·金田集团 主办
报头题字：毛泽东手迹
浙金准字：C057号

金田报
GETTEL NEWS
浙江省优秀企业报

2013年2月1日
农历壬辰年腊月廿一
星期五
第 2 期(总第90期)
本期4版

金田故事 090

致谢尤信用同志

● 方文彬

　　尤信用同志，大家习惯称他"阿用"。他是一位执着追求自己人生目标的人，他不计较付出与回报，以平常心对待得失，为金色田园默默付出。他1996年1月进入金田，从一名助理会计成长为集团副总、财务中心经理。17年来，他把自己的青春和才智奉献在这里，成为金田为数不多的"金牌员工"之一。人生有多少个17年？他多次跟我说过："我庆幸自己当初的选择！"

　　阿用20岁那年，进入电缆公司任助理会计，深受董事长精通财务知识的影响，在董事长的指导下，逐步成长。17年来，随着金田集团的不断发展壮大，涉及工业、房地产业、金融业等，他积极参与公司的经营和管理，他的专业知识迅速得到提升。他在工作中勤于思考，不断创新，结合公司的实际情况，在原

有不尽完善的财务基础上创立了具有金田特色的财务管理系统和成本控制系统，为公司的各项重大经营决策提供了准确的信息支持，使公司朝着更加良性的方向发展。

　　我们先后在江苏宿迁、安徽桐城、重庆云阳、辽宁盘锦设立分公司，在每一个分公司设立之前，阿用都会参与前期和政府的磋商会谈，共同商讨选址，积极筹措资金，保证每一个分公司的筹建工作顺利进行。有些工作开展时不是事事都顺利，尤其是如企业运行血液的资金，阿用和财务总监敏坚密切配合，从来没有掉过链子。他那种敬业、负责、乐观、积极的工作心态也感染了我，感染了我们的团队。由于我们的生产线全是进口德国设备，设备采购属于进出口业务，在云阳一线的筹备前期，因为受到县城级别限

制,当地银行的很多国际业务尚未开通,进口开证、融资等遇到了困难,阿用顶着巨大压力,硬着头皮和银行方面积极磋商,时隔数日,解决了这个"拦路虎"。

阿用一步一个脚印踏实前进,他科学规划自己的职业生涯,终于取得今天的成就!记得在桐城设立分公司的时候,前期工作准备就绪,也已和桐城政府签订投资协议,然而就在此时,温州某公司伸出橄榄枝,盛情邀约阿用加盟,并开出

了极具诱惑的高薪和福利待遇,但阿用选择留在了发展中的金田。阿用的执着、专注、不见异思迁正是现代年轻人应该学习的精神。在日常生活中,阿用心地善良、乐于助人,这也也赢得广大同事对他的尊敬。

在这里,我代表董事局、代表公司感谢这位把人生最美好的青春岁月奉献给金田的阿用同志,感谢他一直激励着我和我的团队!

▲2012 年金田联欢晚会现场

金田故事 091

温州塑业：精打细算处处"抠"

温州塑业公司在学习集团党委发出的厉行节约"倡议书"以后，组织全体党员和员工们认真学习《倡议书》中的 10 项内容，逐条对照，制订了整改措施。

行政部首先发出了节约用纸，节约水、电的"绿色降本"倡议，要求全体员工，特别是管理人员严格执行。

生产部门对日常领用消费较多的白毛巾、丙酮、洗洁精、胶带机、铜丝棉、麻花钻头等 31 种易耗品，逐项、分部门列出每年的定额消耗指标。例如：白毛巾 1.3 元/条，1345 线和 1508 线拉伸车间使用不得超过 500 条，分切车间、质检部不得超过 24 条；洗洁精 2.5 元/瓶，两条线拉伸车间和工程部不得超过 12 瓶，分切、质检部不得超过 4 瓶，纸管车间不得超过 6 瓶；口罩 2.5 元/只，拉伸车间使用不得超过 40 副，工程部不得超过 24 副。

他们还明确了考核办法。规定设备大保养期间的用品由主管负责，从严把关，不列入专项考核。

他们还尽最大的努力延长设备配件的使用寿命，彻底改变"图省事，怕风险，稍有情况换配件"的简单化做法。例如，对 TDO 风机等部位的轴承出现噪音等不正常状态时，过去往往一换了事，现在他们规定发现轴承疑似故障，经三人以上现场诊断认为需要更换时才能更换。

■ **方文彬点评**：集团党委根据董事局要求，发出关于"厉行节约，反对浪费"的倡议书以后，各公司雷厉风行，学习讨论，贯彻落实，拿出了一系列切实可行的节约措施。

各公司的措施各有特色，希望大家要互相学习研究"别人是怎么做的？有哪些值得我们取长补短？"博采众长，把"厉行节约，反对浪费"的活动开展起来，警钟长鸣，长久地坚持下去。

▲金田总结表彰大会抽奖活动现场

浙江省高新科技企业
GETTEL
中国驰名商标
中国·金田集团主办
报头题字：毛泽东手迹
新金准字：C057号

金田报
GETTEL NEWS
浙江省优秀企业报

2013年4月1日
农历癸巳年二月廿一
星期一
第 4 期(总第92期)
本期4版
(方氏宗祠落成庆典专刊)

金田故事 092

方氏宗祠续千秋

方氏宗祠投入 1200 多万元人民币，历经三年多时间，于 2013 年春节期间竣工。3 月 30 日，方氏文化联谊会在宗祠所在地——苍南龙港方良村隆重举行落成庆典。

来自全国各地的方氏族人代表参加了庆典仪式。

中华方氏发源地宗亲及海内外宗亲联谊会为方氏宗祠落成庆典发来贺信、贺电。

庆典仪式开始前，礼仪小姐为宗祠建设捐款 5 万元以上者佩带鲜花。金田集团方氏家人为宗祠工程捐款 700 万元，是方氏宗祠建设工程的坚强后盾。

方良方氏宗祠（始建年代失考），于明万历庚子年(1600)扩建，共三进两廊。几百年来，祠宇几经修缮，不断扩大。1968 年仲秋，因年久失修并屡经风雨摧毁直至坍塌。当年修理后，重建中进五间，门台三间。1982 年夏，由于强飓风袭击，后进被毁，重建后进五间，扩建左右走廊各两间，并连筑垣墙。

2009 年秋，宗祠建筑构件腐朽，摇摇欲坠，金田集团总裁方文彬倡议重建，族人积极响应，议定拆迁民房九间，拓宽重建。2010 年 2 月 26 日（农历正月十三）开工，2011 年 8 月 18 日（农历七月十九日）结顶上梁，2013 年 2 月竣工落成。新祠占地 4200 平方米，前至白沙河，南到南岸路，北临小河，后有余地 1.8 米，建筑面积 3700 平方米。祠宇由前殿、敦叙堂、祭祖堂组成，祠前矗立着为纪念忠臣子深公而重立的"贤良"青石雕刻牌坊，祠宇庄严大方、雄伟壮观。新祠设计风格独特，颇具方良方氏文化特色。

3 月 30 日上午 6 时，宗祠落成祭祖仪式开始。由方氏大房主祭，二房、三房、四房、五房陪祭，各房宗亲代表约 200 人参加。

上午 11 时,举行落成庆典仪式。全体起立,鸣炮奏乐。全体嘉宾到主席台就座。

方氏宗祠重建委员会主任方崇钿,方氏宗祠重建委员会代表方军,来宾代表——六桂联谊会执行会长洪作来分别致辞。

方崇钿、方崇沛、方崇洲为宗祠落成剪彩。

庆典仪式结束后,现场设宴 400 桌招待各方宾客。

▲方氏宗祠内景

金田报
GETTEL NEWS 浙江省优秀企业报

中国·金田集团主办
报头题字：毛泽东手迹
浙金准字：C057号

2013年4月10日
农历癸巳年三月初一
星期三
第 5 期（总第93期）
本期4版

金田故事 093

共同的责任
——学习习近平总书记"民生宣言"感言
● 方崇铟

　　习近平总书记说："我们的人民热爱生活，期盼有更好的教育、更稳定的工作、更满意的收入、更可靠的社会保障、更高水平的医疗卫生服务、更舒适的居住条件、更优美的环境，期盼孩子们能成长得更好、工作得更好、生活得更好。人民对美好生活的向往，就是我们的奋斗目标。"这段精练实在的讲话，让我感到非常亲切。

　　在和平环境下，人民群众向往美好的生活，这是一件天经地义的事情。就是在战争年代，人们的奋斗目标也是要打败侵略者，建设新中国，让子孙后代过上幸福美好的生活。所以，过上幸福美好的生活，是人类的共同理想和期望。

　　在改革开放30多年后的今天，人民群众希望能够更好地享受改革成果，希望得到更多的社会保障，希望衣、食、住、行和教育、卫生条件更加优越，这都是顺理成章的事情。习近平的讲话是代表党中央说出了平民百姓的心里话，说出了普通群众的最简单的诉求和渴望。学习了这段讲话，我感到自己肩上又多了一份沉甸甸的责任。因为让人民过上美好的生活，必须有经济的持续发展，有经济实力来支撑，否则美好生活就不可能成为现实。而国家的经济实力，最重要的就是来自工业经济实体。我们民营工业企业更是义不容辞。

　　我深深感到我们肩负着两种责任：第一，是通过企业的持续发展，不断增加对国家的税收贡献，由国家从宏观上改善人民的生活环境；第二，是通过企业的持续发展，在提高企业效益的前提下，不断地改善员工的生活条件。就我们民营企业内部来说，员工们希望自己的工资奖金高一点，希望各方面的福利待遇好一点，这也是情理之中的事。也是民营企业家应该履行的责任。而要做到这一点，必须通过不断提高企业管理水平，不断实现产业转型升级，不断开拓新的市场，不断获取新的营销效益，才能实现改善员工生活的根本目标。

我常常感受到，今天我们做实业，我们不断扩大再生产，并不完全是为了我们家族本身要赚多少钱，积累多少财富。

而是因为创业这么多年来，有那么多员工跟着我们风雨同舟，患难与共，我们要对大家负责，要不断地创造新的平台，让大家有用武之地，有谋生之本，有致富之源。

幸运的是，金田的基业托举着我们整个金田团队，至今我们雄心不减，信心百倍，上下协力，大家丝毫都没有懈怠，一直在共同为我们的美好生活添砖加瓦，铺路架桥，鼓劲加油。

这是金田的幸运，是全体金田员工的幸运！

▲2013年3月29日，瑞安市委组织部两新科科长卢巧新(右二)率队参观金田党建工作

金 田 报
GETTEL NEWS 浙江省优秀企业报
2013年5月10日 农历癸巳年四月初一 星期五 第 6 期(总第94期)
中国·金田集团主办 报头题字:毛泽东手迹 浙金准字:C057号 本期4版
方崇钿率队考察福建

金田故事 094

小纸条的作用

在桐城金田塑业公司 1516 线车间，随处可见写有"温馨提示"话语的小纸条。

有的小纸条上写着："工程部废料请入袋。"这是对工程部人员的特定要求。

有的写着："保持地面无粒子。"在这里操作的每一个人都应该意识到自己的责任。有的写着："请控制地扫料。"有的纸条写着："1.确认加油口不漏油;2.拧紧排油口盖子;3.确认排油口阀门关到位;4.擦掉地面油污。"这是对工程部人员给设备加油的要求。

有的纸条写着："电源指示、工作指示、手动、自动、开、关。"每一个按钮旁都注上了文字，防止误操作。车间里的垃圾桶上有纸条;"此桶内禁止扔棉签。"这是防止易燃垃圾引发火灾。

小小的纸条，在指导车间管理、保证安全生产方面发挥了重要作用。

▲德国专家与金田员工毛显乐(左一)交流车间现场管理

金 田 报
GETTEL NEWS
浙江省优秀企业报
中国·金田集团主办
报头题字：毛泽东手迹
浙金准字：C057号
浙江省高新科技企业
GETTEL
中国驰名商标
2013年6月10日
农历癸巳年五月初三
星期一
第 7 期(总第95期)
本期4版

金田故事 095

龙腾在"中环"

以"苍南地王"著称的龙港金田·中环大厦展示中心开放暨龙港第四届电视歌手大赛签约仪式，于2013年5月25日在龙港举行。

龙港金田·中环大厦是金田集团温州房地产开发有限公司于2009年10月以3.2亿元竞得的龙港城市中心商业区地块，位于龙港泰安路与宫后路之间。

2010年5月25日上午，中环大厦与世界500强企业大润发超市配套设施之一的龙港商业中心广场等七大项目同时开工奠基。2011年10月正式动工建设，历经两年半，已经基本完成地下基础工程。

龙城中环，龙腾福地。

参加庆典仪式的各界领导有：中共苍南县委宣传部常务副部长范叔略先生，苍南县广播电视台台长吴为民先生，中共龙港镇委副书记吕存阳先生，龙港

镇人民政府副镇长丁云勇先生，苍南县广播电视台副台长王文波先生，龙港广播电视台台长杨尚品先生，苍南县工商联副主席、龙港工商联主席倪法川先生，金田集团董事局主席方崇钿先生，金田集团董事局执行主席、金田房地产开发有限公司董事长方文翔先生，金田集团有限公司总裁方文彬先生，金田集团温州房地产开发有限公司总经理章加楼先生。

上午9时起，宾客、业主们齐聚在装饰一新的金田·中环大厦展示中心内，销售部工作人员应接不暇。

上午10时30分，剪彩仪式开始。现场礼花齐放，鞭炮齐鸣，一派喜庆景象。

金田集团董事局执行主席、房地产开发有限公司董事长方文翔在庆典仪式上致词。他首先对光临金田·中环大厦展示中心开放暨龙港第四届电视歌手大赛

签约仪式的来宾们表示热烈的欢迎和诚挚的感谢。他说："20多年来，金田集团在各级领导、各界朋友们的关心和支持下取得长足发展，今天中环大厦展示中心正式开放，又是我们金田集团房地产开发史上的一个重要里程碑。"

他介绍了中环大厦项目的基本情况："这项工程总投资约8亿元人民币，总占地面积10664平方米，总建筑面积52800平方米，由一幢三单元的高层住宅和两幢裙房商业楼组成。建筑风格将采用新古典主义简欧建筑风格。地理位置优越，毗邻高档商业中心，能满足业主的时尚、休闲、购物、娱乐、餐饮、文化等全方位功能需求。中环大厦是真正意义上的龙港城市核心，我们将努力把她打造成龙港品质豪宅的典范。"

庆典仪式上，方文翔还与龙港电视台即将举办的第四届电视歌手大赛活动正式签约冠名赞助。

▲金田·中环大厦展示中心开放现场

金田报

GETTEL NEWS 浙江省优秀企业报

2013年7月10日 农历癸巳年六月初三 星期三 第 8 期(总第96期)

中国·金田集团主办 报头题字:毛泽东手迹 浙金准字:C057号 本期4版

温州徐有平副书记视察金田

金田故事096

精打细算巧谋划

　　2013 年,是金田董事局确定的"财务控制年"。怎样控制财务支出?怎样做到少花钱,多办事?盘锦公司从上到下都在开动脑筋,想方设法,为公司节流。

　　行政大楼落成之后,盘锦公司计划在广场上建造一个喷泉,可能要花二三十万元。盘锦公司从节约支出出发,加上他们考虑到东北冬季时间长,一年有三分之一时间温度在零下。如建造喷泉,水管容易冻裂,修理维护费用也较高。经过权衡,盘锦公司最后决定花 6 万元买一棵四季常青的五针松,栽在广场中央,建一个绿化岛。这一项节省了10 多万元。

　　职工活动中心是职工们每天下班以后自由活动的场所。北方户外活动较少,所以,建造职工活动中心非常重要。但是,为了节省开支,盘锦公司严格控制了建造面积。现在,他们的活动中心净面积

为 500 平方米。他们也没有花钱购买活动器材,而是把总部活动中心淘汰的乒乓球桌等文体活动器材拉到盘锦,满足目前的职工业余活动需要,将来再逐步添置适当的运动器材。

　　厂区内的绿化也是一笔不小的开支。他们处处"算小账"。一人多高的樟树,有的苗木商人要卖四五十元一棵。盘锦公司自己去采购,树冠稍微小一点的,高度差不多的,只要 10 多元一棵,这一项,他们又为公司节省了 5000 多元。

▲盘锦金田公司厂区大道

金田报
GETTEL NEWS 浙江省优秀企业报
2013年8月10日 农历癸巳年七月初四 星期六 第 9 期(总第97期)
中国·金田集团 主办 报头题字:毛泽东手迹 浙企准字:C057号 本期4版

龙港企协召开四届一次会议

为贯彻领导工作报告。
金田集团董事局 主席、龙港企业家协会会长
阿庆 摄

金田故事 097

苍南县青年企业家协会十年庆

7月11日,苍南县青年企业家协会召开四届一次会员大会暨协会成立十周年庆典。中共苍南县委书记黄寿龙,县委副书记、县长黄荣定和县人大、政协领导,共青团苍南县委书记胡静,苍南县青年企业家协会会长方文彬出席会议。

黄寿龙书记在大会上做重要讲话,他高度评价苍南县青年企业家们为苍南经济发展做出的重要贡献,希望所有青年企业家牢固树立"空谈误国,实干兴邦"思想,为实现"两海两区"战略,建设美丽苍南、富裕苍南、平安苍南再立新功。

苍南县青年企业家协会会长、金田集团总裁方文彬在大会上做工作报告,并当选为新一届协会会长。

庆典活动还举办了隆重热烈的文艺晚会,知名演员江涛、陶钰玉等到场表演精彩节目。

▲"苍青协十年庆"晚会

GETTEL NEWS 浙江省优秀企业报
2013年9月10日 农历癸巳年八月初六 星期二 第10期(总第98期)
中国·金田集团主办 报头题字：毛泽东手迹 浙金准字：C057号 本期4版

金田故事 098

金田是我幸福的家

● 吴宝转

今年6月1日儿童节这天，我的儿子出生了。我很开心，也很感谢带给我幸福的金田公司。

我是2006年7月到温州金田塑业公司工程部工作的。这7年时间里，公司领导和同事们给了我很多的帮助和指导，让我成为一名幸福的金田人。

记得来公司的第一天，方文彬总裁就问我对公司第一印象如何，我说："一进公司大门就感觉很好。"他还问我需不需要什么帮助，生活上有什么困难。一个公司领导能这样对待一名普通员工是很难得的。我觉得能遇到这样的老板更难得。我之前也换过好几家公司，这时我就暗暗下了决心，要留在金田好好干。

从方总办公室出来，我就见到了来接我的工程部经理——我后来的师傅郑国桅。他给了我很大的帮助，在工作上他细心地教导我，在我有思想情绪的时候他主动找我谈话，在生活上也很关心我。记得当时天气很热，他怕我晚上睡不着，主动找公司帮我的房间安装了空调，这事让我十分感动。

2009年，集团公司安排我到安徽金田塑业公司工作。在这里，我遇到了我的爱人朱佩佩，她在桐城工业园区的另一家公司工作。公司领导知道我们恋爱了，主动提出让她来我们金田公司上班。在我结婚的时候，方文彬总裁还解决了我的住房问题，周春生总经理、尤圣隆副总和行政部王爱武经理，帮助我解决了买房的手续问题和经济问题。

儿子的平安降生，使我的人生更加完美。感激金田桐城公司。

▲方文彬(右二)为优秀员工子女颁发奖学金

金 田 报

GETTEL NEWS 浙江省优秀企业报

中国·金田集团主办

2013年10月1日
农历癸巳年八月廿七
星期二
第 11 期(总第99期)
本期4版

金田故事 099

乐在车间解难题

共产党员余上拥同志自从到宿迁金田公司以后，负责两条生产线的机械设备维护工作。他兢兢业业，吃住都在公司，当生产设备有问题时，不分白天黑夜，随叫随到。他树立了共产党员的良好形象，得到同事们的认可。

余上拥同志刚到宿迁公司时，正遇到工程部蒋理多同志腿部受伤休息，当时机械方面事情多、压力大，熟练技术人员又少。面对此种情况，余上拥每天上班后就坚守在车间里，随时检查并解决设备运行中的问题，很快就熟悉了两条线的设备状况。在做好日常设备维护的同时，他还解决了一些长期遗留的问题。

1568 线从去年开始，MDO 拉伸辊轴承工作状态不好，但因德国布鲁克纳公司设计方面的限制，拉伸辊驱动轴承不能拆下来，一直带故障运行，导致非正常状况多，带病运行时间较长。面对这一情况，布鲁克纳公司现场专家也没有办法。经过几次商洽，德国公司给我们的答复是更换驱动端连轴结。

余上拥同志得知后，立即查资料、翻图纸，结合自己的工作经验，很快就找到了解决问题的办法，并抓住合适的时机，顺利地更换了轴承，保障了生产正常运行。

▲金田集团首届设备技术交流会会场

金田故事100

百期《金田报》与百年金田

● 方文彬

光阴似箭,曾记否?

从2005年5月第一期《金田报》诞生至今,竟然如此快地走到百期。

《金田报》是计时器,每月一期,每一期都记下了金田人的前进足迹;《金田报》是播种机,它用金田独有的文化特色在天南地北播下金田精神的种子;《金田报》是里程碑,它以不容抹杀的业绩全方位展示我们取得的每一项成就;《金田报》是宣言书,它用金田人不变的誓言向世人宣告百年金田希望在前!

8年多来,金田集团从两三家公司发展到遍及浙、苏、皖、渝、辽的10多家公司;从只有一条BOPP生产线,发展到12条生产线。

一路走来,《金田报》都是忠实的见证者、宣传者、鼓舞者。

8年多来,是《金田报》让许多初进金田的新员工们了解了金田,留在金田;是《金田报》让许多没有到过金田的人结识了金田,支持金田;是《金田报》让祖国各地的党政领导们熟悉了金田,厚爱金田。

打造百年金田,《金田报》与所有金田人一样任重道远。我们不能只满足于昨天的拥有,更要倾心打造更加灿烂的明天。

值此《金田报》出刊100期之际,谨向8年多来关心、支持《金田报》,关心、支持金田企业文化,关心、支持金田发展的各级领导、各界友人、全体员工朋友们表示崇高的敬意和谢意!

在纪念《金田报》创办一周年时,我们的董事长曾经挥毫题词:"你我肩上都担着整个金田!"这是对《金田报》和所有金田人的热切期望。

此时此刻,我倍感光明在前,重任在肩。

党的十八大为我们描绘了"中国梦"的蓝图。强国首先靠实业,我们民营企业兴邦有责,责无旁贷。

借回顾与庆贺《金田报》百期之机,我们抚今追昔,信心倍增,务实奋进,一往无前!

▲2013 年 10 月 13 日,金田集团员工游览福建九里溪

第三卷

2013年12月10日
农历癸巳年十一月初八
星期二
第13期(总第101期)

浙江省高新科技企业
GETTEL
中国驰名商标

中国·金田集团主办
报头题字:毛泽东手迹
浙金准字:C057号

金田报
GETTEL NEWS
浙江省优秀企业报

本期4版

金田故事 101

感悟桐城六尺巷

● 潘军晓

　　六尺巷,我在来安徽桐城之前,对它一无所知。这次在桐城公司参加集团公司人事行政部门会议,让我有幸认识了它。

　　结束当天的培训学习课程,赶到六尺巷,已经是晚上六点多了。天色已黑,只看到巷子中间亮着一盏昏暗的小灯。这里没有我想象中的繁华与喧嚣,呈现在眼前的只是一条笔直的静静的小巷。因为我的孤陋寡闻,我不明白这样普通的巷子,有什么可看之处。遂向同行的桐城公司同事江芬芳请教六尺巷的由来。

　　原来,在清康熙年间,桐城人张英是当朝文华殿大学士、礼部尚书。他老家桐城的宅地与吴家为邻,吴家要建房,想占用边界三尺地,张家不同意,双方将官司打到县衙门。县官碍于双方都是官位显赫,不敢轻易了断。张家人便写了一封信,快马进京,要求张英出面摆平此事。张英收到信件后,认为邻里之间应该谦让,遂给家中回信:

　　"一纸书来只为墙,让他三尺又何妨?万里长城今犹在,不见当年秦始皇。"

　　家人收到此信,明白其中道理,主动让出三尺空地。吴家见状,深感惭愧,也主动让出三尺地,这样就形成了一个六尺的巷子。张家这种礼让之举和不仗势压人的做法,让乡邻们心生敬佩。

　　从这个故事中,能读出一个放之四海而皆准的做人的道理:谦恭礼让、宽容豁达。想想我们在日常工作中,同样会遇到类似的问题。比如部门之间、领导与下属之间、同事之间出现矛盾的时候,如果双方能从自身找原因,各礼让三分,不摆架子,不得理不饶人,肯主动说声"对不起",给对方一个台阶下,问题往往迎刃而解。如果大家都能怀有这种礼让谦恭之心,就会多一些团结,少一些争执;多一些和谐,少一些摩擦。事情没有绝对的对与错,其实谁先放下身段,谁的形象反而更高大。

听了"六尺巷"背后的故事,我才明白,为什么这么晚了,丁年庆老师还坚持要大家来看一看这个"六尺巷",原来是想让我们领悟些什么。

重新审视眼前的小巷,我们觉得它原来是那么不普通,虽然不过百米长,但它留给人们的思索却很长很长。

▲参加金田行政、人力资源工作会议的人员在黄鹤楼

浙江省高新科技企业
GETTEL
中国驰名商标
中国·金田集团主办
报头题字：毛泽东手迹
浙金准字：C057号

2014年1月5日
农历癸巳年十二月初五
星期日
第 1 期(总第102期)
本期4版

浙江省优秀企业报

金田故事 102

党中央给民企加油

　　温州市两新组织党建协会于 2013 年 12 月 22 日在鹿城区马鞍池小学多功能厅举办"学习党的十八届三中全会《决定》培训班"，全市两新组织党务工作者参加学习培训活动。

　　温州市两新组织党务工作者协会会长、正泰集团党委书记林可夫在培训班上详细剖析了全会《决定》16 章 60 条的精神实质，引导大家学习、领会、执行《决定》，做好当前工作。

　　党的十八届三中全会，是民营企业的福音。全会决定中指出："支持非公有制经济健康发展。非公有制经济在支撑增长、促进创新、扩大就业、增加税收等方面具有重要作用。坚持权利平等、机会平等、规则平等，废除对非公有制经济各种形式的不合理规定，消除各种隐性壁垒，制定非公有制企业进入特许经营领域具体办法。

　　鼓励非公有制企业参与国有企业改革，鼓励发展非公有资本控股的混合所有制企业，鼓励有条件的私营企业建立现代企业制度。"

　　林可夫会长传达了李克强总理对经济体制改革的生动比喻：地方政府抓经济，不是当"司机"，不是直接开车上路，而是要管好"路灯"和"红绿灯"，当好"警察"。"路灯"就是为所有的企业照亮道路，对所有的企业一视同仁，不厚此薄彼。这预示着市场和企业今后将成为经济体制改革的主体，经济运行的主人。

▲方崇钿(左)、方文彬(右)与中石油西南公司总经理杨继胜(中)交流企业发展情况

金田故事103

市县领导寄厚望

温州市副市长王祖焕，苍南县副县长陈国苗，龙港镇镇长王忠秀于2014年2月8日来到金田，看望温州在外投资企业负责人。

方文彬总裁接待王祖焕一行，汇报了金田集团发展近况。王祖焕表示，希望金田早日建成百亿元企业。

同一天，中共苍南县委、县政府召开"建设浙江美丽南大门"动员大会，县委副书记、县长黄荣定做工作报告，县委书记黄寿龙做总结讲话。

大会表彰金田集团为2013年度"模范工业企业"，方文彬总裁登台领奖。

▲金田集团2013年度总结表彰大会现场

浙江省高新科技企业 中国驰名商标 GETTEL

中国·金田集团主办

报头题字：毛泽东手迹

新金准字：C057号

金田报 GETTEL NEWS 浙江省优秀企业报

2014年3月10日
农历甲午年二月初十
星期一
第3期(总第104期)
本期4版

金田故事104

"彩云阳光"映金田

2014年3月3日至7日，集团董事局主席方崇钿偕夫人黄杨芬，集团总裁方文彬偕夫人应雪一行，前往素有"彩云阳光"之称的重庆云阳、涪陵等地拜访区县领导，洽谈新上塑业生产线投资项目。集团副总经理尤信用、范智勇随行访问。

方崇钿一行拜访了原云阳县委书记、现涪陵区区长李洪义，对李洪义多年来一直关注金田集团在云阳经济开发区的发展表示感谢，邀请他到温州龙港考察指导工作。

4日下午，方崇钿一行视察云阳金田塑业公司(下简称"云阳公司")。他们首先听取了云阳公司总经理陈先懂的工作汇报，视察了云阳公司的1566、1605两条塑业生产线车间和厂区。

方崇钿先生高度赞扬云阳公司通过包装材料自需自产的内部运作模式为公司节约成本。他对厂区内简洁、美观，车间卫生工作做得好，室内布置整齐等方面表示满意。

他说道："云阳公司生产管理各方面都做得很不错。2013年，云阳公司整体工作业绩是集团各公司中做得最好的，云阳公司许多好的做法和经验，要向其他公司推广，其他公司也可以组织到云阳公司来学习。"

在塑业生产车间里，他看到整个车间的用电管理非常合理，该开的电灯开着，不该开的灯一盏也没有多开。他说："企业管理就是要这样，成本决定利润。办企业不懂得计算成本，或者不会控制、不想控制、无法控制成本，都是很可怕的事情。控制成本，不是一两个人的事，不是一两个部门的事，与所有的采购、生产、销售、物流部门都有关系，必须全员参与。"

方崇钿一行还专程拜访了云阳县委

书记张学锋、县长覃昌德等县委、县政府领导，对他们多年来支持、关心金田在云阳的事业发展表示感谢，并就开展新一轮项目投资合作进行了友好磋商。

▲金田员工欢度元宵节

GETTEL NEWS 浙江省优秀企业报
2014年4月10日 农历甲午年三月十一 星期四 第 4 期(总第105期)

金田故事 105

论"四大基石"

● 方文彬

如何让金田成为名副其实的百年老店?如何依靠我们一步一个脚印,一天一个台阶,实实在在地铺就通向未来金田的坦途?我想有以下四点是需要金田团队特别是高管人员共同思考并付诸实践的。我暂将其称之为铸造金田未来的"四大基石":

一、没有实力就没有未来,我们一定要时时注重实力积累。

这是铸造金田未来的第一块"基石"。据有关方面统计,中国民营企业的平均寿命不超过3岁,金田集团在20多年市场经济风浪中历经多轮世界经济危机、国家经济调控,不断转型升级,越过急流险滩,使自己的实力不断发展壮大。但是,这些都不值得我们沾沾自喜。我们每一个人都要时时保持风险意识和危机感。

二、没有主业就没有未来,我们一定要不断做强做精塑业。

我们现在的主业是塑业。我们现在有世界一流的塑业生产线13条,规模已经跻身世界同行前列。如果通过各公司各级主管的努力,我们能创造14条、16条生产线的效益,那将会真正给金田百年老店打下坚实基础;如果我们13条线只能创造10条、8条线的效益,那么我们将很快被淘汰出局。

三、没有品牌就没有未来,我们必须时时精心打造品牌。

金田塑业的品牌在国内市场和部分国外市场上已经得到普遍认可,在我与全国许多代理商的直接接触中,他们都愿意以高出同类产品约200元/吨的价格经销我们的产品。这不是简单的奉承,他们拿过去的货要有下家接受并且有利可图,这才是"硬道理"。但是,我们绝不能因此而自满,我们要清醒认识到一切成就只代表昨天,不代表今天,更不代表未来。

每个公司、每个部门、每个员工都必须清醒地认识到品牌连着自己的"饭碗",品牌连着团队的荣辱,品牌连着公司的兴衰。金田的命运就在我们每一个人的手上,这绝非戏言。

四、没有客户就没有未来,我们必须时时事事感动客户。

任何企业都有自己的上、下游客户,有的人喜欢以自己为中心,认为供货商亏一点不要紧,销售商亏一点也不要紧,唯独自己不能吃亏。须知这只能是"一锤子买卖",天地之间有杆秤,商场上打交道别人吃亏只有一次。所以,我一直强调,为了我们的未来,我们必须时时刻刻为我们的上、下游客户着想,为他们服务,让他们感动。我们的"窗口部门""窗口员工",也包括在任何一个岗位的员工朋友们,一定要通过诚实的人品和可靠的产品,让供应商感到可亲,让销售商感到可信。

奋斗吧,金田团队的所有朋友们!

▲金田·中环大厦工程结顶现场

金田报

GETTEL NEWS 浙江省优秀企业报

苍南县长黄荣定视察金田

2014年5月10日 农历甲午年四月十二 星期六 第 5 期(总第106期)

金田故事 106

世界窗口展风采

　　上海浦东,春光普照,人气鼎盛,满城尽带创新风。

　　2014 年 4 月 23 日，浦东龙阳路 2346 号,上海新国际博览中心广场上的五星红旗及中国国际塑料橡胶工业展览会(下简称:国际橡塑展)徽旗迎风招展。来自世界各地知名的塑料、橡胶生产商及机械设备生产商汇聚在这里,展示产品、交流技艺,这是世界塑料、橡胶行业为期四天的盛会。

　　这次国际塑胶展的参展规模之大,参展厂家、产品、人数之多,展览面积之宏伟,可称为亚洲第一、全球第二。参加展会的国家和地区有奥地利、加拿大、法国、韩国、瑞士、英国、美国、德国、意大利、土耳其和中国香港、台湾等。

　　金田集团的展位位于 C4 区入口处第二个,展示了金田集团各塑业公司生产的多种 BOPP 产品。与金田为邻的是香港生力集团、日本春日电机株式会社、台湾塑胶公司等大牌企业。威海旭日过滤器有限公司给金田展位赠送了"祝中国·金田集团参展成功"的花篮。

　　在金田展厅里,"金田集团让未来更美好"的宣传画向参观者们展示了金田人乐于奉献、勇于承担社会责任的精神,通过自己的品牌产品为人们创造美好明天的真诚愿望。大屏幕上循环播放的金田集团电视专题片,以独特的影像视觉效果,全方位地向参观者们介绍金田集团的创业历程、创业理念、创业成果。来自国内外的一批又一批客商们在这里驻足凝视,流连忘返。

　　这次展会,金田现场签订货单125吨。

　　在世界窗口,人们看到了金田的风采。

▲2014年4月,金田国际贸易部经理杨晓红(左二)参加在上海举办的国际橡塑展会

浙江省高新科技企业
GETTEL
中国·金田集团 主办
报头题字：毛泽东手迹
浙金准字：C057号

2014年6月10日
农历甲午年五月十三
星期二
第 6 期(总第107期)
本期4版

浙江省优秀企业报
GETTEL NEWS

金田故事 107

于细微处见真情

金田集团总裁方文彬历来提倡公司内部"互为客户"的"服务"观念,在党的群众路线教育实践活动中,他们自上而下,动员各公司各级主管于2014年3、4月份开展"为民服务月"活动,要求每个主管都要做几件感动员工的事。"为民服务月"增进了主管们与员工之间的关系,加强了员工团队的和谐建设,使员工们爱岗敬业的积极性更为高涨。

一件件看似微不足道的小事,加起来就成为一颗颗富有金田人文特色的种子,它在金田的沃土上,在金田员工的心灵中生根发芽,茁壮成长。

让包装车间夏天不再热

重庆素有"火炉"之称,重庆云阳的夏天也是火热的。云阳金田公司1605生产线包装车间的屋顶安装了天窗,一到中午,阳光就会直接照在包装台上,使本来就热的车间变得更热了。包装车间的

工人们每天满头大汗,工作服都湿透了。前两年在屋顶加了遮阳布,在车间墙面安装了冷风机,但降温效果不是很明显。

在"为民服务月"中,车间主任唐海军通过对包装环境的观察,想到了既不影响工人包气泡膜又能让每个人吹到风的办法。那就是在包装台的上方安装一台吊扇,让风垂直吹下来。从采购到安装,不到一个星期就完成了。工人非常高兴,表示这个主意好,不会影响操作又能让每个人都吹到风,今年夏天肯定凉爽了。

"爱心药箱"保安康

集团公司行政部发现员工在平时工作、锻炼、日常生活中,可能会遇到擦伤、中暑、感冒、扭伤等问题,也经常有人在QQ群里借感冒药、创可贴等。为了能给同事们提供更及时有效的帮助,行政

中心开展"爱心药箱"活动,配置爱心药箱供大家免费使用。

药箱里面备有一些基础药品:午时茶、创可贴、风油精、追风膏等。专人定期进行检查,药品不够时及时补给。

她医好了黄琴的"心病"

3月的一天,宿迁金田塑业公司销售部经理马晓燕发现本部门的小姑娘黄琴有点不对劲。黄琴整天不高兴,工作中也会出一些小差错。马晓燕与她聊天后发现,黄琴夫妻分居两地,老公又刚刚辞职没有工作,所以她心情很不好。马晓燕想到公司经常要招人,如果让黄琴的老公也到金田来上班,问题不就解决了么?她马上到人力资源部了解,得知五金仓库正缺人,就介绍小黄的老公到五金仓库上班了。黄琴知道后,很高兴,一个劲儿地表示感谢。

▲金田集团工程部员工合力起吊电机设备

金田故事 108

方文彬的"世界梦"

《企业家日报》2014年6月1日第3版刊登人物通讯《方文彬的"世界梦"》,并配发了方文彬的照片。

文章介绍了金田集团总裁方文彬高举"兴企、富民、报国"的理想旗帜,精心培育企业管理精英团队,10多年来把金田集团的BOPP产业打造成亚洲龙头产业,并致力向世界前列冲刺的奋斗志向。

▲方文彬(右一)参加"统战大讲坛·温州名嘴话苍南"活动

浙江省高新科技企业
GETTEL

中国·金田集团主办
报头题字:毛泽东手迹
浙金准字:C057号

金田报
GETTEL NEWS
浙江省优秀企业报

2014年8月10日
农历甲午年七月十五
星期日
第 8 期(总第109期)
本期4版

金田故事 109

帮外地学子进校园

2014年7月24日,在金田集团工作近10年的河南籍员工高平杰、郭耀山、孟少江给集团公司送来一封"感谢信",感谢金田集团帮助他们解决了孩子的上学问题。

高平杰等三名员工都是河南人,都在金田温州塑业公司工作。他们的孩子都已经七岁了,到了上小学的年龄。他们听说外来务工人员的孩子可以就地读书,非常高兴。暑假期间,他们到公司附近湖前镇上的龙港第九小学为孩子报名。然而,由于龙港第九小学附近外来务工者的孩子有几百名,这所小学无法满足这么多人入学的要求。他们跑了五趟都没能给孩子报上名。

7月15日,金田集团副总经理、党委委员范智勇同志得知这一情况后,首先帮助他们再一次核实了必备的资料,然后再动用自己在龙港的人脉,为这三名员工的孩子找到了合适的小学。

▲欢乐金田

浙江省高新科技企业
GETTEL
中国·金田集团主办
报头题字：毛泽东手迹
浙金准字：C057号

2014年9月10日
农历甲午年八月十七
星期三
第 9 期(总第110期)
本期4版

微信公众号：
gettel

金 田 报
GETTEL NEWS 浙江省优秀企业报

金田故事 110

金田有了羽毛球队

以强身健体为目标的金田集团业余羽毛球队，于 2014 年 8 月 15 日在金田集团职工活动中心正式成立。

历来喜欢健身运动的集团总裁方文彬亲自兼任队长，他希望全体员工都能在工作之余积极参与体育运动。

羽毛球队全体队员在职工活动中心列队，方文彬队长、陈泓剑副队长分别致辞。羽毛球队建立了自己的业余活动制度，规定每天下班以后可以到活动中心自行结对打球、练球，公司不定期组织小型比赛，每年职工运动会举行专项比赛。集团也会组织与邻近企业的友谊联赛，参加上级政府、群团组织的体育运动竞赛。

金田集团为第一批羽毛球队的运动员们定做了男女运动服，今后还将邀请业余教练到场培训指导，提升大家的球技，增强大家对打球健身活动的兴趣。

▲金田集团羽毛球队成立，队员们合影

金田故事 111

走向"上游"

2014 年 9 月 23 日，集团总裁方文彬率队访问南京东华能源股份有限公司(下简称"东华能源公司")。

东华能源公司董事长王铭祥、总经理魏光明，东华公司聚丙烯销售部易思善、张新亚等接待方文彬一行。

东华能源公司成立于 1996 年，由东华石油(长江)有限公司(中国香港)和优尼科长江有限公司 (百慕大)联合投资，2007 年经商务部批准，整体变更设立为外商投资股份有限公司。

东华能源公司总经理魏光明详细介绍了东华能源的历史、产业、文化、未来的发展路线，以及下属公司地理位置布局，并高度认可金田集团各企业的生产管理、财务管理、购销管理和团队建设文化。

经过初步会谈，双方商定今后除原材料合作以外，还可在资本市场、物流、金融产品等方面开展多边合作，相互把对方公司作为永久战略合作伙伴。

图为东华能源公司一隅。

本报讯 9 月 23 日，集团总裁方 2007 年经商务部批准，整体变更设立为外商投资股份有限公司，2008 年 1 月，经中国证券监督管 浙江宁波港有 100 万吨丙烷氢项目，他们的聚丙烯产品价大幅度低于中石油方面。东华

▲《金田报》2014 年第 10 期

2014年11月10日
农历甲午年闰九月十八
星期一
第 11 期（总第112期）
本期4版

浙江省高新科技企业
GETTEL
中国·金田集团 主办
报头题字：毛泽东手迹
浙金准字：C057号

GETTEL NEWS 浙江省优秀企业报

微信公众号：
gettel

金田故事 112

走进南非

2014 年 10 月 21 日，三年一次的 Propak Cape 展会在南非开普敦开幕。

金田集团国际贸易部人员于 10 月 18 日早晨赶赴温州机场，中午到达香港。当天午夜从香港起飞，次日上午在约翰内斯堡中转，中午到达此次展会的目的地——南非立法首都开普敦。

南非的国情与众不同。大多数国家只有一个首都，而南非却设有三个首都，分别是行政首都比勒陀利亚、立法首都开普敦和司法首都布隆方丹。这次 Propak Cape 展会所在地开普敦以其美丽的自然景观及码头闻名于世，知名的地标有被誉为"上帝之餐桌"的桌山、印度洋和大西洋的交汇点——好望角等。开普敦建立于 1652 年，位于好望角北端的狭长地带，濒大西洋特布尔湾。原为不列颠东印度公司供应站驻地，是西欧殖民者最早在非洲南部建立的据点，故有"南非诸城之母"之称，曾长期作为荷兰、英国殖民者向非洲内陆扩张的基地。

金田参展团队在展会期间，轮流到邻近公司拜访，彼此交流供求信息。

这次南非之行，代表团收获颇多：

第一，实地了解了南非的市场需求。南非的食品包装市场广阔，对哪几种薄膜的需求量大，哪几种薄膜用量比较多，我们基本上做到了心中有数。

第二，金田集团是亚洲最大的 BOPP 薄膜生产厂家，产品远销美国、日本等经济发达、对产品技术要求特别高的国家。这次展会中，海外客户对金田的企业规模与产品质量表示非常满意。

▲金田国际贸易部员工在展厅接待客商

2014年12月10日
农历甲午年十月十九
星期三
第 12 期(总第113期)
本期4版

微信公众号:
gettel

金田故事 113

采购工作"四要点"

　　金田集团于 11 月 26 日至 30 日在安徽桐城金田公司召开各公司总经理参加的塑业生产采购、销售工作会议。

　　与会人员分析了当前国内同行业的发展情况,对未来 BOPP 产销形势进行了充分评估,提出了总体战略,也明确了近期应该努力做好的具体工作。

　　方文彬总裁做总结讲话。他对如何打造塑业生产、采购、销售新常态,做好采购工作提出四点要求:

　　"一、采购人员要充分认识到肩负的重大责任。

　　在生产过程中,要想通过节能降本来增加效益是很难很难的,经过这么多年的努力,空间实在太小。要想通过销售环节向客户争效益,也非常难,因为同行业之间的竞争把客户的利润空间也压缩得很小。在这种情况下,争取效益只有从采购环节抓起。这是第一道关口。

　　从原料到配件,到采购的每一件物品,都要反复掂量。

　　二、采购人员要虚心学习采购业务知识,熟悉采购工作要领。

　　做好采购工作,虚心学习是第一重要的。一名称职的采购人员,必须学习要采购的每一样东西的基本知识,详细了解它的生产厂家、品质特性、规格品种、主要优势和可能存在的问题,了解它的使用、维护常识。在这个基础上,货比三家,才能保证采购工作得到理想的结果。如果自以为是,马马虎虎,不学习,不研究,只求买到,不求买好,就会吃亏上当,公司的利益就会受到损失,长此以往,也会影响自己的前程。

　　三、采购人员要注意加强横向交流,向兄弟公司学习采购经验,取长补短。

　　采购人员也需要加强横向交流。我们的生产线都差不多,我们所要用到的各种原料、配件和其他物品也差不多。然而，我们各公司有各公司的地理、资源优势，各地有各地的特色，所以，同一种东西，可能在各地的品种、质量、价格和实用性都不一样。遇到这种情况，各公司采购人员就需要多交流，互相通气，互相学习，取长补短，可以达到事半功倍的效果。特别是有些备件的库存情况，通过交流可以互通有无，互相调剂，减少公司资金的占用。

四、采购人员要严以律己，克己奉公，时刻维护公司利益。

每个公司的采购部、采购人员都掌握着每年几十万、几百万、几千万的采购权力。所以我们每一名采购人员都必须时刻提醒自己，一定要出以公心，一定要慎之又慎，一定要三思而行。采购人员工作时不能有任何私心杂念，不能考虑任何私情私利，一定不能为一己'芝麻'丢掉公司的'西瓜'。

'豆腐大一片，多跑三个店'，你们为公司付出的辛勤劳动会永载公司史册。"

▲方文彬为员工们讲课

金田报 GETTEL NEWS 浙江省优秀企业报

2015年1月10日 农历甲午年十一月二十 星期六 第 1 期(总第114期)

中国 金田集团 主办 报头题字：毛泽东手迹 浙余准字：C057号 本第4版

金田BOPP产能位列世界第二

据 12 月 13 日至 15 日中国广东 BOPP 交流会报告：大中华区 BOPP 包装薄膜企业在世界包装薄膜行业举足轻重。世界前十大 BOPP 企业中，大中华区 BOPP 包装薄膜企业占了五席。其中中国软包装(香港)集团排名第一，金田集团排名第二。2014 年实际产量是金田集团排名第一。

金田故事 114

世界第二

据 2014 年 12 月 "中国塑膜网" 报道，大中华区 BOPP 包装薄膜企业在世界包装薄膜行业举足轻重，世界前十大 BOPP 企业中，大中华区 BOPP 包装薄膜企业占了五席。其中中国软包装集团(香港)排名第一，金田集团排名第二。

▲方文彬(左一)周末在办公室与员工们聊工作、聊理想

浙江省高新科技企业
GETTEL
中国·金田集团主办
报头题字:毛泽东手迹
浙企准字:C057号

金田报
GETTEL NEWS 浙江省优秀企业报

2015年2月1日
农历甲午年十二月十三
星期日
第 2 期(总第115期)
本期4版

微信公众号
gettel

金田故事 115

百万奖金谢功臣

金田集团各公司 2014 年创造利润超亿元,缴纳税收超亿元,缴纳电费超亿元,发放员工工资、奖金超亿元!

2015 年 1 月 25 日下午,龙港诚大饭店三楼诚大厅张灯结彩,乐声悠扬。红地毯从大门入口处一直延伸到会场主席台,台上三块巨大的电子显示屏滚动播放着金田集团创业 25 年来的历史性画面和集团所属各公司的精彩瞬间。全场洋溢着节日般的和谐、喜庆气氛。

下午 3 时,金田集团 2014 年度总结表彰大会正式开始。

集团董事局主席方崇钿致辞,集团总裁方文彬做工作报告。

集团公司拨款 100 万元奖励各公司评选出的杰出贡献者、管理者之星、优秀管理者、优秀销售经理、优秀共产党员、优秀共青团员、十佳员工、优秀员工等

378 名先进个人;颁发了新产品项目创新奖;评选了活力和谐团队、最佳文明保洁科室、最佳安全生产车间等 24 个先进单位。

集团总裁方文彬在工作报告中回顾了过去一年取得的成就,由于全体员工共同的努力,塑业五大公司 12 条生产线都各展所长,实现总产超去年 6.42 万吨,增长率为 25.48%,平均开机率为 92.68%;金田品牌逐步走向世界;设备维护水平创新纪录;房地产业在国家宏观调控中保效益、稳市场。

下午 5 时,文艺晚会开始。气势磅礴的开场舞《鼓舞未来》拉开了晚会的序幕,民族舞《欢天喜地》、歌舞《霸王传》、诗朗诵《金田 25 年赞》、小品《还珠格格金田版》等各公司自编自演的文艺节目丰富多彩,给参加晚会的全体员工带来了欢乐。

▲金田集团2014年度总结表彰大会现场

金田故事 116

巴厘岛上度新春

　　巴厘岛是印度尼西亚众多岛屿中最耀眼的一个岛，隔着巴厘海峡与印度尼西亚东爪哇岛相望。这是金田国际贸易部员工们久已向往的地方。羊年春节过后，公司为了奖励贸易部员工 2014 年为金田外贸事业做出的贡献，安排他们前往巴厘岛七日游。

　　这个美丽的岛屿，风景如画，民风淳朴。金田的女员工们漫步于美丽的沙滩，感到无比放松和惬意。

▲金田员工们在巴厘岛旅游

金田报
GETTEL NEWS　浙江省优秀企业报　微信公众号：gettel
2015年4月10日 农历乙未年二月二十二 星期五 第 4 期（总第117期）
中国·金田集团主办 报头题字：毛泽东手迹 浙金准字：C057号 本期4版

方崇钿会见盘山县委书记师勇一行

金田故事 117

张介钢的三个"不一定"

　　2015 阳春四月，集团设备技术中心副经理、宿迁金田塑业公司工程部经理张介钢到温州塑业公司指导工作，给温州塑业公司工程部人员带来了许多新知识、新技术、新操作方法。

　　第一，模头拆卸清洁不一定等冷却后再安装。清洁后马上热装，缩短停机时间三分之二。以往温州公司拆卸、清洁、保养模头等部件时，都是先拆卸清洁，等模头冷却后再行装配，然后升温调节模唇间隙，一共要花两天时间。而这次张介钢提出，停机后立即拆卸，清洁完设备后，不必等降温冷却，热态安装模头，从停机拆卸清洁到重新安装好开机只用了 10 个小时。

　　第二，"头痛"不能只医"头"，要查清、查准"病根"，才能"对症下药"。过去，温州塑业公司遇到 1508 线主机真空泵温度偏高的问题，迟迟解决不了，大家都

是就事论事把脑筋动在真空泵的清洁及润滑上。这次张介钢在中控室查阅电脑上的运行数据后，断定是真空泵体或真空管道漏气造成的真空泵高温。这一诊断使大家恍然大悟。其实也有操作工知道罐底有点漏气，就用布条塞在那里，却不知道那边漏气会造成这边高温。

　　还有 1345 线 TDO 齿轮箱噪音太大的问题，张介钢认为这种噪音的根源不像是在齿轮箱，而是建议先排查齿轮箱上面链条的大转盘段。

　　第三，同样的部件不一定用在固定的位置上，在不同的位置可以各尽所长。在 1508 线 MDO 拉伸段的 6 条拉伸辊上，用了 6 条万向节，其中有一个万向节轴承有毛病，由于五金仓库没有新配件，就让它一直在那里"带病运行"，等有了新配件后再更换。张介钢知道后告诉大家："这 6 个万向节按拉伸的先后顺序，

转速都是不一样的，从每分钟380转到480转。你们把有毛病的那个仍然放在480转的位置上就错了，可以把它换装到380转的位置上，问题就小一点了，可以适当延长缺陷配件的使用寿命。"这对温州塑业工程部的同事们又是一个很好的启发。

▲张介钢(左)与工程部经理黄强在车间研讨设备维护技术

金田报
GETTEL NEWS 浙江省优秀企业报
微信公众号：gettel
集团公司召开五省分公司视频会议
加强产品质量管理全力打造金田品牌
2015年5月10日 农历乙未年三月二十二 星期日 第5期(总第118期)
中国·金田集团主办 报头题字：毛泽东手迹 浙金准字：C057号 本期4版

金田故事 118

曹工大胆，方总赞扬

2015年4月12日17点左右，桐城公司1516线拉伸收卷接触辊变频器出现故障，造成收卷不好，影响产品品质的问题。

公司工程部人员赶到现场打开收卷接触辊配电柜后，发现变频器MC系列7023的显示面板黑屏，通信板指示灯没电。通过万用表检测，工程部人员发现变频器电路板外部供电正常，判定变频器已损坏，如果继续生产，将会造成破膜或者影响产品品质，于是果断要求停机，更换变频器。

紧急情况下，尤圣隆总经理与宿迁金田公司沟通后，宿迁公司派车队队长王德福连夜送过来与MC系列型号相近的7022变频器，工程部副经理曹茂华安装后发现参数位置故障F149(编码器位置数据无法读取，替代失败)，也不能使用。在与布鲁克纳公司电话咨询后，公司得知国内也无相同备件，从国外订货，起码得12周时间。生产等不起，怎么办？

关键时刻，曹茂华仔细检查电路板，寻找补救办法。他大胆地尝试将显示部分电路物理断路，让供电部分直接和通信板相通，结果导入成功。除显示屏不能显示外，其他功能正常，不影响生产，经开机调试，生产恢复正常。

曹茂华的成功尝试，得到了方总的赞扬。

▲温州公司工程部员工在排除挤出机模头故障

185

金田报
GETTEL NEWS
浙江省优秀企业报
微信公众号：gettel
2015年6月10日 农历乙未年四月二十四 星期三 第 6 期(总第119期)
中国·金田集团主办 报头题字：毛泽东手迹 浙金准字：C057号 本期4版

方崇钿视察塑业生产车间

金田故事 119

"一带一路"新一站

金田总裁方文彬于 2015 年 6 月 1 日至 6 日，访问乌兹别克斯坦。

乌兹别克斯坦首都塔什干是中亚地区第一大城市，是乌兹别克斯坦的政治、经济、文化、交通中心。塔什干是丝绸之路上重要的商业枢纽之一，张骞、法显、玄奘都曾在此留下过足迹，有文献记载的历史达 1500 多年。

6 月 2 日，方文彬一行到达塔什干以后，首先拜访了金田塑业的三位客户，他们都在当地使用并经销金田生产的 BOPP 薄膜。

6 月 3 日，方文彬一行参观了乌兹别克斯坦的国家工业园区，其中"鹏盛工业园"是由两个温商投资建设的，得到了当地政府的大力支持，是当地最大的中国企业。目前投产的有瓷砖、手机、宠物食品、水龙头阀门等。工业园内，有的企业是独资经营，有的是与鹏盛公司合资经营，这样可减少风险，利用鹏盛在当地已有的影响，开展生产经营活动。当地政府官员向方文彬一行介绍了他们的招商政策及税收等方面的优惠政策。

6 月 4 日，方文彬一行参观了德国布鲁克纳公司推荐的布里兹巴公司。他们的业务主要是印刷制袋，他们愿意在包括 PE 膜、镀铝膜等多方面与金田建立合作关系。

4 日晚上，中国驻乌兹别克斯坦大使孙立杰先生在大使馆设宴招待方文彬一行。因为乌兹别克斯坦工业基础薄弱，制造业比较滞后，所以非常欢迎外资、外商参与他们的经济建设。作为中国政府派驻乌兹别克斯坦的使者，孙立杰表示愿意为中国企业家提供一切必要的服务，为中乌友好合作贡献一分力量。

▲方文彬(左二)与乌方企业家交流

浙江省高新科技企业
GETTEL
中国·金田集团 主办
报头题字：毛泽东手迹
浙金准字：C057号

金田报
GETTEL NEWS
浙江省优秀企业报

2015年7月10日
农历乙未年五月二十五
星期五
第 7 期（总第120期）
本期4版

微信公众号：
gettel

金田故事 120

金田获评"全国轻工百强"

▲范智勇出席授牌仪式

中国轻工业联合会于 6 月 12 日发布〔2015〕1 号文件：金田集团被评为"2014 年度中国轻工业百强企业"。

这是一年一度的全国轻工业企业综合实力排名。海尔、格力、美的、海信、茅台、五粮液等企业都名列其中。

金田集团副总经理范智勇出席了在北京京西宾馆举行的"2014 年度中国轻工业百强企业"授牌仪式。

中国轻工业联合会会长、中华全国手工业合作总社主任做大会主旨报告。中国轻工业联合会副会长钱桂敬主持大会论坛与主题演讲。中国轻工业联合会副会长兼秘书长王世成主持颁奖盛典。

海尔集团总裁周云杰、阿里巴巴集团总裁金建杭、立白集团董事长陈凯旋、中国社会科学院学部委员金碚做主题演讲。

新华社、新浪网、《中华工商时报》等媒体记者进行了现场采访报道。

2015年8月10日
农历乙未年六月二十六
星期一
第 8 期(总第121期)
本期4版
中国·金田集团主办
报头题字:毛泽东手迹
浙金准字:C057号
微信公众号
gettel
浙江省优秀企业报
GETTEL NEWS

金田故事 121

上官的"金点子"

金田集团党委倡导的"金点子"活动，搭建起共产党员为企业发展和企业管理出谋划策的平台，调动了全体党员参与企业管理实践的积极性。今年来，各公司共产党员提出"金点子"30多个。

多年来，集团党委坚持做到要求各公司共产党员每年至少提出一个"金点子"。2015年第一季度以来，集团党委号召大家联系今年集团公司发展大目标，联系集团公司方文彬总裁提出的"十大持续"，开动脑筋，结合自己岗位工作实际，进行创新思考，并以此作为评选"合格党员""优秀党员"的标准。集团总裁方文彬对共产党员们提出的"金点子"逐一审阅，有的则转交有关部门按照专业要求讨论论证。

共产党员、温州金田塑业公司财务部经理上官福调同志今年提出的"金点子"是"建立统一规范的集团报表数据采

集系统"。上官福调同志在财务管理实践中发现，随着公司管理的现代化，对数据的要求不单单是简单的加减，还需要做进一步的分析加工，才能为管理决策层提供非常直观的信息。目前ERP系统的功能集中在基层的业务单据，对于公司中高层管理者要看的生产报表等数据无法直接提供，只能由相关岗位的人员从ERP系统上筛选出数据，做在Excel电子文档上给各管理决策人员查看。这些报表一张张、一份份，日积月累，数量庞大，管理人员无法对各时期各公司报表的数据进行综合系统地查询和趋势分析比较。在现有条件下，如果要完成这些报表，只能依靠手工操作，特别是每月要做的集团合并报表，往往要花上许多时间。如果能设计出综合计算机软件系统来处理这些报表，只要设计好一个报表模板，基层人员日常的报表数据将按时自动

地汇总出格式统一的综合分析报表，由此可以减轻统计人员的工作量，提高工作效率。这个系统的功能也将为企业高层决策、中层管理者评价考核提供最直接的数据支持。高层需要的数据、报表均可以直接查到，并能提供大数据分析、图表分析、对比分析。系统又能对中层管理人员报送的数据进行自动验证审核，并对相关人员的工作效率、报表完成情况进行记录。

方文彬总裁在审阅这个"金点子"后批示："很好的点子，完全符合集团未来十年规划中提到的人员减少 10%，由机械、软件等优化工作流程，减少工作量的需求。希望财务部、人力资源部成立专项攻关小组，集团公司将大力支持。"

在方文彬总裁批示以后，公司人力资源中心与财务中心共同商定方案。由于这一改进涉及公司商业核心机密，不适宜全部交给别的软件公司来开发，其中很大一部分工作由上官福调同志来完成。

▲金田拉伸车间

浙江省优秀企业报

GETTEL NEWS

2015年9月10日 农历乙未年七月二十八 星期四 第 9 期（总第122期）

中国·金田集团 主办 报头题字：毛泽东手迹 浙金准字：C057号 本期4版

微信公众号：gettel

金田故事 122

树一流标准

宿迁金田塑业公司作为金田塑业的主产公司，拥有从德国引进的四条生产线。

集团总裁方文彬在莅临宿迁金田塑业公司检查指导工作时，向他们提出了"树一流标准，创一流管理"的要求，指出了他们在日常管理上尚有不足之处，明确了限期整改目标。

1568线拉伸车间主任马茂辉，十分关注细节，从小事抓起。以前他们用过的原料"大吨袋"，都是用完以后随意塞成一团，堆得到处都是，不仅看起来不美观，用起来也不方便。这次整改活动中，马茂辉首先想到从这里做起。他研究了叠袋子的方法后，便把折叠步骤用相机拍下来，做成范本，让员工按照此步骤进行操作。这一改进，让"大吨袋"整体堆放起来也非常整洁清爽，造粒车间赞不绝口。

1568线以前从来没有对外开放接待参观的任务，但是从2015年开始，公司所有的外贸订单都在1568线完成，而外贸客户前来公司参观的时候，都要求参观该生产线。于是公司投入了大量经费安装窗帘、风淋门等硬件设施。马茂辉又想到要画一条参观通道线，这样才能保证参观人员不"越轨"，不妨碍生产。想到就做，马茂辉马上组织员工动手画线，使整个车间的形象又提升了一个档次。

工程部也是这次整改中的重点部门和优秀部门。过去说到工程部，给人的印象就是油腻腻的污垢和满身的汗水。他们用到的各种各样的配件、工具，不是沾满油污就是随意摆放，然而在这次整改中，他们却一反常态，将原先油腻腻的地面清洗后，自己动手重新油漆，维修间、配件仓库、工具间所有的物件都划定框架整齐摆放。有的人惊讶地说："这是工程部机修间?"五金仓库等部门主动提出参照工程部的机修间来整改。

现在,宿迁金田公司从厂区到车间、仓库,整齐划一,洁净如洗,面貌一新。国内外客商前来现场考察观摩,洽谈业务,一致好评。

如此说来,要创一流管理其实也很简单,那就是:上下一心,执行标准,雷厉风行!

▲金田成品走廊

国庆长假不停产 亿元资金保原料

金田故事 123

学先进，谋创新

▲方文彬（左二）与黄荣定（右二）

2015年9月10日，苍南县人民政府组织全县企业家代表赴温州经济技术开发区和乐清市参观考察，学习温州、乐清大型企业强管理、促转型的先进经验。苍南县委副书记、县长黄荣定亲自带队。金田集团总裁方文彬等100多名企业家参加学习考察。

在温州经济技术开发区，一行人参观考察了温州长江电子公司、福达合金股份有限公司、温州人本汽车轴承有限公司。

在乐清市，他们参观考察了正泰集团有限公司、华仪电器集团有限公司、丰隆液压有限公司。

黄荣定县长在总结讲话中要求苍南的所有企业家们，要认识差距抓学习，要舍得投入，抓规范管理；坚定信心抓学习，立志赶超，学先进，赶先进；推进创新抓学习，抓设备创新、技术创新、产品创新、融资创新、制度创新；完善政策抓学习，"放水养鱼"；强化保障抓学习，从土地、金融、人才、环境等各方面保障创新发展。他还要求全县企业家们要增强忧患意识、珍惜意识、精品意识、团队意识、实干意识、形象意识。

金田故事 124

与中石油结缘

金秋十月丹桂飘香，文都桐城喜气洋洋。

10月13日，安徽桐城金瑞古井大酒店瑞祥会议厅内一派喜庆。中国石油科技部与金田集团联合创立的"中石油BOPP特种薄膜应用联合试验基地"正式成立大会及挂牌仪式在这里隆重举行。

参加这次活动的中石油新产品研发、生产单位的嘉宾有中石油科技管理部副总经理何盛宝、科技处副处长钱锦华等。

中共安庆市委常委、桐城市委书记胡红兵出席了会议并介绍桐城情况。

大会由中石油华东销售公司副总经理邢默飞主持。

金田集团总裁方文彬首先致辞。他热诚欢迎各位领导和嘉宾们光临大会，感谢中石油集团多年来对金田塑业的大力支持，表示今后将为双方合作提供便利，希望合作基地的建立将会让中石油和金田双方共同受益。

中石油华东化工销售公司总经理肖华在致辞中表示将以中石油与金田集团合作基地的建立为契机，服务市场，服务金田，努力开发新产品，满足特种薄膜生产需要。

在肖华总经理致辞后，现场举行了揭牌仪式。中共桐城市委书记胡红兵，中石油科技部副总经理何盛宝、华东销售公司总经理肖华，金田集团总裁方文彬为试验基地铜牌揭幕。

中石油科技部副总经理何盛宝做总结讲话，明确要求科技部各企业、各部门要加大研发力度，加大投资，开发生产金田集团各公司需要的BOPP特种薄膜原料，让"联合基地"有序运行。

▲挂牌仪式现场

"TPP"下的生存之道

10月20日,《中国企业报》发表《中国另建贸易体系对抗 TPP 几乎不可能》一文,我看到后感触颇深,于是撰文阐明我的想法,并发表于 2015 年 12 月第 12 期《金田报》。

对于 TPP(跨太平洋伙伴关系协定),美国总统奥巴马放出的狠话是:"当我们逾 95% 的潜在客户都住在美国以外,我们就不能任由中国这样的国家为全球经济订立规则。"毫不隐讳地表明美国看重的是战略利益,而不是单纯的经济利益。

从最简单的贸易原则上理解,TPP 就是对成员国和非成员国实行差别化的税率,把非成员国排除在外。如果美国对成员国实行零关税,而对中国产品实行相对较高的关税,中国产品就会失去以往的价格优势,所腾出的市场份额就会由其他成员国分享。那些与中国出口产品结构相同,但原来缺乏价格竞争力的成员国就会从中受益。当然,美国搞这样的"伙伴贸易"也不是容易的事,因为成员国中有好多国家对实行"零关税"也缺少实力支撑,他们在国内能否顺利通过 TPP,现在还难说。

但是,无论如何,我们不能不正视这样的现实。在中国出口持续下降的节骨眼上,美国等 12 个国家达成的 TPP 协议,是中国加速改革的催化剂,倒逼中国大幅度降低生产成本,加快在全球经济竞争中的战略布局。

中国怎么办?金田怎么办?这一国际大趋势,逼迫我们金田集团各公司的各个部门都要站在顺应国际市场的高度,为我们的未来考虑,继续主攻降低成本。在生产部门,从设备维护到生产过程中的水、电、煤、气耗,从原料采购到成品销售的每一个环节,都必须精打细算。

在行政管理部门,每个办公室、每个人都要时时算计怎样节省一度电、一滴水、一张纸、一分钱。有的人上洗手间喜欢一张又一张地抽用擦手纸,其实我们洗面台上的毛巾也很干净实用,我们自己人完全可以用毛巾擦手,把擦手纸留给客人们使用。打印文件时,也要精确计算一下,到底应该用几张纸?能用一张纸的,坚决不要用两张纸;能够双面打印的,不要单面打印;能用回收纸的,不要用新纸。

请大家切记,我们的行动,关系到我们的生存!

▲方文彬在各公司总经理会议上总结 2015,部署 2016

金田故事 126

读《金田报》有感

温州伯特利阀门集团企业报主编黄永赞先生对《金田报》尤为赞赏，认真阅读每一期《金田报》，还专门撰文点评：

不知从何时起，我的案头，每月都会有一份编辑部邮寄来的《金田报》，也不知是从何时起，我成了《金田报》的忠实读者。正是该报，让广大不是金田人的读者朋友，尽知金田事。可以说，《金田报》是外界了解金田的一个窗口，一个平台，一座桥梁。

每期《金田报》，我都会认真拜读，并仔细收藏。我觉得金田的企业文化做得非常好。我认为，《金田报》有几大特色。

一是内容丰富。对开四版的大报，一期有几十篇文稿，图文并茂，信息量大，报道颇多，涵盖面广，说明企业文化做得非常实。

二是版式新颖。每期都会设置一些新的栏目，有创意、有看点，创新性强，富有金田特色，喜闻乐见，贴近企业实际。排版也十分活泼，足可见编辑同志的水平和功力。

三是员工参与度高。除了本报记者撰稿外，许多文章出自通讯员之手，给普通员工一个展现自我的平台，这充分说明全员参与，企业文化氛围浓厚，也是把以人为本落到了实处。

四是企业主重视。每期都有企业老总的精彩点评。笔者看过许多企业报，但是老总亲自参与企业文化的痕迹并不多。这说明金田企业主对企业文化非常重视，并付诸实践。

企业文化是以文化人的工作，

企业文化是企业的灵魂，有文化的企业才是有品位的企业。有思考才有生命，有生命才能发展。《金田报》编辑部的所有成员不畏艰辛，担当企业文化发展的使者，塑造金田品牌形象，值得我们学习。愿《金田报》在编辑部成员的精心培育和金田全体员工的呵护下结出丰硕果实。

▲方文彬（前排中）在大庆炼化公司参观学习

高科视察盘锦金田公司

金田报
GETTEL NEWS 浙江省优秀企业报 微信公众号：gettel
2016年2月1日 农历乙未年十二月二十三 星期一 第 2 期(总第127期)
中国·金田集团主办 报头题字：毛泽东手迹 浙金准字：C057号 本期4版

金田故事 127

金田春来早

往年公司的新春茶话会都是过了年以后才开。立春以后，大家从年的气氛中走出来，走上工作岗位。为了正式提醒大家年过去了，要正经上班了，这时开个茶话会，作为恢复工作常态的提示。

可是 2016 年元旦上午，集团公司方文彬总裁宣布："过去那样的茶话会，开完了就过了一年的二月，进入三月，一年中的第一个季度就过去了。这时开会对指导全年工作来说不够紧迫。所以，我们今年要实行新年茶话会的创新。不等春节后，就在春节前。而且不是找几个主管'大呼隆'地开，而是要一个部门一个部门地开，全体员工参加，商讨新一年的工作创新大计，真正做到该做的从年初做起，该改的从年头改起。"

▲金田 2015 年度庆典晚会上，方崇钿(左一)与夫人黄杨芬(左二)为员工抽取特等奖

金田故事 128

人民网采访方文彬

（摘自中国共产党新闻网 2 月 17 日）金田集团总裁方文彬认为，金田集团的党建工作并不是虚设的，是实实在在参与整个企业的管理。集团党委每年开展两次"金点子"活动，80%以上的金点子都来自党员，有些金点子甚至能为企业赢得一千多万的效益。集团党委和党员们为公司的跨越式发展贡献了非常大的力量。

金田集团有限公司是一家主营塑业，兼营房地产、金融、石化原料流通服务的集团企业，创办于 1989 年。公司于 2000 年成立党支部，2009 年升格为党委，现有职工 2000 多名，党员 102 名。为了引导党员能在企业生产经营中发挥先锋模范作用，助推企业创新发展，党委于 2006 年起开展党员"金点子"活动。

据集团党委书记丁年庆介绍，"金点子"活动的做法主要为以下几条：

1. 经济激励与精神激励相结合。一是注重经济上激励，凡是正式申报"金点子"的，参照员工"合理化建议"给予 200 元"提议奖"；实施后取得显著效益的视效益大小给予不同金额的"效益奖"。二是注重政治上激励，凡是没有"金点子"的职工不能列入入党积极分子进行培养考察，没有"金点子"的入党积极分子不能吸收为预备党员，没有"金点子"的党员不能评为公司优秀共产党员和推荐到上级党组织评优评先。

2. "金点子"与职工升职相挂钩。有提出"金点子"申报的党员，党委向董事局优先推荐中层管理干部。

3. 党委全程参与"金点子"活动。党员职工填写党员"金点子"申报表进行申报，并讲明"金点子"主要内容、具体操作方法、预期效果等；然后是党委初审，由车间（部门）主管签署意见后党委初审把关;最终是审定实施,由鉴定小组进行可行性分析后由集团总裁审定,并在一定范围内实施验证。

自 2012 年实施党员"金点子"活动以来,党委征集到取得实施效益的各类"金点子"30 多条,公司的 BOPP 生产耗能由每顿用电 820 度降至 620 度,每天产量 7000 多顿,每年为企业节电 2500 多万元,充分发挥了党组织在企业节能降耗、转型升级上的实质作用。

▲人民网的报道

浙江省高新科技企业
GETTEL

金田报
GETTEL NEWS
浙江省优秀企业报

中国·金田集团主办
报头题字：毛泽东手迹
浙金准字：C057号

2016年4月10日
农历丙申年三月初四
星期日
第 4 期(总第129期)
本期4版

微信公众号：
gettel

金田故事 129

为孙书敏点赞

2016 年 3 月 2 日中午 11：02，桐城公司 1666 线拉伸车间班长孙书敏发现 TDO 入口链条润滑在正常生产过程中出现警告信息，警告内容为"TDO 入口润滑故障激活，单次循环消耗量过小"，并提示"30 分钟倒计时停机"。

孙书敏立即打电话通知工程部值班人员江辉，江辉接到电话后立即赶到现场检查，在查看报警信息后，马上给工程部经理曹茂华打电话报告了相关情况。意识到问题的严重性，为避免处理延迟，造成异常停机，曹茂华不到 5 分钟就赶到车间协助处理。江辉结合平时工程部培训用的相关故障处理标准化文档所描述的方法，在线手动强制打油，4 个回合后，整个 TDO 链条润滑系统恢复了正常工作状态。

方文彬总裁为孙书敏高度负责的精神点赞："孙书敏同志注重加强生产中的设备巡视，及时发现问题，及时报告工程

▲金田集团 BOPP 分切技术研讨会

部门到场处理。他在发现'30 分钟倒计时停机'警告后的及时处置，为工程部曹茂华等同志紧急维修赢得了宝贵时间，避免了一次停机事故。如果孙书敏同志上班时精力不集中，看手机、上网、打游戏，后果就不堪设想。所以，我们也借此给上班期间不太专注的人敲响警钟！"

曹茂华、江辉同志凭着自己的技术和细心，在有限的时间内解决了问题，也值得我们敬佩。

金田报
GETTEL NEWS
浙江省优秀企业报
微信公众号：gettel
2016年5月8日 农历丙申年四月初二 星期日 第 5 期(总第130期)
中国·金田集团主办 报头题字：毛泽东手迹 浙企准字：C057号 本期4版

方文彬会见伊朗客商
中国·金田集团
GETTEL GROUP CHINA

金田故事 130

提倡注重小事

▲金田员工擦拭生产设备

　　(本报记者) 金田集团 2016 年第二季度总经理会议于 4 月 17 日在温州塑业公司举行。

　　集团总裁方文彬对各位总经理第一季度的工作表示由衷感谢，也对各位总经理提出了几点要求，希望各位总经理在工作中以辩证思维去看待和处理问题。如放手让主管去做事情与亲力而为做小事之间并不矛盾。主管及员工的工作能力、水平不一，这就需要总经理观察入微及时"补缺"，只有这样才能将公司的各项管理标准推进到位。方总裁要求总经理在关注大事的同时也要密切关注公司里的小事。唯有通过持久地关注小事才能更快地提升公司管理文化。平凡的事持续做才会变得不平凡，只有建立持久机制，才能让所有的制度和标准持续执行下去。

　　会上，党委书记丁年庆与大家分享了《回顾"十二五"、展望"十三五"、共创新金田》的经济形势发展综合报告，探讨未来的发展方向和机遇。他指出，每个人的未来就是企业的未来，每个企业的未来就是国家的未来。他还概括了金田"十三五"期间的目标重点：降成本、补短板。

　　集团财务中心经理尤信用向大家说明了公司上市的前景和注意事项。

金田报
GETTEL NEWS 浙江省优秀企业报
微信公众号：gettel
2016年6月10日 农历丙申年五月初六 星期五 第 6 期(总第131期)
中国·金田集团主办 报头题字：毛泽东字迹 浙金准字：C057号 本期4版

金田故事 131

品管无界

5月15日，集团总裁方文彬与参加品管技术交流会的全体人员进行面对面交流。

在归纳大家交流情况的基础上，方文彬总裁首先指出："品牌无价，品管无界。"他说："对于一个企业来说，品牌、质量就是企业的生命，这不是一句口号，不是应付场面的虚词，而是一定要把客户当作自己的衣食父母，真心实意地对客户负责，才是对自己的饭碗和生存负责。关于品管工作的界限，过去我们可能认为品管就是把生产出来的产品定级、过磅、贴标签，其实远不止于此。品管人员要把自己的工作范围扩大，从原料进厂，到产品包装、装车出厂的每一个环节，都是品管人员应该关注的内容。所以，品管工作人员是无边界、无限制的，要做到为金田品牌全天候、无缝隙服务，让影响品质、品牌的思想

和行为无处藏身。"

方文彬总裁对今后的品管工作提出五点要求："一、要注意经常交流汇报情况，实现资源共享。品管人员遇到哪些问题，解决了哪些问题，都要及时向公司领导汇报，做到信息互通，以便更快地解决问题和为其他公司提供参照案例。

二、要严格加强品质管理的刚性意识，杜绝品管问题上的"灵活变通"、认人行事。这是做好品管工作的最起码原则。例如，包材质量问题，我们公司内部生产的不等于可以无条件使用，不行的就是不行，不得马虎。

三、要不断健全、完善各项品质管理规章制度，严格落实品管责任。品管人员发现了质量问题，不要只是向生产部门口头反馈，防止'耳边风''马后炮'。品管人员发现的一切应该纠正的问题，必

须填写质量反馈单，由相关人员逐级签字，直至向总经理报告。品管人员特别要使每一个悬而未决、影响品质的问题有据可查。

四、要全方位地为客户着想，不断地创新我们的服务内容。一般的产品都有使用说明书，我们过去还没有做到，现在请各公司都要为每一批产品定制说明书，这样才能让客户全面地掌握他们拿到的每一批产品的性能、使用注意事项，给他们提供应有的方便。

五、要坚持学习学习再学习，努力让自己成为不可替代的人。任何人如果容易让别人模仿或超越，那就是一个比较平常的人。要想做到不可替代，就需要不断学习，不断创新。"

方文彬总裁特别强调："我们赋予了品管人员至高权力，我们早就明确了品管部与生产部平级，直接向总经理负责。品管员有权提出与品质有关的换设备、换人要求；在处理产品品质问题时，品管员不要考虑成本，品管人员要在品管技术服务中正确、有效地行使好自己的权力。"

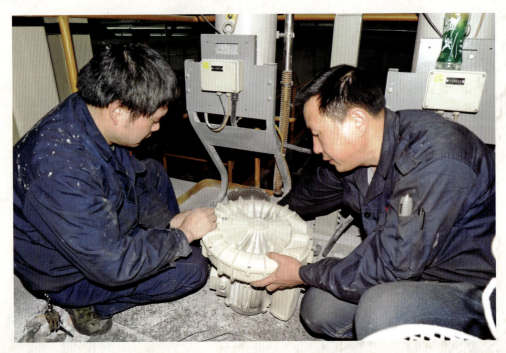

▲机械工郑友谊（右）与同事一起保养设备

GETTEL NEWS 浙江省优秀企业报 微信公众号：gettel

2016年7月10日 农历丙申年六月初七 星期日 第 7 期（总第132期）

中国·金田集团 主办 报头题字：毛泽东手迹 浙企准字：C057号 本期4版

金田故事 132

少做"消防员"

2016年7月，针对有些公司出现的设备故障，为了把之后的工作做得更好，更加适应各公司夺取优质、高产对设备技术服务的需要，方文彬总裁对金田员工提出了十个方面的要求：

"一、必须学会观察人、培养人，把发挥工作人员的主观能动作用放在第一位。要评估不同员工的品质、心态、能力，善于发现好员工，号召大家向他学习，树立正气；对中间的要促进他们向好的方面转变；对于差的员工，要帮助他尽快改进，提出改进的时间要求。限时改变不了的，就要采取换岗或其他措施。

二、必须尽快成立设备大修专业团队，提高大修工作效率。对专业团队也要进行专题培训。一般在大修前三天要进入现场，观察设备运行现状，然后制定详细的大修方案，由所在公司配合执行，提供相应的人力、物质保障。大修期间，设备中心所有人员要向布鲁克纳公司现场经理学习，动手参与。在大修结束，设备运行完全正常后，现场人员才能离开，要切实保证大修质量。

三、必须完善设备配件加工质量标准监管责任，严防花钱购买或维修的配件要用时不能用。这件事抓不好，就是对财产和时间的最大浪费。要尽快明确这方面的责任，无论购买或维修，第一承办人要签单明确质量标准要求。配件到货后，要有工程部承办人到场按当初确定的标准验收签字，五金仓库方可签收入库。任何一个环节的人失责，都要追究当事人责任。

四、必须对技改项目的持续运行效果进行跟踪考评，确保实事实做持久有效。这些年的所有技改项目，都要由设备中心和成本中心负责跟踪考核评估。第一，要考评这些项目的实际效益是否持久；第二，要考评这些项目有没有在应该推广的生产线推广。对经过考核评估后发现应该推广而没有推广到位的，要追究失责责任；对经过考核评估认为没有推广价值的，要做出相应处理。

五、必须放下身段，以普通劳动者姿态做好技术服务工作。设备中心人员放下身段很重要，既不要把自己当'客人'，当'局外人'，遇事吞吞吐吐，讲不出是非长短；又不能高高在上，指手画脚，到处批评指责，自己当'甩手钦差'。我们一定要抱着对公司负责的态度，实事求是地指出发现的问题，满腔热情地帮助解决问题。让下属感到我们可亲、可敬、可学、可以依靠。

六、必须善于发现设备运行隐患，并及时处理。这是设备技术服务中心的根本职责，因为分公司工程部的人员技术水平有限，我们必须时刻保持火眼金睛。当然我们也必须确认自己的判断正确无误。对各公司提出的设备现场问题，要在三天内拿出整改意见，尽快实施。

七、必须坚持中心工作的原则性，在日常工作中讲话要清楚明了，对下级提出的问题要迅速回复。这也是考验我们自己的思维能力和表达能力，不能过多地讲面子，要讲原则，奖罚分明。

八、必须定期测评设备技术中心的工作，接受公众监督。每年至少组织一次对设备技术服务中心人员服务态度和工作成果的测评，由各公司工程部人员和主管代表参加，根据测评情况决定技术中心人员的升降去留。

九、必须加强自身学习，不断提升业务技术水平。设备技术中心人员要增加自己的服务'本钱'，就必须不断地学习，谁不愿意学习，谁就有被淘汰的风险。要学习专业技术，学习公司文件，学习书本知识，向身边的人学习，向布鲁克纳专家及所有有机会见到的专家们学习。

十、必须坚持努力创新，突出技术、服务。要真正理解服务的含义。设备技术中心的工作，来不得半点虚假和水分。怎样做到让集团公司满意，让被服务的公司满意，让下面的同事、员工们满意，这是我们必须放在心上的问题。"

浙江省高新科技企业
GETTEL
中国·金田集团主办
报头题字：毛泽东手迹
浙金准字：C057号

2016年8月10日
农历丙申年七月初八
星期三
第 8 期(总第133期)
本期4版

微信公众号：
gettel

GETTEL NEWS 浙江省优秀企业报

金田故事 133

管事，管人，管心

安徽金田塑业公司成品仓库女员工是桐城公司的一道亮丽风景线。她们的主管程雪花同志是这道风景线上最大的亮点。

创新内部运行管理。桐城金田公司成品仓库员工是清一色的女同志，而且以年轻女性居多，如何让这些"80后""90后"的同事们协同做好仓库管理工作？程雪花在工作上率先模范，以身作则，严格执行公司的各项规章制度，带动全体人员。几年来，成品仓库人员非常稳定，安全生产无事故，业务水平不断提高。

规范执行操作流程。成品仓库实行每天晨会交流制度，每天上班前，程雪花要和每人交流，"昨天出货多少？""今天计划做哪些工作？""要防范哪些问题？"等等，让大家心里有数。其次是合理安排人员，与装车班做好对接、沟通。

正常情况下，早晨入库是两个人负责一条线，时间15分钟。这样做的好处是每个人预先熟悉入库量，查看分切单，知道哪几家客户的货已备好，及时统计重量，向销售部报告；成品库在发库存膜时，把客户的名称、膜的型号和件数、放在哪个仓库等信息交给装车班。这样，她们在接到销售部的出库单时，就能在十几分钟内将膜运出库，做到发货快、准。

严格明确岗位责任。每日出库单的分配实行轮流制，把每个人的姓名按序号排单，公平、公正。成品仓库员工多次发现外检员出错，膜卷长度一样，而重量却少几十千克。这是因为托盘上有8件膜，而外检员却只称了7件膜。她们及时发现问题，避免损失。碰到夜间下雨的时候，成品仓库管理人员中住在公司里的女员工，会主动赶到仓库里查看成品库的膜卷是否受到影响，在确认无碍后，才放心回去休息。

■ **方文彬点评**：程雪花同志善于带好自己的团队，激励大家一起做好成品仓库管理工作，得到公司认可。她的这种工作模式可以叫作"程雪花模式"。

▲排列整齐的 BOPP 成品

金田故事 134

学"方太"做精品

在 2016 年 9 月 8 日,高管参观学习宁波方太集团"思考周"结束前,方文彬总裁做了总结讲话。

他首先特别指出:"习近平主席在刚刚结束的 G20 峰会上提出,我们应该让二十国集团成为行动队,而不是清谈馆。我们作为民营企业高层管理人员更要成为'行动队','思考周'活动不能成为'清谈馆'。凡是我们讨论决定了的事情,必须坚决贯彻,执行到底。"

方总对各公司今后一段时期的工作提出六点要求:"一、学习方太集团的企业管理模式,结合各公司具体情况,重新审视我们的企业文化理念。对我们二十多年来逐步建立的金田企业文化,需要修改补充完善的,大家都可以提出自己的意见,进一步优化我们的企业管理模式,从而达到企品、人品、产品三品合一。

二、进一步处理好集团公司与各公司之间的关系,同心同德,共谋金田事业。在上下级日常工作沟通中,如果出现不同意见,可以反映或者争论,但不能影响上、下级关系,不能影响同事关系。一切以事业为重,实现我们的管理资源效益最大化。

三、正确对待引进人才,共同关心引进人才。金田要发展,要前进,就要不断引进技术人才。新来的人,不一定很快就能适应金田环境,不一定马上就能做出显著成绩,我们要关心新进人才。为了金田的发展而引荐人才,使用人才,留住人才,是我们共同的责任。

四、继续贯彻落实首期'品质创新、精细管理研修班'精神,把现场管理进一步做精做细。这是我们实现品质创新的重要一步,这一步走得好、走得实,我们的品质创新基因就在各公司生根了。

我们就真正有了赢得世人尊敬的本钱，就会赢得客户的信任。

五、各公司要发挥各自优势，致力创新发展。宿迁公司在品质创新、开发新产品方面做得较好，桐城公司现场管理也很有特色，云阳设备维护保证了生产顺畅，盘锦公司今年效益趋势好。各公司要再接再厉，全面分析自己的设备、工艺、原料、市场、团队的优势和劣势，全面分析自己的利润点在哪里。平时我们要比点子，年终还要比数字。

六、围绕'金田十三五''金田制造2025'进行战略思考，明确各自到2020年的奋斗目标。从今年到2020年，是金田集团发展的关键时期，也是中国经济发展的关键时期，我们要科学规划今后的五年，更要务实抓好今年的后四个月，尽早布局明年的工作。各公司都要认真分析各自的短板是什么，怎样保证自己不做集团公司的短板，这样，我们的百年老店、百亿产值目标就一定能实现！"

▲参加金田标准化管理培训班的全体人员在洪泽湖湿地

金田报

GETTEL NEWS 浙江省优秀企业报 微信公众号: gettel

2016年10月10日 农历丙申年九月初十 星期一 第 10 期(总第135期)

中国·金田集团主办 报头题字: 毛泽东手迹 浙金浪字: C057号 本期4版

感谢信

各公司国庆期间坚守在生产一线的全体员工期友们!

你们好!

金秋送爽,丹桂飘香。在我们坚持各实创新,齐心协力夺取2016年各项工作新胜利的喜庆时刻,我们迎来了中华人民共和国成立67周年的盛大节日。

在这举国欢庆华诞的日子里,你们放弃与家人团聚的机会,坚守在公司生产第一线,与我们的设备为伴,与我们的产品为伴,与我们的客人为伴,你们辛苦啦!

集团董事局、集团公司在此首先向你们致以节日的祝贺!同时对你们坚守岗位加班加点生产表示诚挚的慰问和衷心的感谢!

让我们用你节日的喜气,借着金秋的阳光,鼓起奋进的风帆,不忘初心,继续前进!

2016,要做最好的自己,共创最好的金田!

金田集团董事局
金田集团有限公司
2016 年 9 月 30 日

金田故事 135

感谢金田寄月饼

温州金田塑业公司车间保洁员陆艳明,得知家人收到公司寄赠的中秋月饼以后,感动万分,给公司写来了一封感谢信:

我和我丈夫韦震到温州金田塑业公司工作了十来年,后来我儿子也来到了金田。

十多年来,我们家的生活有了改变。每逢佳节,我们都给家里的老人寄点钱,但没有寄过食品。今年中秋节前,听说公司给我们家里寄了月饼,我们一家三口都很感动。我给家里打电话告诉我妈妈。我妈妈今年80多岁了,她听了很惊讶,不相信,直到真的收到了月饼时,她才相信,这让她非常感动。

我妈妈现在每天出门去,不管在哪里,只要碰到认识的人,她都要说:"我的两个孩子在浙江温州金田集团打工,那个公司真好,老板很贴心,中秋节还给我家里寄来月饼。"她叫我们要留在集团好好干,不要跳槽,让我们帮她谢谢老板。

我们从小就是别人口中很听话的孩子。我们现在也一样听妈妈的话,一定在金田好好干。我代表我们全家人谢谢金田,谢谢公司把我们当家人!

▲金田员工诗歌朗诵会

浙江省高新科技企业
GETTEL
中国·金田集团主办
报头题字：毛泽东手迹
浙企准字：C057号

2016年11月10日
农历丙申年十月十一
星期四
第 11 期(总第136期)
本期4版

微信公众号：
gettel1989

GETTEL NEWS 浙江省优秀企业报

金田故事 136

唱响"好花红"

云贵高原的金秋时节，天高气爽。金田集团第13条塑业生产线，于2016年11月8日在贵州惠水金田公司正式投产。这是从德国布鲁克纳机械制造公司引进的当前最先进的生产线。

当源源不断的聚丙烯原料从自动加料系统进入自动挤出系统后，刚刚成型的塑料厚片经过纵拉、横拉阶段，又很快变成透明飘逸的薄膜成品，被自动运转的收卷机整整齐齐收卷起来。全场中外员工队伍中爆发出欢呼声。

从此，金田塑业的生产基地，从浙、苏、辽、皖、渝迈向了祖国的大西南——贵州黔南惠水经济开发区。

惠水的文化源远流长。源于惠水的布依族民歌《好花红》深受广大民众的好评和喜爱，从惠水、贵阳一直演唱到北京，一度引起全国轰动。1959年5月，贵州省各民族参观团赴京观礼，受到党和国家领导人毛泽东、朱德、周恩来等老一辈无产阶级革命家的亲切接见。在招待会上，惠水县杨通锦和龙智堂高举酒杯，伴随着《好花红》悠扬动听的旋律，向领导们敬酒，博得与会者热烈的掌声。2002年，贵州省歌舞团演出的大型民族歌舞《好花红》，获得文化部颁发的"全国第十届文华新剧目奖"。

2015年春夏之交，金田集团开始惠水公司的厂房基建工程。2016年1月，从德国布鲁克纳公司引进的第一批设备部件，远涉重洋，到达惠水金田厂区。2016年夏，所有设备基本到齐。从下半年开始，进入设备安装、调试阶段。与设备生产、安装、调试相关的各国专家相继到场，开展工作。惠水金田公司招聘的国内员工也陆续到达各自的工作岗位。这个项目为贵州惠水当地人民提供就业岗位90多个。

几个月来，各国专家与国内外员工通力协作，互相配合，不分日夜，不辞劳苦，为了新的生产线早日投产而不懈奋斗，终于迎来了 1669 生产线的正式投产。

惠水金田公司引进的 1669 生产线具有多项性能优势。首先是它的辅挤 1 采用了最新的双镙杆配置，使其挤出量超过金田其他生产线；它的辅挤 2 也采用了先进的单镙杆配置，在金田 13 条生产线中，只有三条线可以与之媲美。其次是它的"主挤"产量达到金田 13 条生产线的先进水平，是金田 13 条生产线中最先进的生产线！

▲金田摄影员们在贵州

浙江省高新科技企业
GETTEL

金田报

中国·金田集团主办
报头题字：毛泽东手迹
浙金准字：C057号

GETTEL NEWS
浙江省优秀企业报

2016年12月10日
农历丙申年十一月十二
星期六
第 12 期(总第137期)
本期4版

微信公众号：
gettel1989

金田故事 137

竞赛学"流程"

2016年11月12日，为了让员工们加深对"金田集团操作流程"中本部门操作流程的了解，更好地按照流程规范操作，宿迁金田塑业公司举办了第一次操作流程知识竞赛。

竞赛的题目分为两大类：安全知识及规章制度，包括抢答题、风险题；本部门知识，包括填空题、阐述题。参赛选手共计10组：拉伸车间四个队，分切车间三个队，还有工程队、品管队、成品五金队。

最后，四个拉伸车间取得了优异成绩。从比赛过程来看，拉伸、分切、工程部人员对操作流程掌握得比较全面；品管部人员对操作流程的掌握相对比较弱，有待加强；成品五金队的掌握也不够全面，有些细节回答错误。各部门主管都将把这次比赛作为小测验，进一步加强了本部门操作流程的学习及培训。

▲2016年11月12日，宿迁金田公司为"操作流程知识竞赛"优胜员工颁奖

浙江省优秀企业报
GETTEL NEWS
微信公众号：gettel
2017年1月1日 农历丙申年十二月初四 星期日 第 1 期（总第138期）
中国·金田集团主办 报头题字：毛泽东手迹 浙金准字：C057号 本期4版

金田故事 138

老友老梁

我的老友老梁，是陕西宝鸡钓渭镇梁家崖村人。他2008年来到金田做包装工，据说以前在老家是做农技员工作的。我与老梁相识并开始对他有好感，是因为他与我年龄相近又经常为《金田报》写稿。

老梁做事认真，没有听见谁对老梁做事、为人的差评，于是我就一直把他当作知心朋友，经常与他聊聊，包括告诉他现在可以为《金田报》写些什么。因为方总也非常喜欢普通员工们写的稿子，希望把《金田报》办成让员工们都能积极参与的报纸。

老梁经常写人，他写过的身边的先进人物有《榜样（韦震）》《实干组长杨银锁》《王文超天天在赶超》《他用汗水换来洁净（李信春）》《分切包装后勤兵》《身边的感动（文文彬）》；也经常写赞扬金田企业文化的文章，如《温馨的鼓励》《感受共享》《瑞雪落金田》等。老梁还特别注意学习和思考，每次《金田报》上发表了方总的文章，他都会写学习感想，比如《读"我错了，我高兴"有感》《读"你心中有员工，员工心中就有你"随感》等。老梁也喜欢写风景，每次参加员工旅游活动后，他都会写文章。那时候，老梁经常同时在《金田报》二版的"人物事迹"和四版的"思想感悟"上发表文章。

2010年底，老梁像小孩子一样跟我说："我很喜欢金田的生活，很希望得到公司发的红本子（奖励证书）。"我就向方总建议，在第二年春天发给他一本优秀通讯员表彰证书。

在老梁这样的老友面前，我也曾经做错过事。我曾把自己的旧衣服送给他。可是我后来注意看了他在下班以后的穿戴，发现他从头到脚都打理得很整齐、笔挺，皮鞋也是铮亮的，比我正规多了。我自惭送旧衣服给他,不仅算不上老友间的客气,简直是一种对他的轻慢。

时光一晃八九年。前几天,我们忽然听说老梁的老伴在老家因病去世。他处理完后事回到公司后,我们准备慰问他,却又听说他要辞职回家了。因为按照他老家的风俗,亲人去世后必须守坟。我难舍地对老梁说:"希望你在为老伴尽了义务以后还能再来金田。"老梁也点了点头。

一天下午,老梁拿着一个500ml的农夫山泉水瓶,里面装着自己按照陕西习俗用新鲜葡萄浸泡的"土酒"要送给我,我告诉他我不要,我早已跟酒"拜拜"了。

那天晚上,他又打我的手机,问我在不在办公室,说想跟我聊聊,我怕他又要扯那葡萄酒的事,就哄他说:"我现在不在公司里面,我们就在电话里聊聊吧。"

电话那头就沉默了。从此,他的号码没有再响起。而第二天,我听说他从龙港车站登上了长途大巴,回陕西老家了。

听到这消息,我隐隐地懊悔。如果他真的有话要找我说,我的简单拒绝有点冷酷,辜负了他的感情。我们能够相聚在金田,确实是难得的缘分。这一次离别,就可能这辈子难再相见。我却没能够满足他临行前聊聊的愿望。

此时此刻,我想起了我的长篇小说《阿禹》的第296页,描写小说主人公夏禹在离开老家飞往澳大利亚途中的难舍心情:"此刻,他想起了曾经让他怦然心动的一段散文:'生命中,有些人近在咫尺,有些人远在天涯;有些人擦肩而过,有些人一路同行;或许在某两条路的尽头相遇,结伴同行了一段路程,又在下一个分岔路口道别;无论如何,终究免不了曲终人散的伤感。'"

老友老梁!感谢在金田的相遇让我们有了人生中的一段缘分。但愿伤感不常在,期待几年后您还能再来。

▲金田温州公司外景

苍南县召开 2016 总结表彰大会

金田故事 139

语重心长话敬业

2017 年 1 月 10 日，集团董事局主席方崇钿先生在安徽桐城金田工业园视察工作，与各公司总经理座谈聊创业经历，聊敬业精神，分析近期 BOPP 行业市场发展趋向。

他笑称来自各公司的总经理们现在"经济上已经小康，权力上各守一方"。"大家在各自的岗位都很尽责尽力，今后还是要继续做到首先把我们的'人'字写好，在踏实做人的基础上认真做事，努力把金田的事业做好，这是我们共同的荣誉和责任。"他向各位总经理提出三点希望："第一，要像竹子那样，挺拔、有节。我在瑞田两年多时间，在我手上进出 80 多个亿，后来经过政府审计，我没有乱支出一分钱，没有乱报销一分钱。这是我做人做事的底线，时时刻刻对公对私负责。我们的一言一行，都要经得起社会的检验，经得起历史的

检验。事事能够顶天立地，起到表率作用。干干净净做人，实实在在做事，不给别人留遗憾，也不给自己留遗憾。

第二，要时时做到思路明确，头脑清醒。金田这么多年风风雨雨走过来，能走到今天很不容易，我要谢谢大家。当然，我们任何时候都不能被胜利冲昏头脑，用中央今年指导全国经济的一个关键词来说，就是'稳中求进'。既不要冒险失事，也不能错失机遇，无所作为。

第三，既要开展竞赛，各显身手，又要优势互补，资源共享。金田发展到今天，离不开大家。你们都是从金田普工走到总经理位置，大家能够真诚相待，互相配合，没有隔阂，没有猜忌，这是很可贵的。我要谢谢你们！

最后，希望大家能时时保持'普通一兵'的心态。有时地上脏了，可以自己去打扫一下；有垃圾了，自己捡起来。有时

候我们既要说给员工听，又要做给员工看。这也是一种美德，文彬就有这样的习惯，他不会高高在上。希望你们在金田都能亲如兄弟，情同手足。

希望大家今后越干越有劲，越干越高兴！"

▲金田集团 2016 年度盛典中的歌舞表演

浙江省高新科技企业
GETTEL
中国·金田集团 主办
报头题字：毛泽东手迹
浙金准字：C057号

GETTEL NEWS
浙江省优秀企业报

2017年3月10日
农历丁酉年二月十三
星期五
第 3 期(总第140期)
本期4版

微信公众号：
gettel1989

金田故事 140

春满金田显爱心

▲金田"慈善一日捐"活动

羊年新春，阳光和煦，融融春光普照着金田六大公司的每一寸土地。按照金田人的传统习俗，过完春节上班后，做的第一件公益事业就是"慈善一日捐"。

2月15日，温州金田塑业公司的员工们集中在公司行政大厅举行捐款仪式。大厅上方，悬挂着"金田集团'慈善一日捐'活动"红底白字横幅，下面的条桌上，放着大红的捐款箱。所有参加捐款的人员依次从捐款箱前走过，把自己准备好的爱心，100元至1000元，放进捐款箱里。

金田证券部长尤信用、财务部部长上官福调因公在安徽桐城出差，他们闻讯后马上通过支付宝分别捐款500元和200元。

集团公司执行主席方文翔、总裁方文彬在出差回到公司后，也献出了自己的爱心。这些捐款将由"金田员工救助基金会"管理，帮助有困难的金田员工。

涓涓细流成大海。金田人的点点爱心汇聚成一股强大的暖流，将会不断延续，天天、月月、年年滋润着金田集团每一个人的心田，同时也会向社会传递。

2017年4月10日
农历丁酉年三月十四
星期一
第 4 期(总第141期)
本期4版
微信公众号:gettel1989
浙江省优秀企业报
中国·金田集团主办
报头题字:毛泽东手迹
新金准字: C057号
GETTEL NEWS
浙江省高新科技企业
GETTEL

金田故事 141

怎样带好新员工?

　　自从《金田报》开辟"员工聊天室"专栏以后,不少主管和员工们纷纷把自己关注的话题提出来互相交流,寻求最佳答案。其中温州金田公司拉伸车间班长杨崇棉同志提出"怎样带好新员工"的问题,宿迁金田公司生产部经理海峰答复如下。

崇棉同志:

　　您好!我从《金田报》第三期上看到您关于"怎样带好新员工"的聊天话题,感到很贴心,很温馨。我也很有兴趣和您一起聊聊这个话题。

　　新员工是公司的新生力量,培养他们,带好他们,不光关系到公司的今天,更加关系到公司的未来。

　　以我们宿迁公司来说,目前的新员工普遍是"90后",我们要尽量

贴近他们的思想观念,从他们容易接受的角度进行培训和指导。

　　第一,要善于留住新员工并尽快发挥他们的专长,让他们对公司有信心并自发地融入这个集体。团队氛围很重要。我们1568线有位"90后"的小伙子,刚入职的时候,在包装车间做普通员工,平常工作很积极,各项工作都做得比较好。后来我与他聊天谈心,才了解到他之前是在苏州日企工作,日常工作中也会给我们提出很好的建议。我们就打破惯例,直接把他从包装车间调到分切车间见习,作为班长人选培训。经过一段时间的锻炼,他在班长这个位置上做得很出色。

　　第二,实行"师傅带徒弟"的制度,最好是由班组长等熟悉各项工作流程和公司规章制度的人担任

师傅,用他们的工作态度来慢慢影响新员工。

第三,培训过程中不急于要求新员工对实际操作提高速度,应该更加注重员工素质、品行和工作态度的培训,工作态度到位,责任心到位,速度自然就不是问题。

第四,班组长和部门主管要多抽时间和新员工交流谈心。方总要求公司老总要叫得出每一个员工的名字,我们更要与新员工情同手足,让他们感觉到自己在和"家里人"一起做事,自然就更加有信心,更加愿意扎根下来。

这是我自己的一点体会,其实有很多主管在带好新员工方面主意不少,我就聊聊以上几点,给大家参考。

▲安徽金田公司员工晨读

金田报
GETTEL NEWS　浙江省优秀企业报　微信公众号：gettel
2017年5月10日 农历丁酉年四月十五 星期三 第5期（总第142期）
中国·金田集团主办　报头题字：毛泽东手迹　浙会准字：C057号　本期4版
方崇钢视察贵州金田公司

金田故事 142

不能讲面子

2017年5月，方文彬总裁针对主管团队中流露出的"遇事追究责任，担心讲得太认真了会伤面子、伤感情，后面工作不好做"思想，分析如下：

这种思想实际上是老好人意识在作怪，是把个人的面子看得比公司利益重要，长此下去，势必使有些人规章制度观念模糊，纪律松懈，有些考核奖惩将难以执行，最终影响公司规范管理。所以，我觉得有必要跟大家聊聊这个问题。

一、在顾及公司利益与顾及个人面子的问题上，首先要顾及公司利益。

我们有些主管有时候感到为难，就是出现事故或问题需要追究责任的时候，把人与人之间的面子看得太重，认为公司利益可以排在面子后面，这是很不妥当的。当有人违背了公司的规章制度，没有很好地负起责任，给公司造成了损失时，承担一定的责任是完全应该的，是为了让更多的人吸取教训，不犯同样的错误，使公司不再遭受同样的损失。而如果顾及所谓的个人面子，怕伤害感情，怕批评了谁追责了谁，就影响今后的工作，是没有必要的。长此下去会害了当事人，也损害了公司利益。

二、顾及公司利益也是从根本上顾及了社会、股东和员工们的利益。

我们要求大家首先顾及公司利益，是因为公司利益中也包括了所有员工和各级主管们的利益。所以我们在讲要维护公司利益的时候，同样也就包含着要维护广大员工的利益，包括被追责者本人的长远利益。

三、在追责时要注意讲清道理，让对方心服口服。

我们说遇到问题追究责任不能讲面子，但是也要讲方法。追究责任时要摆事实，讲道理，要让被追责者充分认识到自己确实有失责行为，确实给公司造成了损失，对他的追责，只是对他怎样做事做人的另一种培训指导方式，让他从正反两个方面口服心服。

四、要帮助被追究责任的人正确认识到勇于担责是新的进步与开始。

我们表扬一个人，是为了鼓励他继续努力，号召大家学习他优秀的方面。我们批评一个人，是为了帮助他认识到勇于承担责任是新的进步与开始，真正勇敢地承担了责任，就会吸取教训并深刻反省，从而促使自己今后做得更好，也为我们团队中其他人做出可以学习、效仿的"虚心接受，诚恳改正"的榜样。

勇于担当，是一种美德！

我真诚地希望各公司的各级主管和全体员工朋友们，都能成为"文明追责"和"勇于担责"的实践者，百年金田就大有希望。

▲温州金田公司工程部获得"五一劳动模范"和"模范集体"奖

金田报
GETTEL NEWS
浙江省优秀企业报

2017年6月10日
农历丁酉年五月十六
星期六
第 6 期(总第143期)
本期4版

微信公众号：
gettel1989

金田故事 143

牵手中石油

2017年5月16日，沐浴着北京成功举办"一带一路"国际合作高峰论坛的强劲东风，一场别开生面的技术交流会——中石油西南区域BOPP行业技术交流会在贵州金田公司隆重举行。

这次会议由中石油西南化工销售公司技术服务处主办，西南化工销售公司贵州分公司承办，贵州金田新材料科技公司、贵州省塑料工业协会协办。出席这次技术交流会的有中石油四川石化公司代表，中石油石化研究院人员、中石油西南化工销售公司下属四川、重庆、云南、湖南、贵州五个分公司负责人，金田塑业贵州、重庆、安徽公司的生产技术人员及金田集团党委负责人共三十人。

面对面：畅叙合作续友谊

5月16日上午，交流会由中石油技术服务处王俊琪处长主持。

四川石化公司生产五部聚丙烯装置长陈陆军介绍他们的生产控制及助剂优化情况，中石油兰州石化研究院副所长谢昕介绍BOPP树脂开发进展，贵州省塑料协会秘书长王晓红汇报了协会工作要点，贵州金田公司生产部经理康立君介绍了使用PP树脂生产的优势与需要改进的缺陷。

贵州金田公司总经理陈先懂发言。他代表云阳、贵州金田公司，代表金田集团总裁方文彬，向中石油方面表示衷心的感谢。

在讨论交流中，中石油四川石化公司五部陈陆军当场表态："在PP原料生产上，没有我们解决不了的问题，我们一定能够生产出让金田各公司满意的产品！"

点与点：业务交流零距离

5月16日下午，在贵阳市金融大厦

18F 的中石油西南石化销售公司贵州分公司会议室,双方的业务知识交流继续进行。

金田公司康立君从技术角度,全面介绍金田 BOPP 生产线的生产运行过程,从上料、挤出、拉伸、纵拉、横拉到收卷,向中石油方面的专家们介绍生产线特点和对原料的基本要求。

中石油兰州石化研究院副所长谢昕也从技术角度向金田方面人员介绍了聚丙烯的生产全过程,讲解了他们在生产工艺中调控产品品质的各种可控措施,更加增强了双方的合作信心。

实打实:现场参观拓眼界

5 月 19 日,与会人员驱车从成都出发,来到 100 多公里外的彭州工业区中石油四川石化公司。

与会人员在参观了公司内高度现代化的生产线、生产控制室以后,深信四川石化与金田塑业的合作一定会结出丰硕成果。

▲中石油代表在贵州金田公司

金田报
GETTEL NEWS
中国·金田集团主办
浙江省优秀企业报
2017年7月10日
农历丁酉年六月十七
星期一
第 7 期(总第144期)
本期4版
微信公众号:
gettel1989

金田故事 144

优化量化巡检

2017 年 7 月,温州金田塑业公司生产部副经理张步海,对汤雷同志在《金田报》第 6 期上提出的"如何考核难以量化的在线巡检工作"的问题,给予了热情讲解。

汤雷同志:

你提出的这个问题,是一个有重要意义的问题。这也说明你在车间工作实践中肯动脑筋,对这方面有了更深层次的思考。我对你提出的这个问题也很有兴趣,愿意共同做些探讨。

在车间工作一段时间以后,就会知道不是由人力操作的生产线,只有加强巡检,才可以及时有效地发现产品或设备上出现的问题,减少各种因素造成的不良损失。但是巡检工作更多的是要靠巡检人的高度责任心和技术敏感性。我觉得

可以从三个方面细化并量化我们的巡检工作:

一、巡检前的量化。

巡检的岗前培训和日常指导的标准化。拉伸、分切部门对员工每日巡检要有统一的"巡检作业指导书",每个参与巡检的员工都要经过培训并考核通过。培训意在让他们具有发现问题的能力并能有稳定的判断。日常工作中新出现的问题要在班会上及时组织讨论、培训,有必要的可以加入"巡检作业指导书"中。

二、巡检中的量化。

巡检要指定必检线路和重点关注点。人的注意力是有限的,有时不可能做到全盘关注。在上班的 8 小时内,巡检要有主次,按照规定的步骤和路线完成巡检的工作,并

对重点标记的地方做重点关注,这样既可以及时发现异常点,避免损失扩大,又可以提高巡检效率。

三、巡检后的量化。

对巡检的效果定期进行评估。在车间月度考核中可以加入对巡检效果的评估分,以各个班组的出现异常问题频率或发现率为依据评价每个班组的巡检效果。对做得好的班组员工给予奖励和表扬。这样可以提高员工对巡检的重视度。

车间主管尤其要重视巡检,因为员工们往往会把主管特别关注的事情做得很好。

在这个基础上,车间主管每隔一段时间,对巡检的流程、内容、实际效果等重要关注点进行检查、考评,不断优化流程。

以上几点,仅供车间主管们和工作在巡检一线的员工朋友们参考。

▲温州金田公司工程部陈传坤(中)、朱其海(右)、郭少宗(左)在维修保养设备

金田报 GETTEL NEWS 浙江省优秀企业报
2017年8月10日 农历丁酉年闰六月十九 星期四 第8期（总第145期）
中国·金田集团主办 报头题字：毛泽东手迹 浙金准字：C057号 本期4版
微信公众号：gettel
生产现场谈管理

金田故事 145

企业文化是根

● 方　晨

　　我这次去厦门大学学习了"企业文化建设"课程，受到很多启发。

　　约翰·科特教授与其研究小组花了11年时间对"企业文化对企业经营业绩的影响力"进行研究，结果证明，重视企业文化建设的公司与不重视的公司对比，总收入增长前者为682%，后者为166%；公司净收入增长，前者为756%，后者为1%；公司股票价格增长，前者为901%，后者为74%。重视企业文化建设的公司业绩增长明显优于不重视企业文化建设的公司。

　　约翰·科特教授还进一步阐明，决定每个员工观念的是企业核心价值观，再由核心价值观延伸出一套可操作、可执行的制度。企业文化说白了就是员工的日常行为规范。将企业文化口号全部落实到制度流程上并做到。判断企业文化是否落实，要看员工做事是否有责任心，是否按制度做事。

　　通过这次学习，我进一步认识到企业文化是企业的发展之"根"，企业效益是由"根"输送能量结出的"果"。文化的核心是管人、管思想。因此，我们必须重视企业人力资源管理，要用心思考：员工需要什么？怎么去激发他们的潜力？如何让每个人都发自内心地努力工作？如何激励员工去奋斗、去拼搏、去学习？如何建立公司与员工的双赢考核机制？

　　第一，我们要建立具有金田特色的企业文化体系，让员工通过知行合一的方式（理论培训和行为实践），清晰了解公司的核心价值观，从而逐渐感染员工的思想，影响员工的行为，改善员工的生活，真正让员工都过上好生活。

　　第二，根据核心价值观去制定和健

全人力资源管理制度。人管人的效果是有限的，只有靠制度去约束员工的行为，才能做到常态化。如何招到最适合的人才，如何减少人员的离职率等，也是检验企业文化效应的重要指标。

第三，建立和完善具有金田特色的考核机制、激励机制、晋升机制。确保在工作中表现好的员工有机会得到奖励，表现不好的会受到惩罚。考核者必须公平公正，不受其他因素干扰，考核的原则就是鼓励奋斗者、勤劳者、创新者；警示偷懒者、投机者、守旧者。考核结果将成为被考核者职位升降、去留的重要依据。

第四，坚决把考核机制落实到位，严格监督执行，不断改进完善。通过考核检查，监督员工的行为规范，这不单单是找出问题，也是给员工鼓励。

▲宿迁金田公司的"工间凉饮"

金田故事 146

优质供应商

2017年8月26日，金田高新材料股份有限公司的采购、销售主管们参加了在广东东莞举行的中国模切馆开馆仪式暨阳光采购对接会。

"模切加工"，是一个专门为手机、数码、汽车等电子域名提供功能结构件及包装材料成型的行业，从2007年至2017年模切行业保持着成倍的增长速度。而随着产业链趋于饱和，加工面临着严峻的考验。特别是在供应商渠道、账期、品质、售后服务等环节，对模切厂提出了更高的要求。为了沟通供需，"模切之家"组织了这次模切行业一年一度全国性的采购对接大会。

在开馆庆典仪式上，金田塑业被主办方授予"优质供应商"的铭牌。这充分显示了金田塑业历经10多年励精图治打造的品牌得到社会的高度认可。

▲2017年8月16日的《辽宁日报》报道陈求发考察盘锦金田公司

金田故事 147

企业家们的福音

方文彬总裁学习了中共中央、国务院于 2017 年 9 月 8 日发布的《关于营造企业家健康成长环境弘扬优秀企业家精神、更好发挥企业家作用的意见》(下简称《意见》),内心感到十分温暖,创业信心倍增。

一、多重背景催生《意见》。

《意见》出台,预示着十九大以后,中央将要在推进"办好国内的事"方面出实招,鼓实劲,创实绩。

《意见》也是为了让企业家安心国内发展,防止财富外流。改革开放以来,有的企业家怕政策多变,发展到一定程度,就向国外转移产业、财产,这不利于中国经济的持续发展。

《意见》也进一步阐明了各级政府与企业家之间的关系,放手支持企业家创业。十八大以来,在党中央加大反腐力度以后,有的地方政府对招商、亲商、安商心存戒备,有的甚至害怕与企业家交往,使得有些企业家感到前景不明朗,企业的发展空间受到限制。十九大将会澄清思想,推动政商共进。

二、六大"核心"感动我心。

一是依法保护企业家财产权。全面落实党中央、国务院关于完善产权保护制度依法保护产权的意见,认真解决产权保护方面的突出问题,及时甄别纠正社会反映强烈的产权纠纷申诉案件,剖析侵害产权案例,总结宣传依法有效保护产权的好做法、好经验、好案例。

二是构建"亲""清"新型政商关系。畅通政企沟通渠道,规范政商交往行为。

三是树立对企业家的正向激励导向。营造鼓励创新、宽容失败的文化和社会氛围,对企业家合法经营中出现的失误失败给予更多理解、宽容、帮助。

……为担当者担当、为负责者负责、为干事者撑腰。

四是引导企业家弘扬工匠精神。建立健全质量激励制度，强化企业家"以质取胜"的战略意识，鼓励企业家专注专长领域，加强企业质量管理，立志于"百年老店"的持久经营与传承，把产品和服务做精做细，以工匠精神保证质量、效用和信誉。

五是引导企业家积极投身国家重大战略。鼓励企业家积极投身"一带一路"建设……参与中西部和东北地区投资兴业，为经济发展拓展新空间。

▲2017年9月27日，中国塑料行业协会秘书长朱文玮（左三）一行访问金田

GETTEL NEWS 浙江省优秀企业报 微信公众号：gettel

2017年11月10日 农历丁酉年九月二十二 星期五 第11期(总第148期)

中国·金田集团主办 报头题字：毛泽东手迹 浙金准字：C057号 本期4版

金田故事 148

四个正确定位

10月30日至11月1日，方文彬总裁到贵州金田公司视察调研指导工作。他亲自主持召开了生产部、工程部、销售部等人员的专题会议，分别就有关事项进行了具体讨论磋商。他感谢大家一年来为贵州金田公司健康发展所做的贡献。

为了促进贵州金田公司今后进一步实现好中求快的发展，方文彬要求大家从四个方面做到正确定位：

帮助公司正确定位。贵州公司是金田塑业中最年轻的公司，地处西南边远经济欠发达地区，印刷、包装市场自然也不能与东部沿海等经济发达地区相比。这就决定了贵州公司地理与市场上的特殊性。我们对此必须有充分的、清醒的认识。

帮助产品正确定位。产品定位，主要决定于四个方面：一是我们的设备最适宜生产哪些产品？二是我们的客户最欢迎哪些产品？三是我们能够采购到的原料最适合生产哪些产品？四是我们的工艺水平最适合生产哪些产品？这几个方面中最重要的当然是客户需求。

帮助客户正确定位。帮助客户定位，不是要客户服从我们，迁就我们，而是要在充分了解客户需求的前提下，以我们设备、原料、工艺的最大优势，最大限度地满足客户对我们产品的数量、质量、交货期要求。对需要客户与我们适当配合的问题，我们要充分取得客户的理解，一定要保证与客户之间的合作绝对愉快，而不是勉强将就。勉强将就肯定是不能持久的。

帮助员工正确定位。我们的员

工团队都是非常优秀的团队,我对我们"6S"管理中的"素养"这一条,是感到非常自豪的。因为我们的员工素养总体上都很不错,大家都能以公司利益为重,自觉地、主动地把自己的本职工作做好。那么公司、各级主管,就更加要为我们的员工正确定位,根据他们的发展和进步情况,建立公正合理的岗位调整和职务晋升机制,让他们的才能得到充分的发挥。

▲金田主管们集体学习

GETTEL NEWS 浙江省优秀企业报 微信公众号：gettel
2017年12月10日 农历丁酉年十月二十三 星期日 第12期（总第149期）
中国·金田集团主办 报头题字：毛泽东手迹 浙企准字：C057号 本期4版

金田故事 149

粗活细做装卸班

安徽金田公司上料车间主任罗传胜同志，在"6S"管理工作中表现突出，使得整个上料车间的员工素质得到了很大的提升，部门工作状态也得到了改变。他从三个方面执行"6S"管理。

一、原料控制：从源头把好第一关。为了提升产品品质，抓好生产源头控制，罗传胜要求员工从送料的车底板着手，按照公司规定，都铺垫雨布防尘。下雨天，车底有雨水，他要求大家用拖把擦干净再装货。下料时把外观有污渍的原料放置待处理区域，并安排员工进行外观清洁，然后运往合格原料区域。入厂的所有原料都用三色布遮盖防尘，并且每天自查。夜间加料，他要求加料员用气枪对每个托盘上的原料袋吹一遍，确认表面没有灰尘才能进入加料区域。

二、外来人、车管理：做好思想工作。罗传胜每次与外来司机沟通时都把可能出现的问题提前说清楚，比如：原料脏了要擦干净，车底板要垫好，车厢螺丝要用纸盒垫好。整车膜装好后，他会叮嘱司机盖好雨布防止路上淋雨。通过加强沟通和做好细节工作，大多数司机也反映桐城公司卸料是速度最快、服务态度最好的公司。

三、以身作则：带动全员积极参与。推行"6S"管理时，上料车间是最难执行的部门，他们员工年龄偏大，对新事物的接受能力差，但是罗传胜坚信主管就是要"主动管理"，只有这样才能带领好团队。在"6S"管理中，他先自己做，再带着员工做，最后监督考核员工。通过这样的方式，使得员工信服，也养成了习惯。对于一些细节的问题，如叉车、成品膜的摆放，他都安排专人负责。区域划分使得大家做起来更轻松、明了。

▲叉车工人运送原料

金田报
GETTEL NEWS 浙江省优秀企业报
2018年1月1日 农历丁酉年十一月十五 星期一 第 1 期(总第150期)
中国·金田集团主办 报类题字：毛泽东手迹 浙企准字：C057号 本期4版

不骛虚声 踏实奋进
——新年贺词
方文彬

金田故事 150

向荷兰人学创新

● 方晨

荷兰是欧洲北部的一个国家。

15世纪末，他们选择了航海事业，开始一段史诗般的海上传奇。他们建造了第一艘仅能运送货物不能携带火炮的船只，从而降低造船成本，降低海上商贸的运费。

为了筹集资金，向全社会融资，他们成立了第一家联合股份公司——荷兰东印度公司，成功将分散的社会财富变成对外扩张的资本。

他们十年没有分红，保持资本运作持续发展，成立了第一家股票交易所——阿姆斯特丹股票交易所，创造了新的资本流通体制。

为了规范货币市场，他们成立了中央银行——阿姆斯特丹银行，发行了现代意义上的信用货币——纸币。

到17世纪中叶，荷兰东印度公司已经有了约15000个分支机构，贸易额约占全世界一半。悬挂着荷兰三色旗的10000多艘商船游弋在世界各大洋上，荷兰成为当时经济第一的超级大国。

荷兰人当年创造的精彩故事，告诉我们不管是国家还是企业，自古以来不变的就是不断改变。不管是经济模式、管理模式，还是对员工的理解或者对企业文化的打造，都在随着人们意识和需求的变化而进化。

任何一项伟大的事业都是从"疯狂"的理念萌芽的。想象一下飞机的诞生，你第一次坐上飞机的感想，这么庞大的机器能够在空中飞翔？想一想电的由来，电话的发明，电灯的出现，算盘到计算器之间隔了多少个年轮。47年前，中国的第一艘核潜艇就是专家们用算盘"算"出来的。如果你是一个不敢想的人，那你走的都是别人走过的路，你的成就是别人拿过的成就，你的价值永远不会高过别人的价值，你也无法在历史上留下名字。

"精细化管理"，是永恒幸福的开始。

"零投诉"，是我们新的宣言。

对每一个环节的操作、材料、设备、人员及所需时间，进行分析研究，分解每一个步骤，找出每个劳累点、损耗点、可避免点、无法把控点，并制定出新的工作标准和模式，是我们的共同着力点。

让我们一起努力！

▲参加金田网络软件培训班的学员们在学习交流

第四卷

金田故事 151

"6S"带来五多五少

《金田报》第 151 期（2018 年第 2 期）报道温州金田塑业公司随着"6S"管理的持续开展，各个部门积极参与，涌现出"五多五少"现象。

一是主动做事的人多了，责怪抱怨的人少了。员工们能够自己按照操作流程自觉完成每天的工作，不用主管每天安排和时刻跟进。大家各司其职，效率提高，工作成绩自然提高，收入也相应提高。

二是执行标准规范多了，设备异常情况少了。各部门都有各自的标准，如

加油标准、巡检标准、加料标准、员工技能标准等。标准保证了各项工作的及时性和有效性，9 月份以后两条线非正常停机时间逐步减少。

三是生产数据分析多了，降级量、废品量少了。各部门对每日、每周、每月的生产数据跟踪分析，发现问题及时跟进处理，并公布在看板上，促进不断优化改进。9 月以后优级品率从平均 96% 上升到 98% 以上，两条线平均月废品量分别下降了 20 多吨。

四是客户的赞誉多了，"临时突击"少了。现在，客户参观车间都给予很多赞誉。接待客户参观完全不用"突击准备"，就可以坦然地带着他们进入车间。不少客户是看了车间现场后直接下单的。

五是偶然出错"复盘"多了，重复出错少了。现在，各部门偶然出错都主动"复盘"总结，组织当事人有效整改，这样减少了重复出错。

▲方文翔（左）为刘正训（右）颁奖

金田报 GETTEL NEWS 浙江省优秀企业报 微信公众号：gettel
2018年3月10日 农历戊戌年正月二十三 星期六 第3期（总第152期）
中国·金田集团主办 报头题字：毛泽东手迹 浙金准字：C057号 本期4版

为批准龙港撤镇建市打前站
谢晓波视察金田

金田故事 152

精心琢磨解难题

2017年，余上拥同志巡回在6个公司之间，其中更多的是在云阳金田公司帮助做好三期项目安装调试工作。

一年来，他对拉伸车间油烟多的问题，提出了处理方案；帮助盘锦公司进行链条大修维护；改进了TDO出口冷却斜口风箱，减轻油烟散发；改进了TDO接油盘，把原来的封闭式改进为活动式，方便检查清理油污，提高膜面质量；改进了牵引冷却辊插管，原先铜套直接接触辊筒内壁，长期磨损冷却效果不佳，经过改进冷却效果明显好转；帮助惠水公司车间所有冷风机连接冷却水，降低车间温度；给激冷辊加装交换器，提高了膜面的冷却效果。今年他还制作了分切机打包扶膜台和MDO加装压辊拆装小型车，向大家推荐了几件维修专用工具，提高了维修质量和效率。

一年来，他所做的比较重要的技术改进有两项：

一是改造高温润滑油接油盘。TDO高温高速润滑油经过链条磨合产生油泥，因油盘拆装清洗不方便，时间久了，油泥就会堆积在接油盘内无法排出来，堵满后就会溢出来，被预热风机吹到拉伸运行中的薄膜上，造成产品降级或者更严重的质量问题。他经过思考，请示领导后，将油盘改进尺寸。改进后油盘变成活动式的，拆装方便，随时可以检查并取下清洗。盘上再也不会有积油现象，从而降低了油污对膜面质量的影响，一举两得。

1508线的油盘漏油问题一直没处理好，经过改造，漏油问题得以解决。如果其他公司有这样的现象，都可以按照这个方法进行改造。

二是牵引辊冷却插管改进。经生产工艺部门描述，拉伸车间的牵引辊长期处于高温下,冷却效果差,时有膜面发黏现象,处理过几次但不见好转,怀疑是辊筒堵塞,询问能否处理。余上拥觉得是插管问题。工程部人员将其拆下来检查,确认了是插管问题引起内部损坏。

现场没有配件更换,需要将设备送到上海维修。余上拥觉得改进插管必须先解决辊面高温问题,有条件时再换辊筒。经过车间工程部工艺方面同意后,他请供应部找加工点自己做。因无法精确测量到辊筒内壁尺寸,为防止加工精度达不到,只好来回加工试验,直到尺寸合适才能安装。改造完成后,通水开机,辊面温度和新的一样正常了。

▲金田机电工维护设备

浙江省高新科技企业
GETTEL
中国·金田集团主办
报关题字：毛泽东手迹
浙金准字：C057号
GETTEL NEWS
浙江省优秀企业报
2018年4月10日
农历戊戌年二月二十五
星期二
第 4 期(总第153期)
本期4版
微信公众号：
gettel1989

金田故事 153

知行必须合一

2018年3月31日上午，温州金田塑业公司"王阳明心学·知行合一与金田企业文化"研修班正式开学。来自各部门的主管和员工代表共40多人参加学习。

金田高新材料股份有限公司总经理方文彬出席开学仪式，并做重要讲话。他指出："'王阳明心学·知行合一与金田企业文化'研修班是公司谋划已久一项培训学习活动。王阳明作为在中国历史上立德、立功、立言'三不朽'的圣人，他的'知行合一'哲理，几百年来深得国内外政治、经济界人士认同。我们熟知的日本企业家稻盛和夫先生，就是学习和运用王阳明的'知行合一'理论，创建了日本'京瓷'，挽救了'日航'，成就了两大世界500强企业。我希望金田各级主管和员工朋友们认真阅读《知行合一王阳明》与稻盛和夫先生的《心法》《活法》《干法》。通过这一次比较全面的学习、研修，

大家的思想观念一定会有一个深刻的改变，为自己走向成功增加宝贵的正能量。"

方总特别指出："学习培训是最好的福利，对这一点大家应该坚信不疑。无论是主管还是员工，只要认真参加学习培训，就会不断进步，就一定能够在公司的发展壮大中做出自己的贡献，同时也能成就自己，让自己更快地成长为令团队和家人骄傲的人。"

温州金田公司总经理葛淑丽做开学动员报告。

葛淑丽祝愿大家都能成为学习和实践"知行合一"的优秀种子，让"知行合一"成为金田每一个员工的崇高追求，并祝愿这一次学习培训能够取得圆满成功。

金田集团党委书记、金田教育培训中心主任主讲"王阳明心学·知行合一与

金田企业文化"课程。全课程分为四课，第一课为"金田文化根基与王阳明的'心学·知行合一'溯源"。在这一课程中，他主要讲述为什么要学习王阳明的"心学·知行合一"、王阳明为什么能创建"心学·知行合一"学说、王阳明在贵州龙场悟道

的成果等。

这次学习培训课程采用课堂讲授、案例分析、现场讨论、双向交流等方法，以案例讲道理，力求让大家在思想上、行为上有较大的收获与改善。

▲方文彬（左）为战略客户授牌

浙江省高新科技企业
GETTEL
中国·金田集团主办
报头题字：毛泽东手迹
浙金准字：C057号
【致良知·知行合一学习专刊】

金田报
GETTEL NEWS
浙江省优秀企业报

2018年4月25日
农历戊戌年三月初十
星期四
第 5 期(总第154期)
本期4版

微信公众号：
gettel1989

金田故事 154

践行良知，爱岗敬业

● 金 言

"良知"可以让创业者胸怀天下，"良知"可以让企业团队无往不胜，"良知"可以让我们的客户一朝牵手，一生为友。可以启发每个人不断提升心灵的品质，走上成功之路。

惟此，我们要首先感谢方文彬总裁，赐予我们率先学习的机会。我们要感谢温州金田公司葛淑丽总经理，在公司的生产、营销诸事繁忙的情况下，抓住两条生产线大修的间隙，毅然排除纷扰，安排学习。

感谢金田股份公司监事会主任、金田工会范智勇主席，有始有终，每次都是早早地拿着笔记本来到课堂。到第四课那天下午，他要陪同方总接待温州市领导到金田"下访"，想不到他送走客人后又来参加学习。

感谢郑思思同志，作为方总的助理，

不仅参加学习，而且一课不落，不迟到，不早退，恭恭敬敬，踊跃参与课堂交流，为全体学员作出了榜样。

感谢金田股份公司人力资源部部长徐董和温州公司人力资源部经理黄小哨同志，感谢她们为这次学习做了大量的"助教"工作。

感谢蔡林芝、张明赞、李海霞、李转、张步海、李少孩、上官福调、上官小娜等所有到场参加学习的主管们！感谢所有参加学习的员工朋友们！

当然，由于我们举办这样的系列培训学习还是首次，需要注意改进的问题也有一些。比如，前期学员报名遴选工作还做得不是太及时；课堂音响质量较差，影响了课间视频播放的效果；课后作业处理也可以更快一点。这些是我们今后各公司学习培训中必须注意提升的。总体上，我们要感谢温州公司为这次全面系列培训学习开了一个好头，做了许多有益的尝试。

习近平总书记指出："文化是一个国家、一个民族的灵魂。文化兴国运兴，文化强民族强。没有高度的文化自信，没有文化的繁荣兴盛，就没有中华民族伟大复兴。"

让我们高举起中华传统文化和新时代中国特色社会主义思想的旗帜，践行良知，爱岗敬业，为共创金田事业，实现民族复兴，迎接更加幸福美好的未来而不懈奋斗！

▲金田员工学习"知行合一"

浙江省高新技术企业 GETTEL 中国·金田集团主办 报头题字：毛泽东手迹 浙金准字：C057号 2018年5月10日 农历戊戌年三月二十五 星期四 第6期（总第155期）本期4版 GETTEL NEWS 浙江省优秀企业报 微信公众号：gettel1989

金田故事 155

重开局，赢全局

金田股份公司 2018 年第二季度总经理会议于 5 月 7 日至 9 日在温州金田公司召开。

会议分析了历年上半年的开局趋势，对今年市场行情导致库存居高、资金紧张的现状进行了深刻反思，决定对后期经营策略进行适当调整。股份公司将成立市场运营小组，每周进行信息收集、总结交流，对后期市场发展进行综合判断，供各公司参考。

方文彬总裁与大家分享了《企业家精神与人力资源战略》。

在生产技术专题研讨会上，方总指出："同心同德万事顺，齐心协力泰山移。我们要把近期产品研发、生产中遇到的难题拿出来认真研讨，寻找解决的办法。我们要对 2018 年、2019 年的新产品研发方向，各公司分别要承担哪些生产研发项目任务，进行讨论明确。我们在 BOPP 行业已经摸爬滚打近 20 个年头，我相信我们的团队能够面对当今的市场和客户，生产出受到他们欢迎的产品，坚守和拓展我们的立足之地。"

▲拉伸车间吊运大膜卷

金田故事 156

阳刚小创新

云阳金田公司包材车间主任阳刚同志通过不断探索创新，解决了包材成本因为原材料价格上涨一直居高不下的问题。

原材料的价格，我们是无法控制的，我们能做的，就是从质量、工艺等各个方面进行创新改进，努力降低加工、制造过程中的成本。为此，阳刚每天都到分切车间看纸管、包材使用情况，仔细琢磨改进什么环节来控制成本。在多次观察试验后，他发现纸管的抖动和纸管层数多少的关系不是很大，而是和纸管的存放环境与生产工艺有很大关系。找到问题关键后，阳刚与分切车间的主管们各自组织本部门人员改进操作工序。通过两个部门人员的努力，纸管成本每米节约了1.4元左右，每月节约上万元。

有的纸管规格比较长，为了保证纸管强度，公司采取的是包两层气泡垫的方法。试用一段时间后，阳刚发现这样做既浪费材料又不美观。他又开始动脑筋想办法。通过对气泡垫工艺进行改善，增加泡垫厚度，包装时泡垫仍然用一层。试用后此方法完全可以满足产品包装质量要求，于是全面实施。这样的改进，每月可以减少成本两千元。

阳刚这种小车间不忘算"小账"，不断创新改善工艺的精神，值得赞扬。

■**方文彬点评**：创新并不是高不可攀，在于从平凡的工作做起。第一，阳刚的做法，建议抄送各公司总经理学习，组织开展创新记功活动。第二，各公司纸管车间组织学习后，要汇总交流行动情况。第三，建议评阳刚为创新榜样，发奖金，或者加一级工资。第四，给阳刚搭建平台，组建创新团队，对公司各部门各道工序进行创新指导、推广、评审。

▲金田员工在生产线上

金田故事 157

精细化的"法术"

（本报记者）经过精心筹备的金田股份 2018 届品质创新精益管理培训研修班于 2018 年 6 月 22 日至 26 日在安徽金田公司成功举办。

来自金田各公司的 20 多名学员们会聚于安徽桐城金田公司。他们是工程技术、生产技术、采购、营销、行政服务等岗位的管理骨干，共同学习、研修精细化运营的"道"和"势"，精细化管理的"法"与"术"。

此次研修班特聘温州亚美信企业顾问有限公司黄杰讲师主讲"精细化运营之'道'和'势'""如何召开高效率的早会""一日工作安排与执行落实""精细化管理之'法'和'术'"。黄杰老师把精细化管理的"法"和"术"归纳为降本增效八大招：一是生产周期分析与利特尔法则，二是愚巧法与作业容易度评价，三是现场质量精细化管理手段、方法，四是增值比

率与"七大浪费法"，五是流通率与价值分析法，六是 ECRS 与流程优化法，七是动作经济原则与人机工程法，八是 KYT 危险预知训练保安全。

集团党委书记丁年庆与全体学员分享了"王阳明致良知·知行合一"和"持续才是正道，持续才能生存"两节课程。

在"王阳明致良知·知行合一"课程中，他简述了王阳明一生的曲折经历和"致良知""知行合一"哲学思想的由来，阐述了当前学习、实践王阳明"知行合一"思想，激发爱岗敬业良知的重要性、必要性。

在"持续才是正道，持续才能生存"课程中，他着重讲述了在工作中，持续是一种责任，是一种艺术，是一种美德。而任何虎头蛇尾，有头无尾，只见问号、逗号、省略号，不见句号、感叹号的行为，都是于己、于人、于公司有害无益的。因此，

他希望全体金田人要勇于肩负起"持续"的责任,善于修炼"持续"的本领,在任何岗位、任何工作中坚持做到"不到长城非好汉""不获全胜不收兵"!

▲中共辽宁盘锦市委常委、组织部部长卫铁军(左二)视察盘锦金田公司

2018年8月10日
农历戊戌年六月二十九
星期五
第 9 期(总第158期)
本期4版

浙江省优秀企业报

微信公众号:
gettel1989

金田故事 158

打造"销售铁军"

　　为全面总结 2018 年上半年金田塑业销售工作业绩，全面分析目前市场动态和未来发展趋势，进一步明确今后的销售战略及主攻方向，增进各公司营销团队的凝聚力，共同解决面临的困难，分享优秀的营销模式，互补不足之处，更大程度地激发营销经理的工作热情和创新思维，进一步营造良好的工作氛围，让营销经理们充分挖掘自己的潜能，金田股份有限公司于 7 月 8 日至 11 日举办了一期"金田铁军营销沙龙"。

　　此次活动在美丽的浙江大学紫金港校区举行。各公司总经理，金田销售大区经理，各公司销售部经理、业务经理共计 58 人参与此次沙龙活动。

　　方总全程出席沙龙活动，并在活动结束前做总结讲话。

　　方总高度评价大家齐心协力，在上半年如此艰难的市场环境下，各公司总经理、营销经理们都很好地完成了股份公司下达的任务。他对大家为此付出的辛勤劳动表示由衷的感谢！

　　方总对在这次沙龙活动中涌现出的许多优秀的新业务经理们给予了热情鼓励。他要求各公司总经理、销售部经理一定要关注新人的培养，在销售团队中营造"你追我赶"的良性竞争工作氛围。

　　方总还特别强调了提高自身思想素养和加强业务技术学习的重要性。学无止境，他告诫大家学习是最大的投资，不学无知也会付出巨大的代价。

　　方总也向大家传授了一些必须掌握的工作方法，指出："我们要习惯让专业的人做专业的事，不要让自己成为问题的一部分，要成为解决问题的一部分。社会在不断进步，智商、情商固然重要，但一个人获得成功的关键，还是在于个人的格局。"

▲金田"营销铁军"在浙江大学紫金港校区

浙江省高新科技企业
GETTEL
中国·金田集团主办
报头题字：毛泽东手迹
浙金准字：C057号

金 田 报
GETTEL NEWS 浙江省优秀企业报

2018年9月10日
农历戊戌年八月初一
星期一
第 10 期(总第159期)
本期4版

微信公众号：
gettel1989

金田故事 159

方晨说压力

方晨在 2018 年第 10 期《金田报》上撰文讲压力。

当下社会，我们都感觉到压力越来越大。这压力来源于要面对更多的事情和更高的标准，当事情的发展和预期有差别时会产生压力；当别人否定你时会有压力；当部门同岗位有更优秀的同事时会有压力；当任务从四面八方一拥而上时会有压力等。压力是生活和工作中的"贵客"，会早到或晚到，但绝不会缺席，请善待它，它也会善待你。

面对压力，我有几种应对方法。

1. 简化。简化当下的事情、活动，合理分配好一天的时间，根据事情的轻重缓急排列先后次序，专注于解决当下的那一件事，不被其他信息干扰，全力以赴，这样花费的时间是最短的，而且能保持工作思路的紧密性、连贯性和逻辑性。试着每天抽出 1—2 个小时专注于 1—2 件事情。

2. 三种休息方式。(1)在一天的工作中每隔一段时间（90—150分钟)休息一会儿(30 秒—15 分钟)。(2)每天睡一个好觉，充足的睡眠将带来充沛的战斗力。(3)每年给自己两三周的假期，放下所有的事情。如果只是为忙碌沾沾自喜，用做不完的工作填补内心的空虚，可能在短期内效率会高，但长期来看，你会付出很大的代价，会缺乏幸福感及创新思维。参考自然法则(道法自然)，春天播种，夏天拼搏，秋天丰收，冬天休息。

压力不是问题，压力会促使人们更快地成长，重点在于怎么面对压力。当你给予自己超过身体可承受的最大重量时，会给身体带来伤害；当你没有得到足够的休息，面对新的压力，也会给身体带来伤害。

3.如何看待压力？如果你觉得压力是一件坏事，你就会害怕面对它，它会欺负得你喘不过气；如果你觉得压力是一件好事，它是有助于你成长的，你就会享受压力，正视压力，感受到战胜压力后的喜悦和满足。压力会让人更加专注和主动，每个人都要学会接纳压力。

另外，分享八月底"复盘"茶话会上少林提到的"我害怕"延伸出的两个思考。

其一，你是否因为害怕出丑，害怕认输，害怕承认弱势，害怕被嫌弃而不敢去请教他人？其二，你的下属是否因为害怕你而不敢向你请教问题，不敢找你帮忙，不敢和你有过多交流？为什么？

如果我们意识不到这两个问题，或者对这两个问题处理不好，往往都会使事情变得更复杂，或是导致更大的错误发生。

▲车间员工们调整钢辊位置

金田故事 160

杭泰斌来信

中共中央组织部党建研究所二级巡视员杭泰斌先生，不久前来信称赞金田是一家有底蕴、有凝聚力、有前景的企业。

10年前，杭泰斌先生也曾来信对金田集团企业发展与党建、企业文化建设给予高度评价。他此次来信内容如下：

丁老书记：

久未联系，甚念！由于出差，您7月12日的来信，我今天才收到，回复晚了，还望海涵。

榜样的力量是无穷的，难的是一辈子做榜样，您就是我们人生的标杆。您是一个有心人，注重不断地学习、积累和总结，让自己的人生越发厚重。日子不经过呀，距离上次给您写信，又快10年了。您寄来的每一份《金田报》，我都仔细阅读，从中可以了解到您所在的金田集团的发展状况、企业党的建设和企业文化建设。这是一家有底蕴、有凝聚力、有前景的企业。窥一斑而见全豹，也可以看到我国民营经济在不断做大做强，在国民经济发展中发挥越来越重要的作用。读《金田报》，更希望从中了解您的工作和生活，感受您的气息。您为金田的发展做出了贡献，您的退休生活也更有意义，更有价值。

离开新街20年了，恍若就在昨天。一路走来，经历了不少人，不少事，也在工作学习中不断丰富自己，实现人生的蜕变，但不变的是咱们家乡人的那份质朴和纯真。谦虚做人，谨慎做事。回过头来看，在基层干的时间还是太短了，当时太年轻，工作也不够深入扎实，好在履历中有那么一段，也聊以自慰。

后来我到了省纪委，先后在案件室、办公厅工作，参与了省内和全国的一些大案、要案的查处，这段经历让我树立起了严格的规矩意识，终身受益。到中组部我先后在组织局、办公厅、干部五局、党建研究所工作，现在是党建研究所的一名副局级干部。从当上省委组织部选调生开始，这一生就与组织结缘，在组织关心下工作生活、成长进步，不仅心安亦能身安。

得知您汇集《信·情如珍》，感觉非常有意义，您出版这本册子，不仅是您个人人生旅途中宝贵的资料，也是一种文化的传承。本人才疏学浅，您能看上我的书写，给此书做一点贡献，乃我有幸。

期待面叙，顺祝夏安！

杭泰斌

2018 年 7 月 28 日于北京六部口

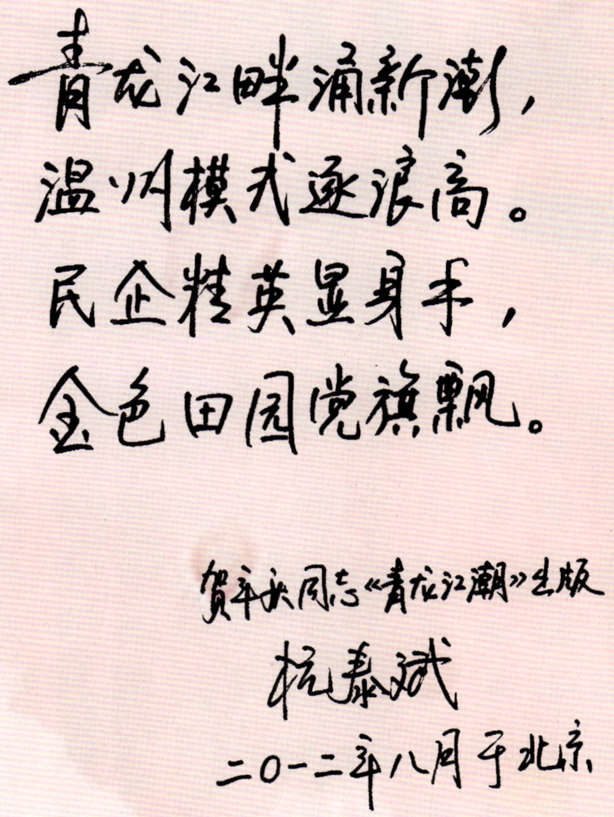

青龙江畔涌新潮，
温州模式逐浪高。
民企精英显身手，
金色田园党旗飘。

贺平焉同志《青龙江潮》出版

杭泰斌

二0一二年八月于北京

▲2012 年 8 月，杭泰斌先生题词称赞"温州模式"和民企党建工作

温州

1987年　成立浙江第一家私营企业党组织
1998年　地温州商会建立党支部
2001年　定为"在新的社会阶层中发展党员试点
20　近平同志作出"发挥实质作用"重要批示

▲杭泰斌在温州讲述非公党建工作发展史

▲杭泰斌(中)、李坚(左)、丁年庆(右)在温州鹿城区党建展厅

金田报

GETTEL NEWS 浙江省优秀企业报

贵州金田走进上海进博会

2018年11月10日 农历戊戌年十月初三 星期六 第12期(总第161期)

中国·金田集团主办 报头题字:毛泽东手迹 浙企准字:C057号 本期4版

金田故事 161

悟"道"知恩，行"道"感恩

深秋的胶东，天高气爽。我与几位同事有幸于 2018 年 10 月 23 日至 25 日到山东烟台市道恩集团参观学习，时间虽短，收获颇丰。

道恩创业成就非凡

道恩集团始建于 1991 年，占地 10000 余亩，有七大产业模块，22 个成员单位。拥有省级以上科研创新平台 9 个，国家技术发明二等奖 1 项，国家重点新产品 5 种，专利 100 余项。主持或参与制定国家标准 9 项，承担国家和省部级科技计划 25 项，获得各级荣誉称号 100 余项，是中国民营企业 500 强之一。

道恩集团领导对金田代表的到访非常重视。道恩化学有限公司总经理杨书海先生、道恩集团营销中心副总经理丁淑波先生等领导和集团总裁办、行政部等部门主管们分别接待了我们。让人惊讶和感动的是，杨总和丁总做足了功课，通过搜索引擎对金田集团的情况进行了详细了解。在参观交流中，杨总特别提道："前几天方董到道恩来访问，与我们于董事长的交流十分愉快、融洽，双方一拍即合，临时决定增加了一项签订《双方战略合作协议书》的议程，为今后道恩与金田开展全方位的互学、互动奠定了基础。"

道恩文化底蕴深厚

道恩集团总裁助理仲光平先生、总裁办副主任吴月民先生、综合办主任曲萍女士带大家参观道恩党建展厅，并就展厅的内容详细讲解。道恩拥有员工 4000 余人，党员 100 多名。道恩注重以党建带动企业文化建设，展厅内容之丰富，让我们无数次竖起大拇指。

参观完展厅，曲总带我们参观了整个道恩集团，包括他们在采矿塌陷地投资修建的"道恩湖公园"。

学习道恩修"文"促"化"

悟"道"知恩,行"道"感恩。从道恩参观回来,我们觉得需要做到以下几点:第一,进一步推进"金田股份文化与知行合一"学习进程,在"知"与"行"上一定要下足功夫。第二,道恩的图书室丰富实用,金田也要把员工图书室充实规范起来,给员工提供更好的读书场所,打造学习型企业。第三,为了让金田的文化理念进一步深入每一个员工心灵,要经常开展多种形式的考试、抽查、演讲、知识竞赛活动。第四,进一步营造以金田为家的氛围,通过"家文化"培训、"家温馨"激励、"家奉献"回报等方式,体现"金田如家""金田胜家"。

▲金田、道恩主管们在道恩集团党建厅

第四卷

2018年12月10日
农历戊戌年十一月初四
星期一
第 **13** 期(总第162期)
本期6版

微信公众号:
gettel1989

浙江省高新技术企业
GETTEL
中国·金田集团主办
报头题字:毛泽东手迹
浙金准字:C057号

GETTEL NEWS 浙江省优秀企业报

金田故事 162

纪念改革开放四十周年

12月3日晚上,中央电视台播出纪念改革开放四十周年专题节目《我们一起走过》。我忽然看到我的老乡、老友——中国共产党党史(研究邓小平)专家刘金田教授出现在视频中,他亲口讲述当年见证邓小平力排众议,接受香港客商包玉刚先生的千万美元投资,并请邓小平为以其父亲命名的北京饭店题名"兆龙饭店"的往事。

15年前,我在来到金田集团前夕,曾经专程前往北京西城区毛家湾一号中央党史研究室驻地采访刘金田教授,为他写成人物小记《诠释邓小平》。该文先是刊登在《东台日报》"五湖四海东台人"专栏,后收入2004年我出版的散文集《漫漫延安路》中。

来到金田集团以后,我多次听到方崇钿主席和方文彬总裁讲到,金田作为一家从小到大的民营企业,每一步都离不开邓小平的改革开放好政策。没有邓小平的改革开放,就没有今天的金田集团。

邓小平的女儿邓楠,也曾在1992年亲临温州龙港金田集团视察,听取方崇钿主席作为改革开放以后温州早期民营企业家的创业经历汇报。

巧的是,专门研究邓小平思想的我的老乡的名字,竟然与金田集团同名!刘金田教授也感到十分惊讶与欣喜。

我把每一期《金田报》都寄到北京毛家湾一号,请刘金田教授审阅,请他提出宝贵意见,他却总是回以赞美之词。

我曾经邀请刘金田教授到改革开放前沿的温州,看看与他同名、已经在中国六省布下生产基地的民营企业——金田集团,看看金田集团是怎样从一个改革开放前家庭作坊式企业发展为今天在世界同行中排头的企业,从而显示温州模式强大生命力的。遗憾的是刘教授至今未能成行。

我想就以昨晚的央视节目为题,编成一组"金田人纪念改革开放四十周年"专版,以此纪念我们不应忘却的岁月和人们。

---

4 | Gettel Newspaper | 金田报 | 党建·文化　Party Construction　Culture | 2018年12月10日　第13期

金田人纪念改革开放四十周年

金田与邓小平

■ 丁年庆

12月3日晚上,中央电视台播出纪念改革开放四十周年专题节目《我们一起走过》。忽然看到我的老乡、老友——中国共产党党史(研究邓小平)专家刘金田教授出现在视频中,他亲口讲述当年见证邓小平怎样力挽狂澜议,接受香港客商包玉刚先生的千万美元投资,并请邓小平为以他父亲命名的北京饭店题名"兆龙饭店"的真实往事。

15年前,我在来到金田集团前夕,曾经专程前往"北京西城区毛家湾一号"中央党史研究室驻地,采访金田教授,为他完成个人物小记(论徘邓小平)"五湖四海东台人"专栏,后收入香港天马图书的《漫漫走安路》2004年为我出版的散文集《漫漫走安路》中。

来到金田集团以后,我多次听到方荣细主席和方文彬总裁屡屡讲到:"金田作为一家从小到大的民营企业,每一步都离不开小平的改革开放好政策。没有邓小平的改革开放,就没有今天的金田集团。"

而邓小平的女儿邓榕,也曾在1992年亲临温州龙港金田集团视察工作,听取方荣细主席介绍作为改革开放以后温州早期民营企业家的创业经历汇报。

在《青龙江呀创业人》一文中,更有一段记忆深刻的阐述:
……
当时,仍然处于"宁要社会主义草,不要资本主义苗"的特殊时期,在农村,除了"农业学大寨",其余都是"资本主义的尾巴"。但是,方荣细却认准了"不管白猫黑猫,逮到老鼠才是好猫"。
……
当不少人还在那里嘴晚"姓'社'姓'资'"的问题激烈争论的时候,他却迅速进出击,是先登,很快在江、浙一带的大、中型化肥企业拿到了100万只编织袋的订单。他的家庭工厂日夜生产,按期交货,实现了首囵企海抢滩成功。

"1979年,那是一个春天。
有一位老人在中国的南海边画出了一个圈,
神话般地崛起座座城,
奇迹般地聚起座座金山。"
从此,与福建惠安"画圈"的地方还在怒尺的温州改革开放的步伐进一步加快。素有"温州模式"之称的温州私营、民营经济从此有了合法身份,可以说是"天高任我飞"了。

巧合的是,专门研究邓小平思想的我们多乡的老乡,竟然与金田集团完全同名!这样的缘分应该是百年少遇啊。

我的老乡到金田教授也感到十分惊讶与欣喜。

我把金田的每一份《金田报》都寄到北京毛家湾一号,请刘金田教授审阅,请他提出宝贵意见,他却总是回以赞美之词。

我曾经向刘金田教授提议,邀请他有机会能到改革开放前沿的温州,看看与他完全同名且已在中国六省布下生产基地的民营企业——金田集团。看看金田集团是怎样从一个改革开放前家族作坊式企业发展为今天在世界同行中的排头大企业,从而显示温州模式强大生命力的?但是,由于他晚要细力研究邓小平特种宝库,又要在全国各地身讲学演,确实很忙,至今还未能成行。

我想就以昨晚的央视节目为题,编成一组"金田人纪念改革开放四十周年"专版,以此纪念我们不应忘却的岁月和人们

上图摄自中央电视台2018年12月3日播放的大型文献纪录片《我们一起走过》。与金田集团同名的刘金田教授,是江苏东台人,是中共党史研究室研究邓小平思想的专家。

▲《金田报》2018年第13期

264

金田报

GETTEL NEWS 浙江省优秀企业报

微信公众号：gettel

2019年1月10日 农历戊戌年十二月初四 星期一 第 1 期(总第163期)

中国·金田集团 主办 报头题字：毛泽东手迹 浙金准字：C057号 本期4版

新年贺词
方文彬
2019 年 1 月 1 日

金田故事 163

方总七点评

方文彬总裁在 2019 年第 1 期《金田报》中做了 7 个点评，超过了以往任何一期《金田报》的点评量，体现了方总在百忙中对《金田报》的宣传内容和员工学习、劳动成果的高度重视。这是《金田报》能够坚持十几年正常出刊，并且受到公司内外欢迎的重要原因，也激励着我们要不忘初心，永不懈怠，以高度的责任心和百倍的热情，把《金田报》进一步办好，办出特色。

方总为宿迁公司营销部《为了"上帝"满意，品质、服务并进》做点评。

宿迁公司在学习"金田企业文化与王阳明心学·知行合一"中组织各部门对照工作实际，找良知，找成果，找差距，再出发，至今已经有行政部、供应部、生产部、工程部、营销部在《金田报》上开辟了"金田企业文化与王阳明知行合一"论坛。他们的总结、思考、对照，很真实、很生动。本期营销部论坛中列举的三个案例更是让我感动。第一个案例，当客户连续投诉时，他们不与客户争论是非，两下山东，帮助客户解决了自身设备上的问题，让客户感动得从此认定"非金田产品不买"。第二个案例，他们坚持"三拒三登门"，终于感动了一位江南的客户。第三个案例，为了配合一位客户的发货时间变化，营销部、分切包装、成品库、装卸部几十人加班到凌晨，无一怨言。这种为客户"应急"全力以赴的精神，正是金田文化的精粹所在，正是我希望看到的结果。谢谢你们！

希望宿迁公司各级主管、全体员工朋友们再接再厉，不忘初心，继续奋进！

希望其他公司也要学宿迁，赶宿迁，共谱金田新篇章！

浙江省高新科技企业
GETTEL
中国·金田集团主办
直头题字：毛泽东手迹
省企准字：C057号

金田报
GETTEL NEWS 浙江省优秀企业报

2019年2月1日
农历戊戌年腊月二十七
星期五
第 2 期(总第164期)
本期4版

微信公众号：
gettel1989

金田故事 164

金田颂·金田梦

金田颂

回顾刚刚过去的一年，
我们经历了宏观控制的新一轮浪涛；
我们冲破了市场重新洗牌的险礁，
在攻坚克难之后取得的业绩，值得我们
为之自豪！

我们站在岁月的肩膀上放眼远眺，
跟随金田前进的足迹深情回望，
一首《金田颂》从我们心头喷薄而起，
耳边回荡着金田人不懈奋进的嘹亮号
角！

从 1989 到 2018，
从塑料编织到光缆、电缆、新材料，
从温州龙港到苏、皖、渝、黔、辽，
从一个生产基地到"七星"高照！

跟随国家"一带一路"倡议，

我们在国际市场小试牛刀，
日韩欧美亚非拉，
金田产品都已经吹响进军号！

唱一首《金田颂》，道一声"金田好！"
我们为"我是金田人"感到无比自豪。
为国家谋贡献，为员工谋幸福，为客户谋
未来。
金田赢得业内外好评如潮！

金田梦

在以习近同志为核心的党中央的英明领
导下，
全国人民意气风发，斗志昂扬。
国家有国家的梦想，金田有金田的梦想，
我们的梦想犹如灿烂之星镌刻在金田旗
帜上！

成为全球最具影响力的薄膜生产企业，

这是金田梦想的钢铁翅膀。
我们不屈不挠，我们不离不弃，
我们将为实现这一宏伟梦想奋斗到底，
决不彷徨！

打造金田百年老店，续写金田百年华章，
这是金田人的创业梦想。
肇启一方经纶，贞定百年基业。

我们要用金田百年老店的金字招牌，为
中华民族的制造业增添荣光！

光荣的使命，我们勇于担当，
美好的愿景，我们共同向往。
知行合一，我们无所畏惧，
上下同心，我们共创辉煌！

▲方晨（右）在年会上颁奖

浙江省高新科技企业
GETTEL
中国·金田集团主办
报头题字：毛泽东手迹
浙企准字：C057号

金田报
GETTEL NEWS
浙江省优秀企业报

2019年3月10日
农历己亥年二月初四
星期日
第 3 期(总第165期)
本期4版

微信公众号：
gettel1989

金田故事 165

永超家书寄深情
——王永超写给妻子张秀贞的信

秀贞：

　　见信好！

　　过年以后，我们金田公司的生产基本正常了，正月初六、初七，我们就装车发货300多吨，卸货400多吨，进销两旺，说明我们公司今年开门大吉啦。

　　我今天抽空给你写这封信，还要向你报个喜：我们装卸部领导和同事们都说我去年做得不错，年前还评我为"优秀员工"，我不光拿到了大红证书，还拿到了1000元奖金。我心里真的非常高兴。但是请你对我今年又没能回去与你一起过年，多多谅解。

　　我所在的金田公司，是一家发展前景很好的公司。前几天，江苏连云港公司又有一条生产线投产了，金田已经可以说真正成了咱们中国和全世界同行业中做得最好的公司之一。如今我的工资也由前两年的4000多元涨到了5000多元。公司每个月还给我们缴纳"五险一金"，将来养老、看病都有了保障。宿迁这地儿跟我们河南一样，冬天也冷，公司除了发工作服以外，还专门给我们每人买了一件很厚实的棉大衣。大家都说跟着方总能过上好生活。

　　这些年，我在公司过春节，也很习惯了，就是感到实在对不起你和孩子们。今年春节期间，公司还送了一些年货、水果、零食等到我的宿舍里，让我感到很温暖。除夕和大年初一，公司食堂里也为我们准备了年饭。在这里过年，一点也不比在家里差，请你们放心。

　　我每天下班回到宿舍，看着你和孩子们的照片，想象着你和孩子们在遥远的河南老家快乐地生活着，一种幸福的感觉就涌上心头。家里的一切就都拜托你了。

你一定要多多保重自己的身体。转包给人家的那几亩地，不要去多操心了。还有3亩多，你看能种多少算多少，不要太劳累，伤了自己的身体。我特别不能忘记从前年夏天我母亲生病到去年夏天去世这一年多的时间里，你对她老人家精心护理、细心服侍的那些日日夜夜，我要再一次深深地感谢你！

咱们的大儿子国强，今年下半年要上大二了，告诉他一定要好好学习，毕业后要成为对国家、对社会有用的人。小儿子王硕，在小学二年级应该念书也不错的吧？寒假里再玩几天，马上就要开学了。我很想念他们，你要把他们照顾好。

最后，我也很挂念我的岳父，您的父亲，他老人家今年86岁了，身体也不是太好，你要时常抽空去看望他，代我向他问声好。

好了，今天就先写到这里，有空我们在电话里再聊。

▲宿迁金田公司员工工间操

金田故事 166

宿迁市委党校成立金田分校

（**本报记者**）中共宿迁市委党校金田分校于 2019 年 3 月 20 日举行揭牌仪式。

宿迁市委党校常务副校长刘立新，副校长韩光化，金田集团党委书记丁年庆，宿迁金田公司党支部书记、常务副总经理徐登赛，宿迁市委党校和金田公司党支部全体党员参加授牌仪式。

刘立新副校长在揭牌仪式讲话中，对金田公司党建工作高度评价。他表示，挑选金田公司设立党校分校，是宿迁市委党校经过慎重挑选和长期酝酿的结果，对金田分校的工作很有信心。宿迁市委党校将对金田分校提供经常性的学习培训业务指导，组织专家开展政策宣讲、课题调研、决策咨询等活动，不断拓展合作的广度和深度，探索建立互惠、互利、互赢的长效合作机制，推进双方合作走向更宽的领域和更深的层次。

金田集团党委书记丁年庆对宿迁市委党校领导表示衷心感谢，对两位校长和各位领导莅临授牌仪式表示热烈的欢迎，并明确表态将以实际行动报答领导的关怀。

▲中共宿迁市委党校金田分校授牌仪式

浙江省高新科技企业
GETTEL
中国·金田集团 主办
报头题字：毛泽东手迹
浙金准字：C057号

金田报
GETTEL NEWS
浙江省优秀企业报

2019年5月6日
农历己亥年四月初二
星期一
第 5 期（总第167期）
本期4版

微信公众号：
gettel1989

金田故事 167

从《走进金田》中感悟金田

● 林可夫

金田集团党委书记丁年庆历经 13 年耳闻目睹，点滴积累写成的报告文学集《走进金田》，记录总部在温州的民营企业——金田集团创业足迹，近期由上海创艺文化传播公司策划，江苏人民出版社正式出版。

《走进金田》是金田集团 30 年创业、20 年党建工作的成果实录，由全国政协常委、全国工商联副主席、正泰集团董事长南存辉作序。全书共分为"走出浙江""莘莘学子""草根栋梁""大爱金田""温馨家园""小康路上小车族""花园·乐园·人缘、中流砥柱"八集，共 24 万字。

作者通过解读温州人如何创立温州模式的密码，讲述温州一个名叫"金田"的家族式民营企业怎样神奇蜕变为现代高科技企业的故事；通过解读温州老板为钱而生、为钱而拼的密码，讲述今日温州"创二代"怎样为续百年老店而精心打造代代传承的企业文化；通过解读温州企业主进化为社会尽责企业家的密码，讲述他们怎样爱党、爱国、爱民、爱员工，不断付出真爱、大爱的动人故事。

这部报告文学集记录了金田集团产业发展的三次重大转型升级，金田在主攻 BOPP 生产以后，从一条生产线发展到 16 条生产线，从一个生产基地到在全国浙、苏、皖、渝、黔、辽六省建立 7 个生产基地的创业历程。从进军苏北宿迁经济开发区通湖大道创建金田产业园，到安徽龙眼山下有"金田"，从三峡库区之"最"到拓疆东北，从进军黔南到登上亚欧桥头堡。金田前进的每一步足迹，都在作者笔下得到完美呈现。

金田的企业文化，金田关爱员工、奉献社会的高度责任感都从《走进金田》记叙的一个个生动鲜活故事中得到全方位展示。其中，"让人心惊的2毫米""风雨见真情"等章节真实记录了金田员工们与企业共命运的奋斗精神。

"小路的应聘路""安霞安了家"等真实故事有的让人捧腹，有的催人泪下。《安霞安了家》的女主人公——盘锦金田公司员工杨安霞在审阅初稿时就给作者丁年庆发来微信说："丁老师，您写得太好了，昨晚把我看哭了，失眠到凌晨。回想起这些年的点点滴滴，安霞真的安家了！人定了，心静了！真的要感谢金田，感谢金田每一个关心帮助过我的同事，感谢金田对我们的培养，感谢方总对我们犹如家人般的关爱和教导，最后要感谢丁老师您，您的一字一句触动了我内心深处，让我感动不已！"

一部诞生于温州民企的文学作品，能够引发一个普通员工如此真实动情的心灵反应，应该是值得庆幸的。

《走进金田》也是两新党建工作在温州民营企业发挥实质作用的全景式纪录。

特别是第八集"中流砥柱"，通篇介绍了党建工作在企业管理和创新创造中共产党员发挥的模范带头作用。金田是2010年温州面向全国招聘非公党组织书记的发源地。在金田，一个党员就是一面旗帜，"行政管理旗帜"范智勇、"财务管理旗帜"尤信用、"机械工匠"余上拥、"软件工匠"上官福调、"真心管家"黄圣寅等，都是金田共产党员团队中的佼佼者。他们肩负党的使命，牢记党员职责，爱岗敬业、在岗奉献的高尚境界和实际行动，都通过《走进金田》载入金田企业发展和党建成就史册。

在温州民营企业党委书记中，能够为所在企业写书立传的，为数不多，丁年庆算是其中最难得的一位。

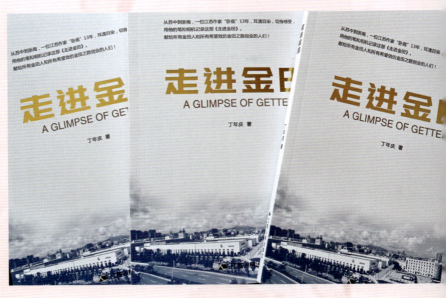

▲《走进金田》

浙江省高新科技企业
GETTEL
中国·金田集团主办
报头题字：毛泽东手迹
浙企准字：C057号

金 田 报
GETTEL NEWS 浙江省优秀企业报

2019年5月10日
农历己亥年四月初六
星期五
第 6 期（总第168期）
本期4版

微信公众号：
gettel1989

金田故事 168

将军情怀励后人

2019年5月7日至8日，原南京军区政委方祖岐将军偕夫人莅临金田视察指导工作，金田董事局主席方崇钿先生偕全家接待方祖岐将军一行。

方祖岐，笔名重九，中国人民解放军原高级将领，上将军衔。著名诗人，书画家，中国书法家协会会员。1935年10月出生于江苏靖江，祖籍徽州，1951年入伍，参加过抗美援朝战争。曾任南京军区政治委员。是中华诗词学会顾问、中国毛泽东诗词研究会顾问、解放军红叶诗社顾问。

方祖岐将军对金田的创业精神和企业管理水平给予了高度评价。他即兴挥毫题写"百年基业""励志逐梦""家和万事兴"，还兴致勃勃地献出了他的"招牌字"："和"。

方祖岐将军也谈到不断提升领导力的问题："当领导要有定力，有方向，有恒心，不要有太多的爱好，朝思夕变，要有专注精神。领导没有定力，就会没有主张，一遇到难题，自己就会摇摆，迷失方向，就不能带领大部队继续往前冲。"

方祖岐将军在谈到怎样带好队伍，保持坚定正确的前进方向时，指出要注意三个不正常："内部关系不能不正常，外部交往不能不正常，财务支出不能不正常。"这三点非常精辟实用，让在场的人员敬佩不已，纷纷表示这些建议对我们如今管理企业及做人做事都非常实用。

▲方祖岐挥毫题字

▲方祖岐(中)在方崇钿(右)、方文彬(左)的陪同下视察金田厂区

浙江省高新科技企业

GETTEL

中国·金田集团 主办

报头题字：毛泽东手迹

浙金准字：C057号

2019年6月10日
农历己亥年五月初八
星期一
第 7 期（总第169期）
本期4版

GETTEL NEWS　浙江省优秀企业报

微信公众号：
gettel1989

金田故事 169

金田在广州

五月的广州，景色宜人。琶州国际会展中心人潮熙攘，第十三届中国国际塑料橡胶工业展览会（下简称"橡塑展"）在这里隆重举行。

这届橡塑展由中国轻工业联合会、中国石油和化学工业联合会、中国轻工机械协会、中国机电产品进出口商会、中国联合装备集团有限公司共同主办。展会面积38000平方米，来自世界各地的520多家企业参展。

方文彬总裁率领金田集团各公司总经理和营销团队参加了5月21日至24日的展销活动。

这一届橡塑展以"智能制造、高新材料、环保科技"为主题，透过产品展示、论坛及研讨会，全方位地把世界领先橡塑机械、材料及顶尖解决方案带到参会的观众眼前。展会聚焦高新科技及行业发展趋势，全面涵盖所有终端行业。

金田塑业展出了BOPA薄膜、BOPP合成纸、标签膜、CPP膜等金田薄膜制品，吸引了众多观展商、参展商及业内专业人士驻足洽谈，成果颇丰。

▲金田营销人员在广州展会上与客户们交流

275

浙江省高新科技企业
GETTEL
中国·金田集团主办
报头题字：毛泽东手迹
浙金准字：C057号

2019年7月1日
农历己亥年五月二十九
星期一
第 8 期（总第170期）
本期4版

GETTEL NEWS 浙江省优秀企业报

微信公众号：
gettel1989

金田故事 170

温商榜样
——《走进金田》序
● 南存辉

在美丽富庶的"中国第一农民城"——温州龙港，有一家以生产BOPP高分子包装材料为主的民营企业，它的名字叫金田集团。

作为一家以制造业为主的民营企业，金田集团经过几十年的发展，风生水起，规模越来越大，先后进入中国轻工业100强、中国民营企业500强、中国优秀企业等排名榜。他们的生产基地遍布浙、苏、皖、渝、黔、辽等省。据悉，金田集团BOPP薄膜年产出在世界同行业中排名第一，可谓名副其实的"隐形冠军"。

俗话说，水有源，树有根。金田集团的发展壮大与集团创始人、董事局主席方崇钿先生的奋斗是分不开的。

作为温州改革开放创业的先行者，方崇钿先生是温商"走千山万水，吃千辛万苦，想千方百计，说千言万语"之"四千精神"最有代表性的人物之一。方崇钿先生是所有温商乃至浙商学习的榜样。

由于同样植根温州大地创业和同时代跻身温州青年企业家协会的渊源，我和方崇钿先生之子方文彬先生交往颇多，不管是在私下场合还是公众场合，我都直接叫他文彬。

文彬人如其名，待人接物温文尔雅、彬彬有礼。文彬是个很有理想抱负的人，我们每次会面，他都非常谦虚地向我"请教"，请我"指点"，有意无意地把我看成创业的导师。可事实上，我觉得如果非要在我们身边找一位创业导师，那么文彬的父亲、德高望重的方崇钿老先生才是最优秀的创业导师。

方老先生一生都在发现商机、捕捉商机，他的创业生涯有过六次大的转型，他从创办养蜂场开始，先后办过五金机械厂，塑料编织厂，通讯光缆电缆厂，BOPP、BOPA薄膜厂，在年逾七十时仍然壮心不已！

方老先生的创业之路可以说是温州"四千精神"最真实的写照。方老先生为创业而吃的苦，在当下中国民营企业家中都堪为典范。他的创业精神令人赞叹！

方老先生不仅在创业方面成功，在子女培育方面也很成功。现在，方老先生已经将企业全面移交给文彬等子女打理。我在和文彬等"少帅""创二代"的交往过程中，能够强烈感受到"少帅""创二代"们身上传承的温商精神。他们更重视打造现代企业文化，更关注创业团队建设，更勇于担当社会责任。这一点在这部《走进金田》中都有感人记叙。例如，《走进金田》中提到文彬给高管们开出解决六大疑惑的"处方"就非常具有真知灼见，我们从中可以看出一个新时代企业家的高超智慧和精彩魅力。

中国民间素有"富不过三代"的说法，我想这个"魔咒"我们当代温商是一定可以打破的。不仅如此，我相信无论世界怎样风云多变，我们的企业一定会不忘初心，砥砺前行，越来越好。

前途是光明的，道路是曲折的，未来的辉煌不是靠吹吹打打就能得来的。今天，我们欣喜地见证着科学技术飞速进步，随着信息化、网络化、智能化时代的到来，世界经济形势正在面临一场革命

性的蜕变，这既是挑战，也是机遇，很多有远见的企业家已经看到了这种大趋势，正在以昂扬的战斗精神迎接着各种挑战。不少企业通过加强信息化建设，积极布局新兴产业等方式谋划改革，大胆创新，业已取得了可喜的战果。

对于当今企业家们来说，坚持创新发展永远是我们的使命。我们感到由衷兴奋的是，从这部纪实文学《走进金田》中，看到经过二十多年探索发展，金田集团正在实现从一个家族企业向现代企业，从多业并举向做专做强，从传统制造向智能化、数字化智造转变。金田集团从一个侧面为广大温企的转型升级提供了有益的借鉴，体现了一代温商敢于创新、锐意进取的过人胆识和雄伟气魄。

作为温商的一员，我乐于看到更多的企业像金田集团一样健康成长，也祝愿有更多的"金田"之花盛开在温州和华夏大地！

是为序。

▲法国专家在金田

金田故事 171

学习六标准

宿迁金田公司组织全体主管学习方文彬文章《金田优秀主管六标准》。每位主管根据各自的工作情况及自身领悟，畅谈学习体会。

马晓燕谈"爱学习"

"问渠哪得清如许，为有源头活水来"比喻知识是不断更新和发展的，只有不断地学习、运用和探索，才能使自己永葆活力。我们作为公司的管理者，要自觉养成勤学的好习惯，不断提升自己的业务技能和管理技能，为自己拓展成长的空间。有个著名的"三八理论"，就是一个普通成年人的一天应该分为"三个八"，即八小时工作、八小时睡觉、还有八小时自我安排。前面的两个"八"大多数人是一样的，人与人之间的不同就在于剩下的八小时怎样度过。时间对于每个人是绝对公平的，拥有资源的人不一定会成功，善用资源的人才会成功。

赵勋谈"肯操心"

团队优秀，团队的主管功不可没。作为车间设备维护主管，我们必须要有时刻为生产保驾护航的理念。主管为能不能正常生产而操心，产能、品质就会有很大的提升；为员工操心，员工的素质就会不断提升。

孙小林谈"有办法"

主管是一个部门的主心骨。员工在工作中会遇到各种问题，一些常见的小问题员工能自主解决，但更多的时候是在等待指令。主管的责任就是在各种事件发生时，做团队的主心骨，给出解决方案。主管还要对自己的上司和领导适时提出建议，要带着方案向领导汇报，让领导做选择题，不让领导做填空题。

丁爱爱谈"出手快"

今年4月有客户介绍某烟厂招标办人员给公司，马总立即订机票与烟厂人员见面商谈。获得投标资格后，迅速安排人员准备投标资料。正式进入现场投标的前一天，马总不放心，让人把准备好的投标资料拍照给她。她收到照片后，发现封面骑缝章盖得不对。这时前去招标的人员已经将资料带走，没办法修改了。马总安排业务经理带着公章前往投标现场更改，确保当天投标正常进行。马总的处事方式正体现了主管们遇事"出手快"的重要性。

■ **方文彬点评：** 宿迁公司不愧为金田的"学习型公司"，大家珍惜每一个学习机会，精心组织每一个主题学习活动，并且十分注重取得实实在在的学习效果。每一个人的感悟都有实际案例，他们不是在"做形式"，不是在"装门面"，而是真正联系工作实际，实实在在地改进方法，解决问题。希望其他公司好好向他们学习，把本公司的各项学习活动组织得有声有色，有序有效。

▲安徽金田公司主管们的学习课堂

浙江省高新科技企业
GETTEL

金田报
GETTEL NEWS 浙江省优秀企业报

中国·金田集团主办
报头题字：毛泽东手迹
浙金准字：C057号

2019年8月10日
农历己亥年七月初十
星期六
第10期(总第172期)
本期4版

微信公众号：
gettel1989

金田故事 172

40℃下的18小时

2019年7月23日13:38,宿迁金田公司1870生产线的电晕柜损坏,5个发生器中只有两个正常运转。经过工程部几个小时的维修,由于缺少备件不能恢复正常。为了不耽误车间生产,工程部只得暂时把下电晕的3号高压线接至上电晕3号柜子,勉强使用。这样处理的问题是:第一,两个柜子在工作负载过大时,容易再次损坏,造成设备彻底停机;第二,生产线速度提不上去,同比低了

▲车间高温下的"勇士"们

60m/min。

要保持正常生产速度,需要替换3个电晕发生器。联系德国厂家后,得知配件到货要15天左右,且国内没有。宿迁公司工程部电气主任仝帅在下班后继续在生产线观察,因为该设备是最新研发的,很多部件布局不熟悉,给维修造成很大困难。仝帅想,在没有配件的情况下只能把已经损坏的3个发生器柜内的每个部件拆下来检查,把配件拼成一个好的。经查,这3个发生器的共同点是电路板都是坏的。在40多℃的车间,仝帅抢修至凌晨5点。功夫不负有心人,他终于完成了修复工作。单个设备的输出功率负载降低,设备损坏风险降低,生产线正常提速生产。

仝帅用行动诠释了金田优秀主管六标准:爱学习、善沟通、肯操心、能着急、有办法、出手快。经公司研究决定,通报表扬仝帅,并奖励1000元。

金田报

金田故事 173

中国百强企业报

　　暑去秋来,天高气爽。2019 年 8 月 9 日至 13 日,首届中国报业企业报刊媒体峰会暨百家企业媒体红色圣地延安行活动,在陕西延安干部培训学院拉开帷幕。

　　中共延安市委常委、宣传部部长柯昌万在开幕式上致辞。

　　中共中央宣传部副秘书长、中国报业协会常务副理事长明立志在百家企业媒体红色圣地延安行启动仪式上讲话,预祝此次活动圆满成功。

　　延安日报社党委书记、社长石兴平做首届中国报业企业报刊媒体业务培训班开班动员讲话。

　　大会推选表彰了 2018—2019 年度中国品牌企业报刊百强单位和中国企业报刊媒体先进工作者。

　　金田公司创办的《金田报》被推选为 2018—2019 年度中国品牌企业百强报。

　　全国 20 多个省市的 100 多名企业媒体负责人参加了这次行业盛会。

　　与会人员在参加了首届峰会开幕式,先进单位、先进工作者表彰仪式及报刊媒体培训班以后,考察了南泥湾,参观了习近平总书记当年下乡插队的延川县文安驿镇梁家河村,延安杨家岭、枣园等革命旧址,参观了中共六届六中全会、中共第七次全国代表大会会址,参观了延安鲁迅艺术学院和延安新闻纪念馆。

　　与会人员还在延安黄帝陵举行了隆重的祭祀初祖仪式,追寻中华始祖文化,感悟五千年中华文明,立志在以习近平同志为核心的党中央领导下,积极投身新时期中国特色社会主义建设,为实现振兴中华的宏伟夙愿做出应有的贡献!

　　会议期间举行的百强企业报刊现场

展示中,《金田报》以精美的版面获得　　　抢一空。
参会者的一致好评，十几份样报被争

▲颁奖仪式现场

▲《延安日报》报道"企业媒体红色圣地延安行"活动

2019年9月10日
农历己亥年八月十二
星期二
第12期(总第174期)
本期4版

中国百强企业报·浙江省优秀企业报

微信公众号：gettel1989

金田故事 174

生产晨会好处多

在贵州金田公司，每天8:30左右，都会召开一次生产晨会。会议一般由生产部经理主持，常务副总经理出席会议。生产部、工程部、品管部、销售部主管和拉伸、分切车间主任参加，时间一般半小时左右。除了车间停机和星期日，从周一到周六，基本上每天一次，雷打不动。

晨会的内容主要是生产、工程、品管部简要交流前一天的工作情况，汇报遇到的问题，解决了哪些？没有解决的有哪些？销售部汇报前一天的销售信息、客户意见，与生产部门进行面对面沟通。

各部门主管对每天的晨会都非常重视，每个人都有备而来，带着问题来寻找解决的办法。每个人都把这个晨会当作上、下级交流，部门间交流的极好机会，都很希望通过晨会解决自己想要解决的问题，为新的一天的工作扫除障碍，增强信心，获得能量。

例如，2019年8月20日的晨会，参会人员的笔记本上都做了记录，有的上面写着："收卷刀数请收双数，透明度和爽滑度要好，厚度正常，米数不要太多差异化。"有的写着："8·20(应该是晨会日期)，1.PQ-30厚度，次品降一件；2.擦伤，纵拉；3.卫生做得不够(保护膜)。"也有的写着："8月20日晨会，卷内一刀破膜，分切刀槽辊打磨，中午停机，处理卫生，下卷划伤，粉尘处理。"

从笔记中可以看到大家对晨会的重视，不是稀里糊涂来开会，嘻嘻哈哈就散会。简短的晨会上，当面锣，对面鼓，一切问题都说清楚。大家高高兴兴、清清楚楚地开始新的一天。

这样的晨会好处很多：第一，彻底改变了高层主管的工作作风，让公司高层领导有了更多的知情权和工作主动权。

如果没有这样的晨会，高管们只能等待下级找上门来，或者等发生了事故，造成了不良后果，才引起重视，很容易错失解决问题的良机。如果遇到下级"报喜不报忧"，已经出现的问题也会被掩盖过去。而晨会在车间，从上到下每天近距离接触，高层领导就有了更多的发言权、指挥权、决定权。

第二，解决了车间主管们请示、汇报工作要到处找上司，一时找不到就会耽误工作的问题。过去有的生产例会是一个月一次，有的是一个星期一次，虽然平时也可以联系上级解决问题，但终归没有每天早晨面对面沟通的效率高、效果好。

第三，培养了各部门之间友好磋商的良好习惯，也从根本上培养了员工以公司利益为重，坚持友好合作的文明之风。由于公司高管主持晨会，遇到需要配合的问题，参会人员都不会推卸，提出的建议、意见也都十分中肯、有效。

第四，增进了各部门之间的友好感情。过去各部门之间需要配合工作时，有的部门因为各种原因不愿意出手。而现在，晨会上提出的问题，都是秃子头上的虱子——明摆，应该谁来做？谁能胜任？大家都清清楚楚，没有理由推让，唯有全力以赴。

祝愿贵州公司的生产晨会持之以恒，越开越好！

▲方晨（左一）在生产晨会上

GETTEL NEWS 中国百强企业报·浙江省优秀企业报 微信公众号：gettel
2019年10月1日 农历己亥年九月初三 星期二 第13期(总第175期)
中国·金田集团主办 报头题字：毛泽东手迹 浙金准字：C057号 本期4版

金田故事 175

龙港建市啦

　　在我们伟大的祖国70周年诞辰前夕，2019年9月25日下午，东海之滨，鳌江之畔，龙港城里，宽敞的龙港体育馆内，嘉宾满堂，乐声飘扬。主席台上方，"龙港市成立大会"的巨幅标语鲜红艳丽。龙港人期盼已久的龙港市成立大会将在这里隆重举行。

　　下午3时整，省委书记车俊，省委副书记、省长袁家军，副省长王文序，省委常委、温州市委书记陈伟俊等领导健步走上主席台。成立大会正式开始。

　　车俊书记、袁家军省长分别为"中国共产党龙港市委员会""龙港市人民政府"揭牌。

　　王文序宣读了省政府关于撤销龙港镇设立县级龙港市的文件。

　　车俊在讲话中代表省委、省人大常委会、省政府、省政协对龙港市正式成立表示祝贺，向所有关心支持龙港撤镇设市的社会各界人士表示感谢。他说，龙港是一个承载梦想、创造奇迹的地方。从新中国成立时的5个小渔村，到改革开放初期崛起"中国第一农民城"，再到现在设立县级龙港市，龙港缔造了城市化的传奇、民营经济发展壮大的传奇、群众幸福生活的传奇。我们为凤凰涅槃、华丽蝶变的龙港市而骄傲，为敢闯敢试、创新创业的龙港人而自豪。龙港之所以能够迈出撤镇设市这一历史性的步伐，是方方面面关心、支持和努力的结果，是大势所趋、人心所向，是瓜熟蒂落、水到渠成。祝愿新成立的龙港市能够像自己的名字一样蛟龙出港，闯出更加广阔的新天地，书写更加辉煌的新传奇。

　　陈伟俊和龙港撤镇设市工作筹备组组长、苍南县委书记黄荣定分别汇报了龙港建市筹备工作情况以及建市后再造辉煌的宏伟目标。

金田集团总裁与党委书记参加龙港市成立大会，见证了这一激动人心的时刻。

浙江省高新科技企业
GETTEL
中国·金田集团主办
报头题字：毛泽东手迹
浙金准字：C057号

金 田 报
GETTEL NEWS
中国百强企业报·浙江省优秀企业报

2019年10月10日
农历己亥年九月十二
星期四
第14期(总第176期)
本期4版

微信公众号：
gettel1989

金田故事 176

"三十而立"的致谢

——庆祝金田创办三十周年

● 方崇钿

▲ 方崇钿在讲台上

今天，我们欢聚在一起庆祝金田创办三十周年。我由衷地谢谢金田全体员工，同时也即兴抒发一下自己的感慨。我这一生创业的历程可以归纳为"二十年蹚路，三十年立企"。我一生奉行"敬业、感恩"四个字。

首先我要感谢我父母的养育之恩。我父亲当年在县工商联工作，文化水平不高给工作带来诸多不便，他下决心要让儿子读最好的学校。结果如愿将我送入省重点中学——温州勤俭中学。我母亲目不识丁，却对我要求十分严格，每天早上六点半要我发声读书半小时。父母的悉心培养与严格要求，为我以后做人做事都奠定了扎实的基础。他们一生勤奋，盼望我能成才，我也没有辜负他们的热切期望。

感谢祖国，让我们拥有了为国家经济建设出力流汗的机会。

感谢改革开放，给了我们民营企业放心、放手发展的定心丸。

感谢我的夫人黄杨芬女士，与我同心同德、同甘共苦，支持我白手起家，艰苦创业。感谢我的两个儿子，两个儿媳，他们具有强烈的事业心、责任心、上进心，在继承金田事业上义无反顾，创新创造，青出于蓝而胜于蓝。

感谢金田旗下的所有员工们，你们在金田平台上热情奉献自己的聪明才智，让金田企业的发展如虎添翼，让金田的企业管理更加扎实有效，让金田的文化更加丰富多彩。

我也特别感谢各地、各级党委、政府的领导们对金田的关怀和厚爱，为金田发展创造了良好的外部环境。

最后，我也感谢自己，从小对自己要求严格，从小就树立了人生的追求目标。"空谈误国，实干兴邦"是我的座右铭，自从走上创业路后，我锐意进取。一生三次转型升级，但每次转型技改都恰逢国家宏观调控，遇到了前所未有的困难，我始终坚持百折不挠的精神，以坚韧不拔的毅力，一步一步发展起来。至今总算心满意足，小有成就。我希望在今天的庆典活动以后，大家不忘初心，再接再厉，继续努力，为实现金田百年老店、百亿元企业的宏伟目标而不懈奋斗！

▲金田创业三十周年庆典现场

浙江省高新科技企业
GETTEL
中国·金田集团主办
报头题字：毛泽东手迹
浙金准字：C057号

金田报
GETTEL NEWS
中国百强企业报·浙江省优秀企业报

2019年11月10日
农历己亥年十月十四
星期日
第15期(总第177期)
本期4版

微信公众号：
gettel1989

金田故事 177

"完美订单"回馈客户

根据 2019 年 10 月"完美订单"交付情况统计报告，金田各公司从履行"完美订单"考核竞赛活动 4 个月来，"完美订单"交付取得明显进步。

以交货期为例，10 月份销售人员与客户签订的销售合同交货期平均为 22 天，而实际交货期平均为 16 天，提前了 6 天。其中交货最快的云阳金田公司订单约定交货期 23 天，实际交货期为 13 天。盘锦金田公司订单约定交货期为 21 天，实际交货期只有 12 天。

实行"完美订单"考核竞赛也有力推动了各公司加快生产进度，提高产品品质，客户投诉率也明显下降。贵州金田公司前几个月客户投诉平均每月 6 起左右，10 月份只有 1 起。安徽、盘锦金田公司前几个月客户投诉平均每月 5 起左右，10 月份也只有 1 起。温州金田公司此前客户投诉平均每月不低于 5 起，10 月份也只有两起。事实证明，开展"完美订单"考核竞赛成效显著。

▲设备维护人员为"完美订单"议定方案

2019年12月1日
农历己亥年十一月初六
星期日
第16期(总第178期)
本期4版

微信公众号:
gettel1989

中国百强企业报·浙江省优秀企业报

金田故事 178

舍弃"小我"才有"大我"

● 方文彬

看到本期《金田报》上《温州公司"两率、两争"总动员》(一版)和《思想变了环境变》(四版)两篇文章,心情振奋,心潮难平。较长一段时间,温州公司的团队建设和生产管理有点让人不省心。人与人之间不那么和谐,为一两句话计较,为一两件事情不开心,有的部门之间配合不太顺畅,遇到一点难题,真正敢想、敢说、敢扛的人不多,较多的是指责对方,埋怨对方,把一切责任归咎于他人。不少人都把"小我"看得太重,忽略了整个公司生存与发展这个"大我"。

10月,一张生产报表中的两项数据,如一声惊雷震醒了温州公司所有人:2018、2019年总成品率和优级品率。这是标志一个公司生产营销根本效益水平的数据,其他公司都曾经在季度考核中名列过第一,而温州公司一项都没有。对此首先警醒的是生产部经理黄强和他率领的生产部党小组八名共产党员,他们举起曾经向党宣誓过的拳头,喊出了"我们一定要带头在'总成品率、优级品率'上争上游,争第一"的口号。

葛淑丽总经理大力支持,并且亲自参加共产党员"两率、两争承诺动员会",为大家加油、鼓劲、定向。

近期,工艺师郑国星每日和员工们开展技术探讨,工程部每日上班前全员搞卫生1小时。1345线人人动手打扫卫生并开展班组卫生互查、PK,让1345这条老线的面貌不断变化。

更加可喜的是,我已经连续听到了1508线"当日生产优级品率100%"的好消息,不再听到互相指责、推卸的"杂音"。

事实证明,只有舍弃"小我",才能成就"大我",成功的"大我",必然造福无数的"小我"!

浙江省高新技术企业
GETTEL
中国·金田集团主办
报头题字：毛泽东手迹
浙金准字：C057号

金 田 报

GETTEL NEWS 中国百强企业报·浙江省优秀企业报

2019年12月10日
农历己亥年十一月十五
星期二
第17期（总第179期）
本期4版

微信公众号：
gettel1989

金田故事 179

龙港市领导履新访金田

2019年12月9日下午，刚刚到任的中共龙港市委书记郑建忠，市委副书记、市长候选人何宗静一行，来到金田集团董事局方崇钿主席家中，看望温州、苍南、龙港的老一辈创业者、企业家方崇钿。

金田董事局执行主席方文翔、总裁方文彬、副总裁范智勇等接待郑建忠书记一行。

郑建忠书记回忆起20多年前，他在温州龙湾区工作时见到方崇钿到龙湾洽谈工业项目时的情景，他轻松风趣地说："那时，我是刚从学校出来，人生工作的第一站，就见到了温州的早期创业者方老先生，真是三生有幸，今世有缘。"

方崇钿主席也十分感慨地回忆了自己几十年来的创业历程。"金田一直勇当苍南和龙港的龙头企业，我们的根在龙港，我们不会忘记家乡。现在，龙港成为全国第一家'镇改市'的先行示范区，我们也一定要为建设新时期的新龙港做出自己的一份贡献！"

郑建忠书记对方崇钿主席的创业精神褒奖有加，他热切希望金田企业的"帅旗"永远在龙港市上空高高飘扬！

▲郑建忠（右三）、何宗静（左二）一行看望方崇钿（左三）

金田故事 180

王副省长赞金田

2020年1月3日，浙江省副省长王文序莅临金田集团视察指导工作。

方文彬总裁接待王文序副省长一行。

王文序副省长一边参观金田创业展厅，一边听取方文彬总裁的工作汇报。当听说金田的设备是来自德国、法国、英国等国家时，她提醒方总要注意对方在设备问题上因政治气候变化等原因而"卡"我们，在这方面，要把握好自己的主动权。

在听方文彬总裁汇报到金田正进行"可降解产品研发"时，她马上指出："除了可降解以外，你们也可以在现有产品'可再生利用'上动脑筋。"

当金田创业展厅的讲解员讲到"金田的企业文化核心是让员工过上好生活"的时候，王文序副省长大加赞赏，她说："这就是社会主义核心价值观的核心，企业让员工过上好生活，共产党就是

要让全国的老百姓都过上好生活。2020年，党中央要实现全国贫困地区人民全部脱贫奔小康，这是个大目标。金田在这方面做得好！"

王副省长还特别关注企业的研发投入，指出要进一步加大投入，要在产品标准化、管理标准化，特别是产品标准与国际接轨方面做好"大文章"。

短暂的视察，亲切的指导，大家深深地感受到王副省长细心、热心的人民公仆形象，感受到她体察下情、无微不至的人民勤务员精神。

方文彬总裁表示，要认真学习领会王副省长的现场指示，全方位总结提升金田的经营战略和文化理念，把打造金田百年老店的基础进一步打牢夯实。

临别时，方文彬总裁邀请王副省长常来龙港市看看："龙港作为'老镇新市'，很需要得到省领导的关心和鼓励。"

浙江省高新科技企业
GETTEL
中国·金田集团主办
报头题字：毛泽东手迹
浙金准字：C057号

金田报
GETTEL NEWS

中国百强企业报·浙江省优秀企业报

2020年2月1日
农历庚子年正月初八
星期六
第 2 期（总第181期）
本期4版

微信公众号：
gettel1989

金田故事 181

财务总监李敏坚

金田"财务大臣"

随着金田事业的发展，从龙港酒店到金田大酒店，再到苍南县塑料三厂、金田电缆公司、金田塑业公司，金田的企业越做越大，对资金量的需求也越来越大，需要有人与各地各级银行打交道，办理借贷、还贷业务。这个任务理所当然地落到了李敏坚同志身上。

在金田创业之初，苍南和龙港都还没有审批企业贷款的银行机构，要办理这些业务，都必须跑到温州。那时候，公司里没有专门的财务部，借贷、还贷，甚至办理汇款、办理营业执照等事宜，都要李敏坚一个人去跑。

那时候，公司也没有现在这么多车辆，李敏坚每次去温州的银行办事，都要赶大早乘第一班客车。有时候，她听说金田大酒店有货车到温州的早市上买菜，她也就起早搭酒店的采购车到温州。

她每周都有三四天跑温州的银行，有时候一天还要跑两次。因为李敏坚每次到银行都是第一个客户，与金田有业务交往的银行员工都为之感动，经常跟她开玩笑说："你每次都这样准时上班，倒有点像我们银行的荣誉员工啊！"

2007年1月，宿迁市金田塑业有限公司在江苏省宿迁市工商部门注册。李敏坚和方文洁带着一张注册资金5000万元人民币的支票，来到宿迁经济开发区管理委员会办理相关手续。管委会领导异常兴奋："这是我们宿迁经济开发区建立以来收到的最大一笔企业注册资金。"

从此以后，宿迁金田置业公司、桐城金田塑业公司、云阳金田塑业公司、盘锦金田塑业公司、贵州金田新材料公司等金田新基地，都留下了李敏坚的足迹。

▲财务总监李敏坚

金田财务团队创始人

金田在创业之初，因为资金流动量还不大，财务往来也不复杂，所以并没有专职的财务人员，更没有财务部。随着企业的发展，资金流动量和生产营销往来财务工作量越来越大，金田从聘用财务会计到后来每个公司都成立了财务部。

李敏坚作为金田财务的创始人，肩负着传授财务知识，辅导银行业务，指导各类账务处理、票务处理、资金往来处理的责任。她是金田各公司10多个财务团队、100多名财务人员的义务指导师，也是这个团队每一个成员的"知心大姐"。

李敏坚在金田财务工作中的突出贡献，还体现在她为避免温州企业资金担保链断裂影响所做的努力。

2014年，温州金融部门提出民营企业借贷实行互保、联保。李敏坚在处理互保、联保事务的过程中，受了不少委屈。金田集团依靠自己的经济实力和诚信从商的原则，支持李敏坚履行财务职权："凡是有金田出面担保的金融责任，我们一定负责到底！"

庄严的承诺，诚信的行动，使温州金融界对李敏坚刮目相看，对金田集团刮目相看。

浙江省高新科技企业 GETTEL

中国·金田集团主办
报头题字：毛泽东手迹
浙金准字：C057号

金田报
GETTEL NEWS
中国百强企业报·浙江省优秀企业报

2020 年 3 月 10 日
农历庚子年二月十七
星期二
第 3 期(总第182期)
本期4版

微信公众号：
gettel1989

金田故事 182

抗疫复产走在前

2020 年 2 月 27 日上午，温州市市长姚高员莅临金田，视察指导抗疫复产工作。

中共龙港市委书记郑建忠，市委副书记、市长何宗静，副书记周燕伟陪同视察。

姚高员市长首先视察了金田创业展厅，了解金田集团创业 30 年的发展进程。他对展厅内陈列的各种产品和金田产品的制成品，包括各种品牌食品、日用品的包装，都十分有兴趣，不时地向方总询问。

姚市长在视察中，了解到金田塑业的生产规模在中国和世界同行业中都是领先的，品质、品牌方面也做得不错，外贸市场逐年大幅递增，是一家非常有发展前景的企业。

看过展厅，姚市长一行又兴致勃勃地走进生产车间，了解金田产品的生产过程。从分切包装车间到拉伸车间，一路走来，边看边聊，姚市长对金田公司的生产现场管理，对在岗员工们的敬业精神表示满意；对金田企业文化中的"决策科学化、计划精准化、执行程序化、操作标准化"，对金田"以创新为企业发展的动力，以质量为企业生存的根基，以市场为企业生存的依托，以安全为企业生存的保障"的理念体系，表示高度赞赏。

在金田公司门卫处，姚市长查看了员工健康检查记录，还拿出自己的手机，进行了一次健康扫码体验。

临别前，姚市长特别指出，所有企业一定要严格按照有关规定要求，全面落实疫情防控主体责任，确保复工复产平稳有序。绝不能因为最近形势有所好转就疏忽大意，因为抗击新冠肺炎疫情还没有到最后决胜时。

▲姚高员（右二）在金田展厅

浙江省高新科技企业
GETTEL
中国·金田集团主办
报头题字：毛泽东手迹
浙企准字：C057号

2020 年 4 月 10 日
农历庚子年三月十八
星期五
第 4 期(总第183期)
本期 4 版

中国百强企业报·浙江省优秀企业报
GETTEL NEWS

微信公众号：
gettel1989

金田故事 183

共创"大健康"

● 方文彬

习近平总书记在党的十九大报告中提出"实施健康中国战略"，这是以习近平同志为核心的党中央从长远发展和时代前沿出发，坚持和发展新时代中国特色社会主义的一项重要战略安排，必将为全面建成小康社会和把我国建成富强、民主、文明、和谐、美丽的社会主义现代化强国打下坚实健康根基。为此，温州市委在全国率先提出民营企业界"两个健康"建设，要保证民营企业健康发展，民营企业家健康成长。

"两个健康"对于金田企业来说，也是至关重要的。我在 2019 年度工作总结报告中指出，我们要坚持"三个主动"，打造健康金田。我特别提出"大健康"的观点，身体健康是第一位，其次还有思想理念健康、行为规范健康、设备功能健康、经营环境健康等。我们要用"大健康"的观点打造"健康金田"，推动金田的大发展。

"大健康"首先是员工身体健康。根据时代发展、社会需求确立"大健康"目标，围绕着人的衣食住行、生老病死，关注各类影响健康的危险因素和误区，进行自我健康管理。这既是善待自己的身体，也是对亲人、同事、公司、社会大爱的表现。当然，我们追求的员工"大健康"，还包含心理健康。从健康的生活习惯，到健康的消费取向等，都在我们的关注之列。

……

我们的共产党员、共青团员们以身作则，率先垂范，为广大员工做出了榜样。我们还要通过员工意见箱、员工需求调研、座谈、家访等形式充分了解员工及其家庭成员的情况。最近，我们还专门对员工们下班之后的娱乐活动做出了约束规定，建议大家多保重自己，多亲近家人。这些都是对大家的"大健康"的关心，相信大家都能体会公司的良苦用心。

······

我们也要高度重视设备健康。我们一定要坚持在确保设备30年不变样的前提下，不断提高设备完好率、出勤率。只有设备真正健康了，使用设备的人才能轻松、健康。

我们更要切实保证产品健康。只有产品健康，才有"完美订单"，才有客户"零投诉"，股东和员工的利益才有保障。

我希望，我们金田的每一个部门、每一个人都能积极行动起来，把"大健康"目标作为一个系统工程，人人参与，勇敢担责，奋发有为，不负韶华。我们要扎扎实实，用全员的"大健康"，推进金田的大发展！

▲方文彬(右一)在云阳公司车间讲标准化管理

良师益友《金田报》

方崇钿主席在阅读 2020 年第 4 期以后，盛赞《金田报》是金田员工们的良师益友：

　　企业文化是一个企业的灵魂，《金田报》是金田企业文化的重头戏。每位员工都应期期必读，深刻学习领会并付诸实践，唯有如此才能更好地融入金田，成为一名优秀的员工。

　　《金田报》可谓越办越亮，越办越好。每一期都能够面向工作、生产一线的员工，报道他们中的先进人物事迹，同时报道金田各公司的重大活动和政企互动信息。

　　《金田报》值得被我们每一位员工视为良师益友。

▲《金田报》2020 年第 5 期

浙江省高新科技企业

GETTEL

中国·金田集团 主办

报头题字：毛泽东手迹

浙企准字：C057号

金田报

GETTEL NEWS 中国百强企业报·浙江省优秀企业报

2020年6月1日

农历庚子年闰四月初十

星期一

第 6 期(总第185期)

本期4版

微信公众号：

gettel1989

金田故事 185

金田党建二十年

经过一年多的资料整理、排版、印刷,由金田党委编辑的《金田党建20年》一书于2020年5月正式出版,日前举行了首发式。

《金田党建20年》是为庆祝金田创业30年、金田党建20年,在金田集团方文彬总裁的大力支持下编辑出版的。

这本书的首页是习近平总书记关于温州非公党建工作要"发挥实质作用"的批示,《中国共产党章程》中关于非公党建工作的规定,还有中共龙港市委常委、组织部部长潘健为《金田党建20年》的题词。

《金田党建20年》图文并茂,正文部分共分16个篇章。分别是"党建方向""党建在金田""各级领导在金田""金田党组织机构沿革""金田党组织在全国各地的分布""金田党群组织设置情况""金田各个党支部活动集锦""金田党员'功臣榜'""金田党建20年大事记""金田共

产党员示范岗""金田先锋旗帜""金田党建创新成果""金田党建系列文化""金田爱心""金田党建荣誉""追寻初心,牢记使命"。最后一章记载了金田党委近20年来组织党员和团员到韶山、井冈山、南湖、红岩、梁家河、南泥湾等革命圣地参观学习的经过。

"金田先锋旗帜""金田共产党员示范岗"记载了共产党员尤信用、吴芙蓉、范智勇、刘正训、杨晓红、毛显乐、马晓燕、上官福调等10多位党员在各自岗位上为金田公司的发展做出的突出贡献。

"金田党建创新成果"记录了金田党建20年中与温州非公党建工作相携共进取得的成就。

《金田党建20年》是金田党委率领全体党员奋斗20年的一份总结,也将成为新时期党员们践行使命、持续奋进的坚强动力。

▲《金田党建20年》首发式

金田故事 186

比制药厂还干净！

2020年6月3日，中共温州市委组织部副部长胡永锋一行，在"服务企业、服务群众、服务基层"活动中到金田走访、视察，了解企业运行情况。

随同视察的有温州市委组织部干部教育处处长黄万华、龙港市委组织部副部长缪心疆、龙港市委组织部相关科室负责人。

胡副部长一行参观了金田创业展厅，全面了解了金田的创业史、发展史，对金田在重视科技人才培育、创立科技研发基地、新产品研发生产、新市场培育方面所做的工作表示高度赞赏。

在金田行政楼五楼的党建展厅里，胡副部长一行与方文彬总裁进行了座谈交流。方文彬总裁向胡副部长一行汇报了10多年来，金田从走出温州，走出浙江利用外地招商引资政策谋发展，到现在抓住龙港撤镇建市的机遇，投资龙港新城兴建高新材料科技产业园，一直坚持把社会责任扛在肩上，以兴企富民为己任，坚持创新发展，坚持客户第一、品质第一、员工第一、信誉第一。金田是用世界一流的智能化设备、世界一流的标准化管理，生产世界一流的产品，打造世界一流的品牌，所以金田现在也是世界同行业中的佼佼者。

胡副部长说，金田厂区给他的第一印象就是从生产区到行政区都特别干净、整齐，厂区的卫生保洁程度已经不亚于一些制药厂。进门要穿鞋套，所到之处，一尘不染，这是值得敬佩的。他说他也到一些口罩生产企业去看过，他们的车间、生产场所和办公场所都没有金田这么干净。他听说金田是德国、法国的生产线，日本的管理模式，表示这一点确实很不错。现代科技企业，就是既要做得大，更要做得精、做得好，才跟得上世界发展潮流，才能在高端市场保持自己的良好形象。

胡副部长从金田的汇报中得知，金田在今年的新冠肺炎疫情暴发后，7家公司16条生产线的产量不降反增，还给员工增加了全日免费餐等新福利，他表示这是非常了不起的，从中更加看到了金田的实力，金田的胸怀，金田能够聚民心、抗大疫、逆流而进、攻坚克难的组织领导能力。

方文彬总裁对胡副部长的高度赞扬表示感谢，决心进一步学习贯彻落实好习近平总书记在浙江考察时的重要讲话，"努力成为新时代全面展示中国特色社会主义制度优越性的重要窗口"，在温州市委，龙港市委、市政府领导下，把金田塑业产业进一步做大做强，为龙港市、温州市新时期的新发展做出应有的贡献。

▲胡永锋（右二）参观金田展厅

金田故事 187

心连心，手牵手

6月中旬以来，云阳金田公司以组织全体管理人员学习"金田论语"为主题，全力打造"知行合一，以身垂范；心连心，手牵手；零距离，出手快"的新时期团队精神。

云阳金田公司自2020年抗疫复产以来，在新设备运行、新产品研发、新市场拓展等方面也遇到一些制约因素，迫切需要突破瓶颈，建立新机制，激发新活力。

公司总经理方晨，把培养新时期团队精神作为云阳公司团队建设和管理创新的一项基础工程来抓。他与中层管理人员逐一沟通交流，了解每一个人的思想动态，听取大家对公司工作的建议和要求，欢迎大家为改善公司的全面标准化管理出主意、找方法。

10多天中，方晨与云阳公司全体管理人员面对面地交流，共同探讨云阳公司各项工作进一步登台阶、创特色之道，与绝大多数管理者达成基本共识。

方晨指出："首先，云阳公司全体主管们的工作非常积极努力，肯动脑筋，热于奉献，忠诚于公司岗位，关注公司核心利益，精神十分可嘉。这种精神必须持续发扬下去。在勇于担当，不分彼此，将大家的力量拧成一股绳上，需要有更多的组织者。

其次，要注意，在日常工作中，大家需要经常求助经验丰富的外援。但是在与外界沟通、接受外面信息时，要注意根据现场的情况，理解转换，择优而行，不能盲目照搬。只有站在巨人的肩膀上，才看得更远。

第三，在团队中，有的同事工作状态有起伏，大家要注意观察引导，帮助其走出低谷。要注意保护员工的优点，同时指出缺点，教会员工在有压力时通过加强自身学习和心态调整,把压力变成动力,争取工作的主动权。

第四,在面对新岗位、新任务的时候,不能习惯于按老观点、老办法做事,而是要针对新情况,确立新目标,拿出新举措。并且要保持初心,始终记得我们做事的原则和出发点,不骄不躁。

第五,要注意培养和保护奋斗者。每个公司都需要爱岗敬业的奋斗者,要为他们提供更多的发展空间,激发他们的行动力和创造力。管理者更要身体力行,以身作则。说三遍不如自己做一遍。有时候下级犯错,上级要勇于帮助其承担责任,找出根源,改正错误,使其尽快成长、成熟。"

▲方晨(右一)在云阳公司讲品质管理

浙江省高新科技企业
GETTEL
中国·金田集团主办

金田报

报头题字：毛泽东手迹
浙企准字：C057号

GETTEL NEWS 中国百强企业报·浙江省优秀企业报

2020 年 8 月 10 日
农历庚子年六月廿一
星期一
第 9 期(总第188期)
本 期 4 版

微信公众号：
gettel1989

金田故事 188

以苦为乐

▲毛显乐在车间

2020 年 7 月 17 日至 26 日，温州金田公司工程部经理、共产党员毛显乐应邀到云阳金田公司处理 1866 线分切机故障。

毛显乐对分切机所有的通讯网线、接口、网络布点进行了全面排查，每天的工作从下午 3 点开始到次日凌晨 3 点才能结束。不管几点，只要车间里有需要，毛显乐都能及时到场，排除设备故障。

毛显乐与云阳公司团队不分昼夜，解决故障，终于保证了 1866 线分切机正常运行。

毛显乐同志进入金田公司 10 多年来，一直以善于学习、善于创新、善于解决实际问题著称。他勤学外语，保证能够与外国专家顺畅沟通；他勤学电器知识，自学成材，成为公司内能够独当一面的优秀电器人才。

■**方文彬点评**：毛显乐同志把共产党员的奉献精神与自己的专业技术都发挥到了极致，彰显了金田人的敬业风采，值得赞扬！

金田故事 189

稳企增效，创新奋进

《温州日报》8月31日"求索理论专版"刊登方文彬学习习近平总书记7月21日讲话感悟文章《在稳企增效中创新奋进》："习近平总书记在企业家座谈会上指出：'新冠肺炎疫情对我国经济和世界经济产生巨大冲击，我国很多市场主体面临前所未有的压力。'并向广大国有企业、民营企业、外资企业为疫情防控和经济社会发展做出的贡献，表示衷心的感谢。总书记的贴心关怀，让我们深为感动，倍受鼓舞。对今后的奋斗方向更加明确，信心也更加充足……"

▲《温州日报》刊登方文彬《在稳企争效中创新奋进》

金 田 报

2020 年 10 月 10 日
农历庚子年八月廿四
星期六
第 11 期（总第190期）
本期4版

浙企准字：C057号 GETTEL NEWS 中国百强企业报·浙江省优秀企业报

微信公众号：
gettel1989

金田故事 190

慈善捐赠 100 万

龙港市慈善总会一届一次会议于 2020 年 9 月 18 日在龙港诚大饭店国际会议厅召开。

龙港市社会事业局副局长张志宏做总会筹备工作报告。

▲龙港市慈善总会会议现场

会议选举陈君恒为慈善总会会长，选举丁云勇、陈杨冬、张志宏、陈志秋、卢成武、倪法川、吴联珠为副会长。会议表彰了"抗疫突出贡献者"。

龙港市市长何宗静向陈君恒会长授予"龙港市慈善总会"会牌。

会议讨论通过了《龙港市慈善总会章程》。

金田董事局执行主席方文翔出席大会，接受大会颁发的"抗疫突出贡献奖"，向慈善总会捐赠 100 万元人民币。

金田集团历来积极参与社会公益事业，每年都在旗下各公司所在地参与慈善捐赠。自新冠肺炎疫情暴发以来，金田分布在全国六省的七家公司已经向所在地民政、慈善部门捐款近 300 万元。

金 田 报

浙金准字：C057号 GETTEL NEWS 中国百强企业报·浙江省优秀企业报

2020 年 11 月 10 日
农历庚子年九月二十五
星期二
第 12 期(总第 191 期)
本期 4 版

微信公众号：
gettel1989

金田故事 191

方文彬当选工商联主席

2020 年 10 月 20 日,龙港市第一届工商业联合会(总商会)成立大会在龙港诚大饭店召开。

中共龙港市委书记郑建忠到会讲话。市长何宗静、市人大常委会主任陈国苗、市委副书记周燕伟等领导出席会议。温州市委统战部副部长、工商联党组书记王忠宝参加会议。

浙江省工商业联合会发来祝贺信,指出:"龙港因改革而生,伴改革而长。作为全国第一个'镇改市',温州市首批新时代'两个健康'先行区创建实践基地,龙港市在大幅精简机构的背景下,批准成立工商联组织,充分体现了龙港市委对民营经济统战工作的高度重视,对工商联工作的高度重视。"

大会选出龙港市工商业联合会(总商会)第一届执行委员会委员 109 人。金田集团总裁方文彬在第一届执委会上全票当选工商联(总商会)主席。

方文彬在当选致辞中,首先表示非常感谢各位领导、各位企业家同仁们推荐自己为龙港市工商联第一届主席候选人,并荣幸当选。"从此以后,我的肩上又多了一份沉甸甸的责任。"他表示要在龙港市委、市政府领导下,坚决贯彻习近平新时代中国特色社会主义思想,为全国第一家"镇改市"——龙港市的新未来做出工商界应有的贡献,这将成为他今后毕生奋斗的崇高追求。

"我的父亲,作为温州改革开放以后的第一代创业者,秉持温州人'四千四万'的艰苦创业精神,带动一批有志振兴一方经济的能人志士,首开苍南和龙港民营企业先河,为龙港今天的腾飞打下坚实基础。

21 世纪以来,新一代龙港的'创二代'们,响应党和政府的号召,弘扬前辈艰苦创业、无私无畏精神,借助现代化、智能化的科技翅膀,把龙港市的经济发展,又推进到镇级经济在全国领先的新高度。

龙港市第一届工商联的光荣诞生,标志着在龙港市委、市政府精心谋划的'一区五城'战略实施,在城市建设、经济建设、社会事业建设等各方面都将攀登新起点,奔向新高度。我决心不辜负市领导和企业界同仁的厚望,践行'两个健康'先行区的重要使命,不断提升习总书记在中央党校讲话中倡导的'七种能力',重在解决实际问题。踏实奋斗,发挥好政府与企业之间的桥梁纽带作用;鞠躬尽瘁,当好全市企业家同仁们的服务员,以此报效今天会议赋予我的神圣使命。"

2020 年 12 月 10 日
农历庚子年十月廿六
星期四
第 13 期（总第 192 期）
本期 4 版

浙企准字：C057号 GETTEL NEWS 中国百强企业报·浙江省优秀企业报

微信公众号：
gettel1989

金田故事 192

成功的感悟

11 月 26 日，方文彬总裁邀集部分主管召开"成功的感悟"座谈会，大家畅所欲言，满怀感恩之心，表达爱岗敬业、拼搏奋斗之情。

葛淑丽：朝着"那个卓越"奔跑吧

如果说改变，我特别要感谢我们团队，从去年到今年，我们温州公司进步很大。转变特别大的是工程部，往年还有一些推诿现象，但是今年工程部对品质这块抓得严，而且跟生产部门能够打成一片。特别是"第二梯队"起来以后，他们对新事物的接受能力更强，像朱其海、李绍闹，遇到问题能够及时回复，随时跟进，整个团队很和谐。就像薛圣光说的那样，我们整个团队都是在快乐工作。我们就朝着"那个卓越"奔跑吧！

徐董：我们要经营团队的快乐

方总一直在讲，我们要经营团队的快乐。今年 10 月，方总在总经理会议上也对各位总经理下了硬指标，就是要求明年生产车间温度要降低 2—3℃。我听到这个消息很开心的。员工的工资也得到了增长，同比增长幅度还比较大。员工心情好了，工作更认真，各项工作就会进入良性循环。

黄强：我们培养了"第二梯队"

我们今年的变化主要在三个方面：一是与去年相比，各部门人员积极主动多了，消极推诿少了；二是设备运行率提高了，故障率减少了；三是降级次品少了，产量、优良品率提高了。我们最大的收获是培养出了"第二梯队"。明年，我们的人才梯队就要与相关部门做好对接，为 2021 年产品的品质提升打下基础。

刘枝：我们打通了上下游客户

今年是一个丰收年：一是打通了原料供应。往年因为原料供应不畅，生产不稳定，产品质量也经常出问题。为此我们走访了周边数家石化企业，按桐城公司给出的原料标准，现在基本上实现了每月稳定供货。二是生产更稳定。我们走访了下游客户和市场，目前我们的产品质量得到了普遍认可，我们的产量在逐步上升。

杨晓红：我们的主要工作就是服务好客户

方总告诫我们要居安思危，跟客户合作，成为他们最可靠的供应商。我们目前的工作就是总结前期未交付的合同管理，另外就是整理待发货的情况。2021年我们将聚焦发展战略合作客户。围绕这一目标，我们一定全力以赴。

郑思思：不要小看自己

进入职场以来，我特别有成就感的就是不断地打破自己，做曾经不太擅长甚至完全不会的事。每次接到看似不可能完成的任务，我都会跟大家说这样一句话："你觉得现在有谁比你更适合做这个事情吗？"很多时候我也这样问自己："为什么老板要这样安排？还有更好的办法吗？也许这就是当下最好的办法。"

今年除了总经办工作以外，还要负责一个一开始被我百般拒绝的工作，关注"香巴佬"。当时方总跟我说："思思，你老是跟我念道理，但是这些道理你有去实践过吗？"很感谢方总，实践过后，真的有不一样的感悟。

▲金田高管学习交流

2021 年 1 月 10 日
农历庚子年十一月廿七
星期日
第 1 期(总第 193 期)
本期 4 版

浙金准字：C057号 GETTEL NEWS 中国百强企业报·浙江省优秀企业报

微信公众号：
gettel1989

金田故事 193

为品质加油

2020 年 12 月 11 日,方文彬总裁与各公司总经理相聚在安徽桐城金田公司。方总在总经理会议上郑重宣布: "2021 年,我们只做一件事,就是把产品品质做得更好!"品质做好的前提是保证生产稳定。这次会议上安徽公司主管的经验分享,让大家充满希望。

方文彬强调在品质问题上 "知行合一"的重要性。很多人总是担心自己口才不好而不敢开口交流, 其实真正让人印象深刻的不只是好口才, 而是精彩务实的内容。此次会议的分享便有这种效果,大家更关注内容,不喊口号,只讲真话。

千里马常有,伯乐不常有。安徽公司有浓厚的成就他人的 "伯乐氛围",这是安徽公司员工们的福气,也是金田的福气。因为有这样的理念,安徽公司能在集团公司中脱颖而出。

这几年, 集团陆续聘请了几位行业内顶尖的技术顾问。一开始,有的人希望他们直接解决问题。现在大家认识到,要学习他们的先进理念, 然后自己动手解决问题。所有的问题向内求,每个人都可以是解决问题的高手。

近年来,金田提倡学习《论语》, "学而时习之,不亦说乎", "学"是吸收知识学问, "习"则是将知识学问转化为实践。

在新的一年里, 金田集团会有更多动作,比如开展生产技能大赛,要鼓励各部门对员工的实际操作能力进行分析排岗,提高员工工资,让有学习意愿、求上进的员工有更多学习机会。

▲金田高管人员 2020 年度之聚

2021年2月1日
农历庚子年十二月二十
星期一
第 2 期(总第 194 期)
本 期 4 版

浙企准字:C057号 GETTEL NEWS 中国百强企业报·浙江省优秀企业报

微信公众号:
gettel1989

金田故事 194

行稳致远靠品质

2021年度的金田总结表彰大会于1月23日在温州金田教育培训中心五楼举行。

年度总结表彰大会是金田辞旧迎新的盛事,一般都要安排在五星级酒店,包下会场、餐厅进行布置。分布在全国各省的金田公司总经理们率领获奖团队、文艺演出团队,乘飞机、动车赶到温州龙港,参加连续数日的总结会、表彰会、文艺会、酒会。这也是金田公司与全体奋斗者共创共享的体现。

新冠肺炎疫情暴发之后,金田坚决贯彻执行省、市疫控部门的指示,立即取消了筹备数月的大型年度庆典活动计划,撤销与五星级酒店租用会场、餐厅的约定,驻外公司除总经理到龙港总部参加小型会议以外,其余人员一律在所在地通过线上视频收看总部的庆典表彰活动。

公司领导和金田总部的获奖者代表们,在这里用最简单的方式总结2020,谋划2021。

方文彬总裁做题为"行稳致远,品质为上"的工作报告,总结2020年取得的主要成就:"一是行之以忠,同心抗大疫,全年产销两旺;二是敬事而信,保证品质+服务,树立金田良好形象;三是见贤思齐,研发新产品,持续开拓新的市场;四是学而时习,培训正常化,团队素质持续提高;五是'居处功,执事敬',技术共享,整体实力日益增强;六是仁为己任,公司效益增加,员工待遇明显看涨。"

方文彬总裁特别指出:"不平凡的2020年已经过去。最近,习近平总书记在中央经济工作会议上,高度肯定2020年取得的成绩时,也指出'极为不易',使用了'新中国历史上极不平凡的一年'等感人词句。我们也应该为金田在2020年这样的艰难形势下，全体同仁协力同心，攻坚克难，创新奋进取得的优异成绩而感到自豪！

在此，我向金田各公司的各级主管、全体员工，向所有为过去一年金田事业发展做出贡献和大力支持的各地、各界领导、朋友们，致以衷心的感谢和崇高的敬意！"

方文彬总裁要求各公司各级主管和全体员工们在新的一年里再接再厉，做好六个方面的工作：第一，在全球抗疫应变中，行稳致远。第二，在持续以质创效中，行稳致远。第三，在新品研发优化中，行稳致远。第四，在管理模式创新中，行稳致远。第五，在激发产销活力中，行稳致远。第六，在共创、共享、共进中，行稳致远。

方文彬总裁最后指出："在我们满怀信心迎接新的一年、新的使命的时候，必须更加清醒地认识到，金田走过31年，任何时候的成功都不是天上掉下来的，更不是别人恩赐施舍的，是靠我们金田团队以智慧和勇气干出来的。

希望我们的各级主管和全体员工朋友们，胸怀新的目标，牛年鼓足牛劲，不用扬鞭自奋蹄，创新创造建新功！"

金田董事局方崇钿主席等领导为2020年度19个先进集体、383名先进个人颁发了荣誉证书和奖金。

金田员工们表示，一定要坚决贯彻执行党的十九届五中全会精神，全面落实好"金田十四五"第一年的奋斗目标，扎扎实实完成好2021"学习年、品质年"的每一项工作任务！

▲ 新年新舞台

金田故事 195

最美工厂

2021年2月20日，温州市委宣传部、市经信局联合发布了温州市第一批"最美工厂"企业名单，全市共21家企业入选，温州金田塑业公司榜上有名。

"最美工厂"的评选围绕生产美、创新美、人文美、环境美等四个维度开展，共设置17个指标，入选企业均是各自行业领域内的标杆和模范。

努力构建一座生态型的工厂，为员工提供更为舒心、舒适的环境，是金田的企业理念之一。热爱文化、艺术，追求和谐的金田人，近几年也在不断改造着自己的"家"，先后打造了全新的行政办公大楼、员工活动中心、阳光读书房、金田后花园等靓丽工程。

在行政办公大楼里，进出都需要换鞋。楼层之间设有茶吧，插花与图书相衬，呈现出一个趣味横生的休闲空间。午休时，员工可在此看书读报，抑或小憩。

金田公司处处都体现着重视细节和创新，这个新材料制造业工厂，流淌着细腻与热情。这些与众不同，源自金田人开放的态度和对美好的追求。

▲阳光金田

金田报

浙金准字：C057号 GETTEL NEWS 中国百强企业报·浙江省优秀企业报

2021 年 4 月 10 日
农历辛丑年二月二十九
星期六
第 4 期（总第 196 期）
本期 4 版

微信公众号：
gettel1989

金田故事 196

四个关键词

2021 年，金田人为之奋斗的"行稳致远、品质为先"目标已经确定。但是，如何做到上下同心，坚定不移地实现既定目标？方文彬总裁在 3 月份召开的各公司总经理会议、绩效部门业绩考核会议、行政人力资源会议上，要求各公司各级主管和全体员工，都要把四个关键词贯彻落实到实际行动中，一切工作要围绕四个关键词去布局谋划，组织实施，并实现最好的结果。

"**第一个关键词是相信**。我们要懂得掌握命运的真正舵手，不是眼前显而易见的人、事、物，而是潜藏在我们内心根深蒂固的信念。常言道万事皆有可能，我们相信什么，才能看见什么；我们相信什么，才能成为什么。相信"相信"的力量，相信每个人是优秀的。

第二个关键词是品质。无论做人做事，何时何地，品质为先。离开品质，一切无从谈起。因此，建立金田全面质量管理体系已是全体金田人一致的目标。'品质为先'是今年的战略方向，更是我们每一个人未来 10 年、20 年乃至更久远的关注重心，因为品质决定着企业的生命。

第三个关键词是变化。世界是在变化的，团队是在变化的，人世间没有一成不变的事物。2021 年，金田人一定要坚守变化，顺应变化。个人的变化、组织的变化、业务板块的变化，都要能适应、会顺变。我们只有一个目的，就是把事干成。

第四个关键词是未来。我可以非常自豪、自信地说，未来的金田，一定是一家幸福感十足的公司，我们的员工一定会带着尊严在这里工作。因为在这里工作的每个人，都在为如何建设更加美好的金田而提出建议并付诸行动。未来的金田，必然是一家共创共赢的公司。让我们的客户能稳稳赚钱、共同发展，不仅仅是公司的使命，更是每一位营销人员的使命。未来的金田是一家充满学习力的公司，在这里我们讲理念、讲使命、讲职业、讲未来，碰撞思想、碰撞抱负，共同创造金田和每一个金田人的未来。员工们有能力孝敬父母，孩子们能受到很好的教育，员工自己能安心、舒心地工作。"

▲云阳金田塑业有限公司党员慰问敬老院老人

金田故事 197

强团队，把"五关"

2021 年是贵州金田公司发展史上亮点纷呈的一年。贵州金田公司按照方总在"行稳致远，品质为先"工作报告中指明的方向，切实加强"品质为先"思想理念学习培训，加强原料供应链源头管理，加强与品质相关的整体团队合作，加强客户管理服务规范化，扎扎实实推进"品质为先"。

一、以人为本，打造完美团队。

方总号召我们要"通过持久的管理创新，力争每一个部门、每一位员工都能实现从单项技能冠军向全能冠军发展，来真正保证金田事业整体的成功、长期的成功，实现新一年的全面跃升"。我们从上到下，统一思想，加强培训交流，人人敢于担当，让班组与班组、部门与部门之间协调更加顺畅，形成"互学互比，蔚然成风；互帮互助，成为美德；团队至上，个人谦让；顾全大局，不算'小账'"的"贵

州精神"。我们制定各项业绩突破团队奖，大力营造敢为人先的竞争氛围，大力弘扬奋力拼搏的精神气魄。

二、层层负责，从头把好"五关"。

一是切实把好原料源头关。要加强原料供应链源头管理，建立各牌号原料特性档案，坚持先小批量试用，确认性能后再批量采购。二是把好生产关。对应不同品种品项要制定对应的冬、夏季配方，严格做好每次停机的设备清洁工作，坚决杜绝在生产过程中出现品质缺陷。三是把好包装、发货运输关。严格按照现行制定的标准包装、标识，由品管、包装车间、成品库、装卸部全程监督，杜绝一切疏漏。四是严格把好产品售后服务关。由品管部牵头对每个批次的特种膜销售进行统计、跟踪，实时了解客户使用情况，销售、品管、生产部门密切追踪，不定期走访客户，主动听取客户使用意见。五是

大力弘扬团队精神，把好现场管理关。严格按照金田质量管理体系及标准化条例落实各项工作，激发团队人员的积极性、主动性、成就感、归属感，真正做到目标同向，心无旁骛。

三、环环扣紧，优化设备管理。

设备是产品品质的基础，没有优质运行的设备，就不可能生产出优质的产品。因此，要把确保设备优质运行作为"品质为先"的基础工程、关键工程来做。工程部全体人员分工明确，定岗定责，时刻注重倾听生产部意见，每天24小时无死角密切关注设备运行状态。总体上确立以"维护为主，维修为辅"的设备管理理念，建立正常的"工程部、生产部值班巡检、主管抽检三级巡检制度"，及时发现并解决设备缺陷。从特种膜对设备的需求特性出发，提前布局，实施技改，将激冷辊水槽冷却改为一体式冷水机组，消除牵引分切静电，采用高端树脂管等综合配套措施，确保设备能够胜任从每月3天生产特种膜提高到每月10天生产特种膜的任务。

▲金田营销团队参加2021深圳国际橡塑展

金 田 报

2021 年 6 月 10 日
农历辛丑年五月初一
星期四
第 6 期（总第 198 期）
本 期 4 版

浙企准字：C057号 GETTEL NEWS 中国百强企业报·浙江省优秀企业报

微信公众号：
gettel1989

金田故事 198

四项活动纪念"200 期"

2021 年 6 月 1 日，《金田报》编辑部为纪念《金田报》创办 200 期，决定开展以下四项活动：

一是组织一次"我与《金田报》200 期"征文活动，以各公司人力行政部经理为主的为《金田报》写稿较多的业余通讯员们参与征文活动。分别在 7 月的 199 期、8 月的 200 期上发表。在征文结束后，评选一、二、三等奖，择优编入《金田故事在温州》附录中。

二是评选表彰一批《金田报》优秀通讯员，以为《金田报》写稿时间最长、数量最多为标准，每个公司评选一至两名（当选者列出"用稿目录"，包含稿件题目，用在第几期、第几版），以本公司数量最多的为"优秀"。

三是组织一次《金田报》200 期优秀通讯员培训，每个公司派一位代表出席，交流写稿知识和经验体会，并表彰《金田报》200 期优秀通讯员。

四是编写《金田故事在温州》。编辑部从每一期《金田报》上挑选一个有意义的故事，用文学形式讲述《金田报》伴随金田人走过的 17 年，《金田故事在温州》作为"金田文化金库"的丛书之一推出。

▲优秀征文颁奖现场

GETTEL NEWS　中国百强企业报　浙江省优秀企业报　微信公众号：gettel

2021年7月10日　农历辛丑年六月初一　星期六　第7期　本期8版(总第199期)

报头题字：毛泽东手迹　浙企准字：C057号

金田故事 199

重温创业路

2021年6月19日下午，应龙港电视台庆祝建党百年专题组之约，方崇钿主席接受了采访。

作为亲身参与创建温州模式的第一代创业者，方崇钿主席深情回顾了50多年的创业历程。

我的一生可以用"创业""创新"四个字来概括。1963年我跨出学校大门，步入社会。我当过农民，种过田，晒过盐，当过兵，教过书，当过财务会计。后来我萌发了去养蜂的念头。于是我拉起十几个人的队伍，创办了人生第一个企业"龙江养蜂场"，自任场长。从此走南闯北，追花夺蜜，我挖到了人生的第一桶金。直到"四人帮"粉碎后，我才回到了家乡龙港。

我用养蜂中积累的原始资金，先在家乡创办龙江五金机械厂、龙江橡胶厂。随后，我捕捉到了国家化工部为了减少化肥在运输途中的损失，减轻农民负担，将原来"一层氯乙烯包装化肥袋"改成"外用编织袋，内套薄膜袋"的信息。于是，我就立即出征市场走遍苏北几个县的化肥厂，拿到了100万只编织袋的供货合同。这也可谓说尽千言万语，走遍千山万水，想了千方百计，历经千辛万苦。订单拿到了，怎么交货？当时我们没有厂房、设备，于是我想到了本地农户家中几乎大多数都有织布的铁轮机。我立即构思出一套方案，由我提供原料，利用农户现成的设备以户扩散加工。然后，我回收半成品再加工成产品发往化肥厂。就这样，历经数年奔波，年产销量最高达1700万条，参与加工农户达到1400户之广。

随着市场拓展，用户对产品质量有较高的要求，用量也大幅度地增加。我谋划引进全自动圆织机，进行高质量的正规化生产。但是，当时我所经营的是温州人独创的"挂牌企业""挂户经营"，实际上就是引起全国争论不休的"温州模式"。为了引进设备扩大生产，我花84万元买了一个二轻系统集体厂名。这84万元在20世纪80年代、改革开放之初"万元户"也很稀少的时候，是个天大的数字。买下这个厂名后，我正儿八经地挂起"苍南县塑料三厂"这块响当当的牌子。这就是金田集团的前身，正式挂牌经营是1989年9月8日。

苍南县塑料三厂从初建时一条生产线，经过几年的发展扩展到7条生产线，年产值3000多万元，纳税85万元，当时名列苍南县产值、纳税双第一。

随着改革开放进一步推进，国家的经济发展也驶入快车道，程控电话工程被国家列入优先发展的项目，对通讯光缆、电缆需求量很大。通过市场调研，我在1993年投入3000万元创办了温州金田电缆公司，具备年产300万线对公里通讯电缆能力。继而又进行技改扩产，投入2000多万元，电缆公司实现年产100万芯公里通讯光缆与一万箱网络五类缆，进入浙江省通讯材料制造企业三十强。

20世纪初，随着通讯材料市场逐步饱和，我又萌发了一个立足当地、放眼世界的大胆构想。因为龙港被誉为"中国印刷城""中国礼品城"，印刷、礼品包装需要大量的高级薄膜，这个产品投入大、技术含量高，温州地区还无一家生产企业。我经过多方调查考察，最终于2003年募集五亿元资金建立温州金田塑业有限公司，引进世界一流的BOPP生产线一条、BOPA生产线二条，实现年产值六个多亿。该公司至今已发展到拥有16条BOPP生产线、1条BOPA生产线、3条CPP生产线，两条BOPET生产线正在筹建。这在高新材料行业已走在前列。公司生产基地遍布全国六个省，形成年产值60多个亿。

如今，我已78岁高龄了，企业已交由儿子打理。他们在原有企业的基础上发展得更快、更好，更上一层楼。

我创办的企业转型了无数次，这在企业界中也属少见。我更成功的是拥有一个十分美满幸福的家庭。我有一个贤惠的好太太，我养了一个好女儿、两个优秀的儿子，有两个聪慧的儿媳。我有五个孙子孙女，个个善良正直，敬业节俭。目前我已经有了五个曾孙，真可谓四世同堂，家和万事兴，尽享天伦之乐。

回顾过去，金田集团从一个家庭小作坊发展成为行业全球领先的无区域集团公司，龙港市从五个小渔村发展成为一个有产业支撑的省管市，这些首先归功于我们的国家，归功于中国共产党。今年恰逢中国共产党建党100周年，我深深地感受到我们党的正确领导。习总书记提出"脱贫路上一个也不能少，一个民族都不能少"。共产党的全面脱贫攻坚政策，取得了巨大成功。再说当前疫情肆虐全球，全世界200多个国家，除了中国，有哪个国家、哪个执政党能带领全国人民，以保护人民生命为目标，将全国人民拧成一股绳，万众一心，取得抗疫的伟大胜利？特别是我们于6月16日上午9时22分，又成功发射了神舟十二号飞船，将3位宇航员送上我们国家自己的空间站，赢得了国际赞赏，引起西方发达国家的高度关注。这表明中国在共产党领导下，短短几十年，站到了世界航天技术的最尖端，令世人刮目相看；中国人民在中国共产党领导下，真正从站起来、富起来到强起来，终于扬眉吐气了。

我作为一个中国人深感自豪。国泰民安，在这样一个社会稳定、祥和的环境中，企业才能得到更好的发展，人民才能过上更加幸福、美好的生活。我们一定要好好珍惜！

▲方崇钿（左）接受龙港市电视台"建党百年谈创业"专题采访

金田故事 200

百万大奖铸品牌

2021 年 7 月 12 日，金田集团 2021 年度"品质为先百万大奖"年中总结评选颁奖大会在温州金田公司召开，为在上半年品质考评中业绩优秀的获奖单位和个人颁发了荣誉证书和奖金。

新年之初，公司就发布了《关于确定 2021 年为品质基础年的决定》1 号文件。文件特别明确了集团的近期目标是："国内第一，走向国际，做专做精，进一步提高金田产品品质和服务水平，努力成为国内最具影响力的行业品牌。"1 号文件同时要求各公司各级主管和全体员工要从思想上重视产品品质基础，从生产上强化产品品质基础，并建立了负责统筹指挥协调的"金田新材 2021 品质改善提升"指挥部。1 号文件同时宣布了设立"2021 年度金田品质百万元大奖"。

2021 年上半年，金田各公司各级主管和全体员工在各自的产品品质改善方面竭尽全力。首先，大家在思想上高度重视把好产品品质的每一道关口，从措施上强化产品品质的每一个环节。品管部结合各公司、各生产线生产实际，编制了强化全面质量管理体系的措施 1.0 版本，并深入各公司生产一线进行宣传、培训、推行，开展检查、考评；开通 400 客服热线，更及时、更全面、更直接地了解客户的诉求。各公司总经理成为品质管控的"一把手"，建立了产品品质管理体系落实领导小组，有序推进品质标准体系全面实施。

为了鼓励大家不断创新，不断突破，在总结上半年生产实绩的基础上，集团对 7 个公司的所有生产线进行综合量化考核评比，对先进团队和优秀个人予以表彰。评选出"综合品质最佳公司"前三名，分别是桐城金田公司、盘锦金田公司、惠水金田公司；"综合品质最佳生产线"前四名,分别是云阳金田 1566 线、盘锦金田 1609 线、安徽金田 1666 线、云阳金田 1605 线;"个人突出贡献奖"前三名,分别是安徽公司汪金保、宿迁公司陈威、惠水公司蒋立凤。

方文彬总裁在总结讲话中对获奖团队和个人表示真诚的祝贺,也对下半年"品质为先"提出了新的要求:进一步提升总成品率、优级品率、设备有效出

勤率。

他强调:"今年我们金田的第一大工程就是品质工程,品质永远是我们的生存线、生命线。各公司必须在思想上自我觉醒,自找差距,围绕质量管理体系 100%执行,进一步制定可持续的考核奖励机制,真正做到知行合一。目标不放松,用我们永不懈怠的真心、诚心、热心、恒心,塑造响当当的金田产品特色品牌!"

▲金田集团 2021 年上半年度"品质为先 百万大奖"颁奖现场

纪念《金田报》出刊 200 期征文选

方总的责任感

● 丁年庆

10多年来，《金田报》编排的一个固定程序是每月3日把修改、编辑好的文字稿呈报方总审阅，方总确认后再安排排版。

10多年来，最感动我的就是方总在审阅《金田报》文字稿时体现出的高度责任心。

因为方总工作繁忙，且出差较多，我通常是分三种方式，提请方总审阅《金田报》稿。如果方总在公司内，我请总经办同事打印出来报方总审阅；如果方总在飞机、动车上，我就直接发送到方总手机上；如果方总出差到某地，有固定办公点，我就发给对方工作人员，请他们打印一份呈方总审阅。

特别可贵，特别令我敬佩、令我感动的是，10多年来，我们似乎形成了一种默契，也可以说我通过10多年的验证，方总在每一次收到《金田报》送审稿后，无论工作多忙，时间多紧张，他都会在24小时内回复他的审阅意见，便于我进入下一步排版程序。

这一次，6月3日，每月请方总审阅《金田报》稿的日子，方总出差安徽桐城公司。我于3日下午3时7分把第6期《金田报》稿发给桐城公司行政部胡洁同志，请她打印后交给方总，请方总在有空的时候看一下。听胡洁说，方总这几天很忙，晚上也都休息得很晚，我便安静等待。

想不到4日午后1时50分，方总给我发来4条语音，说明了他的几点意见：第一，云阳食堂员工在旅游途中学会了烹调两道菜，这是意外的可喜收获，这个新闻稿应该把我们组织员工旅游的含义再延伸一下。第二，宿迁公司维修厂区水泥大道的新闻稿，除了改善公司形象、方便大家行走以外，也要反映一下金田公共设施维护方面的企业文化和"三十年不变样"的自律要求。第三，有一篇"汪金保在云阳公司进行品质培训"的新闻，有点流于言谈，可以重新写一篇他是怎样走进云阳产品市场，解决品质争议实际问题的新闻稿。

短短的几句话，让我看到了方总审稿绝不是走马观花，而是认认真真、逐字逐句看的,不然不可能提出如此细致的审阅意见。他不愧为每期《金田报》的第一读者,而且是从头到尾一字不漏地阅读的严谨读者!

10多年来,《金田报》为什么能够坚持做到每月按时出版?这跟方总的重视程度密不可分。我至今清楚地记得,10年前,有一次方总出差美国,我也硬着头皮在3日那天把《金田报》文字稿发过去,请他审阅。至于哪一天能有回复,我也不抱希望,因为我们中间毕竟隔着浩瀚无垠的太平洋。但是,没超过24小时,方总给了我认真的回复。我想,这是方总作为公司领导者的责任感,他把这件事看作自己的责任。

我至今不能忘记,若干年前,龙港市有一家企业报的主编告诉我:"我们的企业报不能一月一期,只能一个季度一期。因为我要请老总审稿,三个月才能见到他一次。"两相比较,天壤之别。我感到身在金田,无比幸运。我也衷心呼吁金田数千同仁们,应该以方总的"责任心"为镜,时时自问:"我尽到应尽的责任了吗?"

《金田报》2021年第6期

金田的文化品牌

●盘锦金田公司 李 莹

转眼之间，《金田报》竟然已出刊200期。

翻开自己精心保存在档案袋里的138份《金田报》，一股油墨馨香扑面而来，美好回忆也涌上心头。

10年前，我走进金田，接下去的每一天都在成长变化，但初心不变，犹如《金田报》一如既往地记录着金田的发展壮大，厚积薄发。

2009年4月10日的《金田报》第3版记录着："庆祝金田集团创立20周年'金田创业功勋'谱。"10月10日第50期："热烈庆祝中华人民共和国成立60周年，热烈庆祝金田集团创业20周年！"

10年耕耘，我在《金田报》上发表了238篇报道，写人、叙事、感悟，从无到有，从有到优。在2011年12月第76期《金田报》上，我大篇幅报道了盘锦公司1609线建设情况。《金田报》犹如一个文化舞台，实时报道每个公司的故事，取得了哪些成绩，有哪些值得学习的人和事。而我也可以通过这样的方式展现盘锦公司的风貌。2012年5月，我写了第一篇

到军营参加活动的稿子。由于下笔生疏，稿子是在部门领导的帮助指导下完成的。由此我也发现了其中的乐趣，我开始向同事、领导们请教如何写新闻报道，也从网上搜索学习。

2012年6月中旬，方总来到盘锦公司，看到车间里有一名员工，很晚了还在打扫卫生。我了解这名员工的情况后，就把她的事迹写成文章发表在《金田报》上，让大家学习她的精神。《金田报》就来源于我们的工作和生活。

《金田报》汇聚了好多金田人的心血，是金田文化的重要组成部分，也是金田人的精神食粮。方总的工作报告，从2017年实施精细管理，强化品牌观念，实现企业、员工、社会"三赢"，到2018年精益管理，品质为先，稳中求进，合作共赢，2019年创新发展，持续奋进，2020年提出"行稳致远，品质为先"，我们可以从他的每一份报告中解读对上一年度的总结，明确下一年的方向目标。

《金田报》好看，但幕后的工作者们也很辛苦。我们每一期收到的《金田报》，

是各公司业余通讯员辛辛苦苦写出来，再由丁书记夜以继日修改、排版、印刷，才得以传递到每一位员工手中。我每次看到报道后面有自己的名字或者其他盘锦公司同事的名字，特别是看到方总为我们点评的时候，心里都会特别开心。

记得2012年8月，因为当月没有找到合适的新闻题材，领导提议我写一篇思想感悟。我打开电脑上空白的 Word 文档不知从何下笔。当思绪飞到初来金田的一幕，我突然有了灵感，写了自己到金田后的第一篇感悟——《爱笑的女孩运气好》，并且在当月《金田报》上发表。时至今日，再次品读，我仍能找到当时的感觉。

《金田报》离不开每一个支持它的业余通讯员们。每月写稿前，我都会向主管们搜集素材，正是因为有了他们的支持才呈现出了不一样的盘锦公司。去年12月的一天下午，装卸队长刘祥勇找到我，送来一位货车司机的感谢信，跟我说："李莹，看看这个能不能算《金田报》素材？"接着给我讲述了事件的全过程。正是因为有了热心的他们，才有了丰富多彩的《金田报》。

多年来，《金田报》已经成为金田对外的窗口，每每有领导到金田，总会说："你们《金田报》办得非常好，能将这份报纸持续做下去，真是一件不容易的事儿……"是的，《金田报》已经成了金田的文化品牌，也是金田人展示风采的平台！

《金田报》2021年第7期

形影难离《金田报》

●宿迁金田公司　董陈琛

《金田报》迎来出刊 200 期，我与《金田报》的缘分也持续了 1218 天。

从我到宿迁金田公司工作的那天起，我就见到了《金田报》。还记得我第一次投稿文章的题目是《第一印象爱上金田》，没想到真的就在《金田报》上刊登了，我的名字前面还用了红色方格标记。当时真的很开心，也更加坚定了我的信念：我要在金田努力工作，继续给《金田报》写稿。

我也透过《金田报》看到了好多金田的前辈们笔下生花，描绘着金田七大生产基地的蓬勃发展，所以每次收到《金田报》后，我都会仔细阅读，看一看我们金田又获得了哪些表彰，又取得了哪些业绩，又出现了哪些好人好事。这一切像镜子般折射出了金田的日新月异，鞭策我们成长，激励我们向前。看着金田各基地分享自己的亮点，我见识了金田的力量，也认识了很多优秀的同事，很多未曾谋面的朋友都是通过《金田报》熟知的。

2019 年 1 月，临近农历新年，又到了要投稿的日子，我提笔却不知道写什么好。忽然想到近来看了《干法》，我便写了一篇读后感。见报后，竟然看到了方总的点评。我既惊喜又诧异，惊喜的是方总看到了我的文章，诧异的是方总作为企业老总，每天很忙碌，哪来的时间这样细看？听丁老师说，每一期的《金田报》文字送审稿，方总无论多忙都会在 24 小时内提出审稿意见。那我们还有什么理由不努力？还有什么理由不敬业？这更加坚定了我的信念。

今年 3 月，李姐把《金田报》的通讯联络工作转交给我。我接手了这份光荣而神圣的工作，每月整理好《金田报》稿子发给丁老师。无论多晚，他都会第一时间回复"谢谢"。有些文字不太恰当，时间、人物不清晰，丁老师也都会指出来。他如同老师般严慈相济，他的敬业精神时刻鞭策着我。

每月将收到的《金田报》分发给同事的时候，大家都会很开心地和我分享这期《金田报》又有啥喜事了，宿迁公司又有谁的文章见报了。有时候，他们等不及了还会来问我："最新一期《金田报》还没来吗？"大家已经把《金田报》当作自己生活的一部分。

《金田报》2021 年第 8 期

一路成长一路缘

●宿迁金田公司　李　艳

2021年，《金田报》已经17岁了，而我有幸与《金田报》一起度过了11年。11个春夏秋冬，在见证《金田报》的成长变化中，我也从最初的稚气未脱，步入了人生的不惑之年。

我与《金田报》的故事，还得从我2010年5月加入宿迁金田公司说起。那一年，我怀着对爱情的向往，从徐州来到了宿迁，不久就开始了我在宿迁金田公司的职业生涯。那年11月，我给《金田报》写了第一篇人物新闻稿《新人新气象》。想不到，那篇稿子很快就刊发在了《金田报》第64期第2版上。当时，手捧着刊有我写的文章的报纸，欣喜不已，把这篇稿子读了又读。小文章第一次见报，在激起我写稿、投稿热情的同时，也增添了我写作的动力，《金田报》也由此成为我写作的学习园地。

在《金田报》优秀文章的指引下，我结合工作实际，用心描述宿迁公司的新人、新事、新风貌，先后有131篇文章刊登在《金田报》上。有这样的成绩离不开可爱可敬的丁老师。这么多年，丁老师对通讯员及业余撰稿人非常热情，而且真诚相助。丁老师很有才智，且很和气，让人感到亲切、自在。特别是当我们的稿件有修改价值时，他会不厌其烦地帮助我们修改，或者给我们指出问题所在，提出修改的意见，让我们在修改的过程中得到提高，掌握写作的要领。我甚至还把在这里学到的写作要领，用在了辅导女儿的学习中，感谢《金田报》！

11个春夏秋冬，如果问我，有没有想过放弃投稿，说实话有过。但是每当这时候，总有一批可爱优秀的同事们的创新工作方法、优秀工作事迹出现在我面前，我忍不住要在《金田报》上给予他们肯定和鼓励。同时我也在想，如果我放弃了向《金田报》投稿，下一步可能就会放弃学习《金田报》，就会远离一线工作，浮于表面。这样肯定对我不好，对公司也不好。

在《金田报》出刊200期之际，作为老朋友，我衷心祝愿金田的明天更美好，《金田报》的明天更美好！站在新的起点，我将继续选择与《金田报》真情相约，一路成长一路缘，一路馨香一路情！

《金田报》让我成为金田名人

●云阳金田公司　温建琼

《金田报》自 2005 年 5 月创办第 1 期至今已有 17 个年头，我很荣幸做了 11 年《金田报》通讯员及忠实读者。"我与金田报 200 期"征文活动的开展，不禁勾起了我这个老通讯员的缕缕情思，那一个个尘封多年而又难以忘怀的故事就像一坛老酒，历久弥香、沁人心脾。

2010 年 9 月，金田在江苏宿迁公司举办了第一期"新闻写作及摄影"培训班，入职不到两个月的我被选派参加培训。收到通知后我满怀期待地赶往江苏宿迁金田公司。记得去宿迁的当天，从南京机场到宿迁途中下着瓢泼大雨，我在途中一直得到来自宿迁同事、公司领导的关心。他们一路都与我保持联系，问我路况、车况。从南京到宿迁 4 个小时，我几乎每半个小时就会接到一次电话。直到我被宿迁同事接到后，大家才放心。我被公司的人文关怀文化深深感动，当时就下定决心好好学习。我带着这样的决心，参加了为期 7 天的学习。培训班讲师丁年庆老师的写作专业知识让我敬佩不已。每天认真听课，课后认真做作业，与同学们交流学习心得。目的只有一个，一定要让《金田报》上有我写的新闻稿。

回到云阳金田公司后，按照学到的知识要领，我深入车间一线了解员工们的工作、生活、心声，把看到的、听到的、想到的写成新闻稿每月定期发给《金田报》编辑部。我还记得看到《金田报》上第一次刊登了我写的《拼命三郎——温正豹》时，心情非常激动。这是我有生以来第一次发表文章。受到鼓舞的我，每月都会写稿，几乎每期《金田报》上都有我写的文章，心中小有成就感。特别是我的稿子被方总点评的时候，心情更激动，更想把更多先进的人和事展现给大家，让大家学习先进，感受金田文化，爱上自己的岗位和公司，努力奋斗，让自己变成家人的骄傲。因为有这样的信念，我很荣幸被评上了优秀通讯员。

11 年来，《金田报》伴我成长，让我发现身边先进的人和事，做好企业文化宣传工作，同时也因《金田报》，我在金田各公司成了"名人"，与其他公司同事第一次见面时，听到最多的就是："早就熟悉啦，在《金田报》上经常看到你的名字。"

谢谢《金田报》！

《金田报》2021 年第 8 期

335

携手《金田报》走向未来

● 盘锦金田公司　张　娜

在现今这个网络发达、新媒体盛行的时代，传统的报纸阅读量明显减少了，但是《金田报》丝毫没有懈怠，反而成为我们金田人引以为傲的文化精品。翻开每一张报纸都能感受到金田文化的浪漫，细细品读，会让我们静下心来，思考这些文字背后的道理。

我来到金田已经三年半了，打开抽屉，发现已经攒了 30 多份《金田报》。这是金田文化的"史记"，它记录着金田每个月发生的大小事情，蕴藏着金田人的智慧，传承着金田人的敬业美德，指引着金田人发展的方向。每次《金田报》发到我手上的时候，我的内心都会有一个问号：《金田报》是怎么坚持每个月都出版的呢？在今年 6 月 10 日第 6 期中，我终于找到了答案。我们有幸每个月都阅读到《金田报》，与《金田报》编撰者的坚持和方总的认真审核分不开。丁老师说："每一期的金田报稿，呈报方总后，方总无论多忙，都会在 24 小时内提出审稿意见。这样的默契已经坚持 10 多年了。"读到这里，我的敬佩之情油然而生。从中我也认识到自己缺乏的就是坚持，凡事只有三分钟热度是成不了事

的。正如今年 3 月 10 日第 3 期《金田报》中所说："人生就是一个自己和自己较量的过程，要不断地自省。只要清楚自己想要做什么，就一定能做成。"

看了《金田报》，我也认识了许多没见过面的同事。看到他们脸上洋溢着奋斗的喜悦，我明白了开心地工作，快乐地生活的意义。在我们遇到难题的时候，也可以看看《金田报》，看看优秀的同事遇到相似问题时，是如何调整心态解决问题的。基本上每一期《金田报》都能看到公司安排了学习培训。我既羡慕又庆幸，羡慕有更优秀的人为我们传道解惑，庆幸自己能在这个充满文化氛围的公司工作，让自己有机会学习、进步。今年 5 月 10 日第 5 期《金田报》中讲道："现实是简单而又和谐的，冲突是可以化解的，每个人都是好的，天空也不是极限。"我们看了《金田报》，就懂了金田"道"。

《金田报》今年 4 月 10 日第 4 期中方总提出的四个关键词，最有体会的是"变化"。人世间没有一成不变的事物，当我可以做好分内的事以后，也尝试学习新的东西，让自己再成长一些。这是我

研读《金田报》感悟出的金田"道"。

如果把企业比喻成一个人，那么企业文化就是大脑，《金田报》就是灵魂。判断一个人是否漂亮，不只看外表，更要看他的灵魂。拥有有趣灵魂的人，我们都愿意和他成为朋友。

"路漫漫其修远兮，吾将上下而求索。"让我们携手《金田报》，走向美好未来。

《金田报》2021 年第 7 期

《金田报》引领我的职业生涯

● 连云港金田公司　　庄璐婷

我曾梦想过自己的名字能出现在书上或报纸上，《金田报》就给了我圆梦的机会。

我与《金田报》的渊源，要从听丁老师讲课开始。2021 年 3 月，丁老师来到连云港公司，给我们带来了受益匪浅的课程——"三心保持续，知行永合一"。课堂上，丁老师说着不太标准的普通话，声情并茂地诠释"三心"的含义，引发我们对工作和生活的思考。在《金田报》今年第 4 期中，我的文章有幸被刊登了，是丁老师的"三心"让我有感而发，这也成为我今后写作的动力。

17 年来，丁老师创办的《金田报》做到了每月一期不动摇，只有增刊，不会减少；每月 10 日前出版不动摇，只有因事提前，从未推迟。丁老师曾在《金田报》上写过《未来的黑马——连云港金田公司》，文中说道："连云港公司可能是金田未来的一匹黑马，这不是空穴来风，而是现实可期。"这让我非常感动。世上有两种最耀眼的光芒，一种是太阳，一种是我们努力的模样。连云港公司员工团队的坚韧毅力和不怕苦、敢坚持的精神是我应该努力学习的。

我相信在《金田报》的陪伴、引领下，我的人生不会虚度。

《金田报》2021 年第 7 期

《金田报》是我的良师益友

● 安徽金田公司　胡　洁

还记得我第一眼见到《金田报》，是在来安徽金田公司应聘工作时。等候面试时，行政部的一位员工怕我无聊，递给我一张报纸。我一看报头赫然写着"金田报"，心里想已经很多年没有读过纸质的报纸了，这家公司还能自己出版报纸实属难得。此时，《金田报》宛如山溪中的一股清流，流入我心，也就此展开了我和它的故事。

入职金田以后，《金田报》便逐渐成为我工作中的一部分。通过它，我认识了许多优秀的同事。它宣传金田的正能量，激励着我们不断进取和创新。

通过它，我发现原来我身边有那么多优秀的人和值得感动的事。《金田报》记载了他们，让我们知晓，无形中拉近了我们的距离。《金田报》虽然只是一张薄薄的纸，却在企业文化宣传中发挥了重要的作用。每个月，当我把新的《金田报》分发给同事们的时候，我看到了他们眼中的期盼和激动，这种情感无以言表。

当我们招待来访领导和访客的时候，递给他们一张《金田报》，大家都赞叹不已。

年底回顾这一年的经历时，我们总是先想到《金田报》。它是我们的良师益友，记录了我们成长的点点滴滴。慢慢地，我也从通过报纸了解别人过渡到让别人读我的文章，我从读者变成了作者。写稿虽然不是我最擅长的事情，但是当我尝试去努力时候，我发现这是一件很有意义的事情。我通过自己的笔，让其他同事成为自己文章中的主角，从心底为他们高兴和喝彩，他们是最可爱的人！

来金田的5年里，《金田报》一直陪伴着我，让我明白了如果细心一些、耐心一些，就会发现原来生命中有那么多美好和感动。时过境迁、物是人非，《金田报》初心不变，一如既往地给我们带来感动和惊喜。希望它能一直陪伴我们，见证我们的一路成长。

《金田报》2021 年第 7 期

汇聚精华

——读《金田故事在温州》

● 庄跃辉

我与《金田报》的渊源从 2007 年 4 月她改用新闻纸印刷开始，我也是她 10 多年的忠实读者。我与《金田报》的编创人员、与金田这家知名企业有很深的缘分。

《金田故事在温州》是一本汇聚精华的书。中组部党建研究所杭泰斌先生、温州两新党务工作者协会林可夫先生、金田集团创始人方崇钿先生都对《金田故事在温州》做了高度评价。这是一部汇聚金田 30 多年创业历程的精华之作，也是为在金田岗位上奋斗的员工们解疑释惑、指明方向的明灯。

如果你想了解金田的创业历史，你可以品读金田故事 019《青龙江畔创业人》等篇章；如果你想了解金田的创业文化，你可以品读金田故事 041《总裁心系新员工》等篇章；如果你想在金田岗位上尽快成长，你可以品读金田故事 148《四个正确定位》、金田故事 159《方晨说压力》等篇章；如果你想求索与同事们的共处共赢之道，你可以品读金田故事 067《做人十要点》等篇章。

如果你在日常工作中碰到了技术性难题，也可以到这里求助。比如金田故事 062《志辉的智慧》、金田故事 099《乐在车间解难题》等篇章。

这本书中的 200 个金田故事，堪称当今企业创业与管理的 200 份实用教材，给人启迪。

我有幸与《金田报》牵手 15 年，成为《金田故事在温州》编辑、出版的见证人！

▲2019年8月,庄跃辉(右)、丁年庆(左)在延安中共六届六中全会会址

庄跃辉,报刊版式设计人,浙江方正印务有限公司总经理兼设计总监。创办中国报刊设计网(www.cnbksj.com)。

1986年至1993年,参与的国家高技术研究发展计划(863计划)——高压静电除尘器研发子项目获1998年国家科技进步奖二等奖。2012年,开发了远程双鼠标点交互式排版系统,2020年获发明专利。1989年后,陆续出版各类专著。其中,《品创意·版式视觉设计灵感分享》(清华大学出版社出版)获京东商城2019年12月设计类图书销量冠军,《五笔字型学习捷径》(清华大学出版社出版)多次重印,发行量达百万册。2022年7月18日,"一种数字报纸搜索及智能推荐与分享方法"获发明专利。

后　记

　　历经一年多的编辑、整理,《金田故事在温州》终于出版了。

　　感谢金田集团和《金田报》创始人方崇钿先生,感谢温州"创二代"精英、金田事业传承人方文彬先生对编印《金田故事在温州》的高度认可和大力支持!

　　感谢中央组织部党建研究所杭泰斌先生 18 年来关注"温州模式"、关注金田事业、关注《金田报》,并且在公务繁忙之际,拨冗为《金田故事在温州》题词赋能!

　　感谢温州市两新党建协会会长林可夫先生赐字,对金田事业和金田故事的褒奖!

　　感谢方崇钿先生在审阅本书初稿后盛情题词,激励我们把出版《金田故事在温州》又好又快地进行到底!

　　感谢庄跃辉先生热心点评《金田故事在温州》。

　　感谢西泠印社出版社的编辑老师们,以字斟句酌、高度负责的严谨精神,精心完成全书的图文审校工作。

　　《金田故事在温州》的编辑构思是从 200 期《金田报》中,各选出一个报头,一段文字,一张图片,汇编成反映金田成长和发展的 200 个故事。为了使图书内容丰富,每一个故事中的图、文,可能是一个主题,也可能是两个不同的主题,也有的故事中可能增加一两张图片。

　　我以为,《金田故事在温州》是又一部记录金田发展史的"史记",因为我们可以从中透视金田创业几十年的足迹,其中不乏值得我们铭记的时刻。

　　参与金田创业的人们,在打开这本画册的时候,可能会惊喜地发现自己的名字和身影。我们也要向为金田事业做出过贡献,而没有能在这本书里留下印记的朋友们表示歉意,请相信我们能在下一本"金田故事"中相见。

　　从 200 期《金田报》几百万文字、上万张图片中挑选 200 个故事,其工作量之大,可以想见。疏漏之处恐难避免,敬望各位阅者不吝指正。

丁年庆

2022 年 6 月 30 日于温州龙港金田